Copyright © Leo Hollis 2013

This edition arranged with PEW Literary Agency Limited through Andrew Nurnberg Associates International Limited

Cities are Good for You:
The Genius of the Metropolis

理想的城市

[英] 利奥·霍利斯 著

何岩芳 鲍善慈 何晓昕 译

生活·讀書·新知 三联书店

Simplified Chinese Copyright © 2024 by SDX Joint Publishing Company.
All Rights Reserved.
本作品简体中文版权由生活·读书·新知三联书店所有。
未经许可,不得翻印。

图书在版编目(CIP)数据

理想的城市/(英)利奥·霍利斯著;何岩芳,鲍善慈,何晓昕译. —北京:生活·读书·新知三联书店,2024.1
ISBN 978-7-108-07785-1

Ⅰ.①理… Ⅱ.①利…②何…③鲍…④何… Ⅲ.①城市社会学 Ⅳ.①C912.81

中国国家版本馆 CIP 数据核字(2024)第 040285 号

项目统筹	胡群英
责任编辑	肖洁茹
装帧设计	崔欣晔
责任印制	卢 岳
出版发行	生活·讀書·新知 三联书店
	(北京市东城区美术馆东街 22 号 100010)
网 址	www.sdxjpc.com
图 字	01-2019-5258
经 销	新华书店
印 刷	河北鹏润印刷有限公司
版 次	2024 年 1 月北京第 1 版
	2024 年 1 月北京第 1 次印刷
开 本	635 毫米×965 毫米 1/16 印张 24
字 数	288 千字 图 53 幅
印 数	0,001–4,000 册
定 价	65.00 元

(印装查询:01064002715;邮购查询:01084010542)

献给路易斯（Louis）和西娅多拉（Theadora）
城市总有一天是你们的

目 录

前言　纽约高线公园：重新思考城市　　1
第一章　何为城市？　　9
第二章　蜂巢之城　　31
第三章　街道芭蕾　　58
第四章　创意之地　　91
第五章　社区复兴　　121
第六章　城市信任　　154
第七章　行走在达拉维　　187
第八章　智慧城市　　224
第九章　城市交通　　254
第十章　城市更环保？　　282
第十一章　何以为家？　　318
结语　哈德逊街之后　　346
注　释　　356
参考书目　　367
致　谢　　378

前 言
纽约高线公园：重新思考城市

从地面出发，电梯带着我平缓地升到半空。人行道在我脚下渐退渐远，我开始从一个全新的视角观察眼前的这座城市。摆脱了熙来攘往的人群，凌驾于车水马龙的喧嚣之上，即便只是站在这个高度俯瞰，也令人兴奋不已。曼哈顿这个地方，其城市风光总是依着不同的高度而"步移景异"。即便从西14街的地面上到高线公园（High Line）的短短距离，就在肉库区街道上方25英尺*处，你也能感受到。电梯门开启时，人们离开了城市的地面世界，进入了城市的另一片天地。

高线公园的构想可以追溯到1999年。那一年，纽约市居民约书亚·大卫（Joshua David）和罗伯特·哈蒙德（Robert Hammond）梦想将曼哈顿西部长期闲置的高架铁路来个改头换面。彼时，这片工业废弃地已经沦落为杂草丛生的荒野。面对破败的景象，业主提出了拆除计划。时任市长朱利安尼（Giuliani）也签署文件，同意拆除。尽管如此，约书亚和罗伯特依然发起成立了非营利机构"高

---

* 1英尺=0.3048米。——译注

架线之友",以挽救锈迹斑斑的废墟。到2002年,纽约市政府改变了主意。三年后,市政厅接过有关高架线改造的事宜。建筑师们亦开始献计献策,考虑将它改造为当地社区生活的一部分。

　　负责工程的团队是詹姆斯·科纳景观设计事务所(James Corner Field Operations),计划将一英里长的废弃高架铁路改造成一座高出街道路面25英尺的带状花园。第一期工程于2006年4月动工,2009年6月9日竣工。自那天起,公园第一区,也就是自甘斯沃尔特街(Gansevoort)起步,沿着哈德逊河通往西20街的区域,向公众开放。第二期工程始于西20街,穿过切尔西街区的西部(West Chelsea),一直延伸到西30街。相关的建设于两年后的2011年6月完成。工程最后一期的规划也已经到位,并预计在西34街附近的贾维茨会展中心(Javits Center)收尾。自2012年春季以来,贾维茨会展中心不时承办一些面向公众的艺术展览,包括一

图1　行走在高线公园

系列定期举办的广告牌展示和各类不同的表演。

我不是唯一的游客,高线公园里人流如织,此地早已成为外地观光客以及纽约本地居民最热衷的景点之一。公园呈南北走向,往来游客络绎不绝。与下方的街道相比,眼前游人的步态明显放慢了许多。是的,在这样的场所,你不需要步履匆匆,只消悠哉游哉随意游逛。它提醒我们:城市不仅仅是一个充满速度、工作和压力的地方,还有许多其他常常被人遗忘和忽视的品质。

事实上,城市足够广阔,可以为每个人呈现特有的城市形象。对经济学家来说,它是一台赚钱的机器;对地理学家来说,它是一个社会的、地形的生态系统;对城市规划师来说,它是一团需要合理整理的乱麻;对政治家来说,它是权力交织的地方;对建筑师来说,它是人与石头相遇的地方;对移民来说,它是帮助自己寻找家园并提高社会地位的希望;对银行家来说,它是全球庞大交易网络的一个节点;对自由奔跑者来说,它是需要征服的障碍训练场。总之,城市如此复杂,无法给它一个单独的定义。也许我们所犯的最大错误之一,便是将它视作单一的、可度量的。我们必须将城市视为不同组成部分的相互作用,而不能仅仅寻求单一的解释,或只盯住某一独特的功能。

正是高线公园这样的场所让我们重新思考城市以及城市如何让我们快乐。纵观历史,批评者一直都在警告城市的破坏力。自从第一座城市创建以来,城市生活的"原子化"效应不断受到反对者的指责。古巴比伦废墟出土的一块泥板上所刻的文字或许是对城市的最早谴责:

城里人,即便是个王子,也总是吃不饱。
在子民的言谈中,他遭到鄙视和诽谤。

面对地里的庄稼汉，他的体能哪里比得上？[1]

　　长久以来，城市始终被当作人类的毁灭者，甚至是灵魂的毁灭者。散缀于文学作品中这样那样的故事，说的是原本善良的旅行者，受到城市的诱惑如何堕落深渊。在描写地狱时，但丁心头浮现的便是文艺复兴时期的佛罗伦萨。浪漫主义哲学家让－雅克·卢梭则认为，城市并非一处自由之地，而是"一个深坑，让几乎整个国家的礼仪、法律、勇气和自由尽丧其中"[2]。

　　再后来，亨利·福特的观点大行其道。福特相信："欲解决城市问题，就得离开城市。让人回到乡村，进入一个邻里间相互熟知的社区……除了让城里人放弃所谓兴旺发达的前程，别无选择。"[3]福特在汽车销售上也许是个行家，但他关于城市的言论，就像他关于历史的名言一样，净是些无用的废话。人们通常关注进入城市生活后失去的东西，却较少提及在城市生活中所获得的东西。

　　坐在长凳上，稍事歇息，人们可以清楚地看到，城市中诸多不同的部分是怎样融为一体的，好比灌木和花草在花圃里发芽开花，而花圃则蜿蜒于精心设计的混凝土铺面。前者由一些人精心照料，后者由另一些人巧妙设计。令人目不暇接的景致还有许许多多，但最为有趣的恐怕还是同在此间悠哉游哉的其他人。诚然，城市是素昧平生之人的相遇之地。有些时候，譬如当下，一缕思绪倏忽飘过，也许，大都市才是我们人类最伟大的成就！

　　理解和欣赏大都市的精髓却并非易事。人们很容易就错过了摆在眼前的实证。几个世纪以来，我们总是被教导说，城市对人有害无益，它使人性堕落，摧毁古老的传统和生活方式，撕裂家庭，却几乎不能提供任何有益的补偿，唯有混乱、污垢和噪声。正是这种对城市的负面解读，影响了我们的决策、文学和建筑，有时乃至带来灾难性的恶果。

当下，我们面临着一系列比以往任何时刻更为复杂和紧迫的新挑战：气候变化、前所未有的移民潮、有限资源的枯竭以及维系社会的公民价值观的普遍衰落。不正视它们，后果将会是严重的。人类正站在生存与毁灭的临界点上，而城市是关乎我们未来的平衡支点。联合国于2007年宣布：世界人口中，已经有50%居住在城市（城市人口为3303992253，农村人口为3303866404）。这当是人类历史上第一次拥有如此之多的城市居民，而这个数字还在以每天18万的速度增长。到2050年，预计全世界将有75%的人口居住于城市。

如今我们已成为城市物种。发达国家的人们早已习以为常，但在其他地区，如非洲、亚洲和拉丁美洲，人们才刚刚开始感受到城市化所带来的震撼。人类正处于历史上最后一次大规模的迁徙中。预计在未来的五年内，虽然伦敦市的人口将仅仅增长0.7%，东京（目前世界上最大的城市）增长1%，但科特迪瓦的亚穆苏克罗（Yamoussoukro）将增长43.8%，中国的晋江市将增长25.9%。在我撰写本书之际，有1.5亿至2亿的中国人（相当于20个伦敦或6个东京的人口）正辗转于乡村与城市之间。不用说，当代城市的理念已不是我们之前所设定的那样，而且也必然会发生变革。

撰写本书是为了呼吁大家齐心协力重建城市！让我们摆脱城市发展怀疑论者的论调，摆脱反城市人士所设立的泥潭。我相信，城市有惠于人类，并且它可能是确保人类生存的最佳方式。正如接下来的章节所显示的，我们经常误读城市，这左右了我们设计、规划和监管城市的方式。事实上，那些最令人焦躁不安的都市特征，往往是城市最具活力的信号。误读的后果是，我们家园最美好的部分遭到扼杀。取而代之的城市理念，不仅阻碍了城市社区的发展，也压制了城市的复杂性和创造力。

通过探索最新的理念、洞察和革新，我期望就城市化提出新论点，重写过去的故事，为未来提供新的希望。而为了探寻城市的不同风貌，本书将带你走访全球多个地方。同时，它也在深究历史，试图找出帮助我们理解当代的连续性与特征。我还将向读者展示城市的个性屡屡遭到忽视：城市并非一个理性有序的场所，而是一个复杂的空间，它与自然界的有机组织诸如蜂巢或蚁群有更多的共通之处。

这样的观察对城市的运作方式有着深远的影响。如果说城市是一处复杂之地，那么它表现出的某些特征常常遭人低估，而这些特征会左右我们对社区政治结构的看法。这种考察还促使我们重新评估城市，将城市看成一处人造环境，一处创意之地。人类建造城市的方式会影响人类的行为方式吗？人类能否创造出令人创意大发的场所？此外，我将特别关注社区建设与信任问题如何成为构建幸福城市的核心。

即便站在高线公园，只要沿着那些向外辐射的街道极目远眺，我们就必须承认：城市是一处两极分化之地，既不平等也不公正。它引来了超级富豪，也挤满了极端贫困的人。前者竭尽所能地占有并享用大都市最好的资源，后者在挣扎中苦苦求生。在未来的几十年里，世界上的贫民窟将成为人口增长最快的地区。这些都是令人绝望之地，缺少资源，没有任何安全保障，非正规经济也不稳定。此外，大都市也是气候变化大辩论的前沿阵地。城市仅仅占地球表面积的2%多一点，但所消耗的能源至少占人类能源消耗总量的80%。如果我们不能让城市更具可持续性，它们很容易就变成人类的坟墓，而不是方舟。

人们在高线公园走来走去,坐在长椅上聊天,脱掉鞋子把脚伸进浅水池。年幼的孩童一边戏水一边咯咯地笑着,直到衣服都湿透了。眼前的景象提醒我城市在以怎样的方式影响着我们(无论是个人还是群体),甚至让我们成为更好的自己。

是时候重新思考城市了,趁现在还不太晚。

第一章
何为城市？

　　闭上眼睛，想象一处让你感到快乐的地方。有多大概率会是一幅城市场景？当考虑何地最适宜孩童的健康成长，你是不是立即就想象出乡间的田园风光，还有乡村小学校门外的生活妙趣？回到城市生活的现实，我们大多数人在通勤的高峰时段拥塞在车厢里的挫败感，是不是总能因为艺术画廊、精美的电影院和美食店举步可及而得到些许平衡？在城市中独自行走会涌出怎样特别的孤独感？有些时候这让人觉得无拘无束，可随之而来的危险、迷路和丧失自我的威胁离我们还有多远？

　　我生于伦敦。十岁时，我就一个人坐着公共汽车环游城市，去社区之外的地方探索。那时我就意识到，这个大都市比我想象的要大得多，也更加多样化。伦敦超乎我幼小心灵的理解力，对我来说就是整个世界。后来在我十几岁期间，我们家搬到乡下，这个远方都市的磁性魅力变得越发强大。然而一直等到大学毕业，我才重返伦敦，开始希望找到一个称之为家的地方。

　　如今，伦敦不仅是我居住的地方，也定义了我的身份。可以说，伦敦是我身份认同的一部分，犹如看不见的第三根螺旋，早已不觉不察地缠进了我的 DNA。回到这座城市后，我开始四处行走，以更多地了解自己刚刚搬进的街区。随着自信心的增强，我的探险扩展到更远的地段。在城市中行走给人一种特别的乐趣，也能以独特的人文尺度和节奏更好地理解城市。为了发掘从前的故事，我常常在周末东奔西走，先是将纪念性建筑物和建筑奇观所承载的历史叙述编织到一起，接着搜寻其他一些虽不太知名却能提供新的视角的故事。最终，穿行于熟悉的大街小巷，我可以构建自己的故事，但它们依然能够以出乎意料的方式展示自己。

行走在伦敦，让我想起那些曾经生活于此的人和他们所留下的一切。我正在探索的大都市，是人类历史上最伟大的社会实验之一。人们在泰晤士河附近建造家园，迄今已近 2000 年。对往昔的探究也迫使我审视当代城市，希望能够明白它是如何运作的，它的精髓在哪里。我很快就发现，单靠研究和追寻历史并不能找到答案。我需要通过新的不同的方式来考察城市，档案馆或图书馆所提供的信息已远远不够。此外，我还发现，当我在城市四处寻访之际，城市也改变了我。

对城市的剖析是当代最受误解的议题之一。在过去的几个世纪里，思想家、建筑师、科学家和政治家都从自己的角度对城市作出了定义。在很多人眼里，城市的基因可以在其诞生的那一刻找到，而研究最早的城市是如何形成的，可以揭示城市的基本特征。其他一些人则认为，城市是一处实体场所，衡量它的依据应该是人口规模、体量或形态。但除了传统的定义之外，也许还有某种更具活力、更为动态的方式来描述大都市。人类正面临历史上最大规模的人口迁移，在未来的几十年里，将有数十亿人口从农村迁徙到城市。与以往的任何时代相比，技术创新也让人类能够考察和搜集到关于城市的更多数据。那么，我们对大都市的看法是否也当随之改变？

下面以两座在很多方面截然相反的城市为例。一是西班牙的巴塞罗那，一是美国得克萨斯州的休斯敦。前者是古城，在数十年遭受忽视之后，于过去的四十年间发生了翻天覆地的变化；后者是新型的大都市，是美国增长最快的城市群或者说城市网络。两座不同城市的对比，向我们展示了方方面面的难题：如何定义今天的城市？有哪些因素可以让它获得成功？我们应该如何了解、规划和改善我们身边的城市？

20世纪70年代，佛朗哥独裁统治结束之后，巴塞罗那深陷困境：老城中心破败不堪，郊区漫无规划地向四处扩展。政治家帕斯奎尔·马拉加尔（Pasqual Maragall）于1982年当选巴塞罗那市长之后，决心恢复城市的活力，然而各方面都受到限制。巴塞罗那的中世纪老城中心区需要保护，而南临大海，东北有山脉阻挡的地形意味着巴塞罗那几乎没有多少向外发展的空间，而只能在现有的旧城基础上建设新城市。赢得1992年奥运会的主办权之后，在城市规划师胡安·布斯盖兹（Joan Busquets）的指导下，巴塞罗那展开了大规模的城市更新工程。

胡安·布斯盖兹认为，若要改造巴塞罗那，不能强行重建一座突兀的新城，而应该着力于强化巴塞罗那原有的品质。作为一座密集型城市，它应该更为密集，要让市中心成为众人的向往之地。换言之，要想凸显巴塞罗那的重要地位，就必须缩减城区的规模，将重点放在对城市中原有公共场所和文化空间的更新，尤其是对兰布拉大道（Las Ramblas）的改造上。那是一条悠长的中央大道，从中世纪的哥特街区一直延伸到初建于19世纪的加泰罗尼亚广场（Plaça de Catalunya）。在相当长的一段时间里，人们避之唯恐不及，觉得它既充满危险又脏乱不堪。但通过重新设计、开辟行人专用区和规范街头售货亭等举措，这里焕然一新，变成了深受外地游客和本地居民喜爱的街区。如今，巴塞罗那是欧洲最吸引人的旅游胜地之一。巴塞罗那的城市更新工程也成为大都市改造的样板，为许多其他城市所效仿。

与巴塞罗那相反，休斯敦的成功恰恰在于它不断地向四面八方扩展。在过去的十年里，有100多万人口搬到该地，并在它周边绵延2000平方英里的地区安居乐业。如此局面堪称向阳光地带成功迁徙的样板。向阳光地带迁徙指的是美国中产阶级从北方搬迁到温暖和煦的南方，这一新趋势也正改变着美国。预计2000年至2030年期间，搬往休斯敦的人口将占美国迁徙总人口的80%。休斯敦的城市人口也将从210万成倍增加到500万。为什么会有如此多的人迁往休斯敦？

哈佛大学经济学家艾德·格莱瑟（Ed Glaeser）分析说，就中产阶级家庭的平均收入而言，休斯敦低于曼哈顿或旧金山湾区。但是，休斯敦的生活质量要高得多：房价更便宜，税收更低，学校和基础设施都很好，每天的通勤也就不太辛苦。最终，得州人的生活条件竟然比纽约人好出58%。他们生活在静谧的郊外社区，犯罪率低，外界干扰少，气候稳定。谁会不喜欢呢？因此，尽管经济衰退，休斯敦仍将继续扩展。

巴塞罗那与休斯敦均向我们提出了城市发展的问题：超级大都市是否会扩展得如此巨大，以至于说不出哪里是自己的中心，是否会无休止地继续扩张，以至于无法分辨市区、郊区、远郊和集镇之间的边界？如此无休止的扩张迫使我们重新思考：何为城市？相比之下，反其道而行之的巴塞罗那却收获颇丰。它是一座以人为本的城市，充满了包容性的空间，吸引了各种类型的游客。但是，如此的人口密度能够持续多久呢？人口的增长是不可避免的吗？此等增长（或者说变化）的社会成本又是什么？

为了回答这些问题，我们需要回过头去看看城市的起源，以及城市是如何运作的。

人们一开始为什么要聚集到一起？我们对城市的历史知之甚多，令人惊讶。毕竟，写作和记账均发明于城市。自《吉尔伽美什史诗》和圣经中约书亚带着约柜在七天内绕耶利哥城七圈开始，人们已经开始测量城市的大小。然而第一批城市的起源依旧鲜为人知。

城市创建的初始时刻常常笼罩着神话的光环。在圣经的记载里，城市是由谋杀者该隐发明的。*因此，根据圣奥古斯丁的《上帝之城》，人类的城市因兄弟相残的罪孽而永远受到诅咒。其他城市的建立也有类似的神话：罗马城是由罗穆卢斯（Romulus）建立的，他也杀死了自己的兄弟雷穆斯（Remus），这与圣经的故事相映成趣；伦敦是特洛伊人埃涅阿斯的先人布鲁图斯（Brutus）发现的，他受女神狄安娜的指引来到不列颠。

即便在更为现代的时期，建城神话的力量依然强大。2003年，印度城市加尔各答（Calcutta，2001年更名为Kolkata）的英国起源说在法庭上受到质疑。人们要求法官裁定该印度港口城市到底是由英国东印度公司建立，还是如原告所言，源于印度一个更为古老的社区，这一点可由加尔各答附近钱德拉凯图加尔（Chandraketugarh）的考古发掘加以证明。无疑，人们对"起源说"相当地较真。

种种神话的背后隐藏着人类生活的实际情况。事实上，几乎所有城市都不是由某位国王或恶作剧的神灵来定义的，而是取决于

---

* 《圣经·创世记》记载，该隐杀死亲弟弟亚伯，并建造以诺城。——译注

地理、环境和是否便利等因素，可能是作为抗御外敌的堡垒，也可能是位于贸易路线的有利过境点。在这两种情形下，城市都靠近能够维持其生存的资源。罗马建立之初是七座山丘拱卫的天然防御工事；伦敦建于泰晤士河最东端，罗马人到达南岸时能够在这里安全渡河；巴黎、拉各斯和墨西哥城都建立在周围有水域保护的岛屿之上；至于萨那（也门的首都）、大马士革，还有中国四大古城之一的西安，尽管周围环境恶劣，但它们都是繁荣的贸易路线上重要的中转站。此外，城市起源的神话还遮掩了另一个真相：第一座城市诞生于一个突如其来的震撼时刻，即第一次城市革命。

我们通常认为大马士革是最早有人类居住的城市，其历史可追溯到公元前2000年。它由阿拉姆（Aram）的儿子乌兹（Uz）创立，起初是阿拉姆人和亚述人的家园，后来被不同的入侵者征服，先是亚历山大大帝，继而有罗马人、阿拉伯人、蒙古人、马穆鲁克人和奥斯曼土耳其人，最终于1918年被T. E. 劳伦斯"解放"。当下，这座城市再一次处于崩溃的边缘或者说新时代的开端。然而，在大马士革创建之前的1000年，人类的第一座城市乌鲁克（Uruk）就已经拥有超过5万的人口。整座城市占地6平方公里，四周有城墙保护。乌鲁克位于伊拉克南部的沙漠地带，是吉尔伽美什的故乡。如今，那些曾经辉煌的防御工事已经化为尘埃。但是，如果这些定居点不是来自神话传说，又是从何而来的呢？

城市强而有力的形象体现，莫过于它与周围乡村的关系。自《吉尔伽美什史诗》中的第一声哀叹以来，城乡之间摩尼教式的二元划分就给人类的历史蒙上了阴影。我们被教导说，大都市寄生于乡村：先是一座农场变成一座村庄，然后变成一座小镇，最后变成一座城市。如此的演变顺序困扰着我们对城市的印象，觉得城市总是从周围的乡村吸取血液，耗尽了国家的生命力。不过，最早抛出

图 2 人类第一座城市乌鲁克的废墟

这一论断的达人,不是苏美尔的编年史家,也不是古典哲学家,而是 18 世纪的经济学家亚当·斯密。此后,很少有人对他的主张提出质疑。

但如果斯密的论断有误,其实是城市创造了乡村,你将作何感想?有证据表明,农业的自给自足可以追溯到 9000 年前,远远早于第一批城市的出现时间。但此等证据并不一定就能解释人类第一批城市的兴起,像乌鲁克、杰里科(Jericho)[*]、蓟(北京)、安纳托利亚中部的恰塔霍裕克(Çatalhöyük)[**]、叙利亚的布拉克(Tell Brak)、摩亨佐-达罗(Mohenjo-daro)[***],还有墨西哥的特奥蒂瓦坎

---

[*] 位于今巴勒斯坦。——译注
[**] 位于今土耳其。——译注
[***] 位于今巴基斯坦的印度河畔。——译注

（Teotihuacan）等。我们必须重新思考前人关于城市兴起的假设，即城市是从较小的定居点缓慢发展而来，因为大都市的诞生绝不是渐进式的。事实上，第一批城市并不是在农村的基础上发展起来的，它们无视周边的环境，自成一派。

与乌鲁克和美索不达米亚的其他早期定居点相似，对巴基斯坦印度河谷哈拉潘文明第一批城市的考古发掘，揭示在公元前3000年某个时期发生了一场城市革命。在不到300年的时间里，此地的农业社区转型为强大的城市。考古发掘的证据让考古学家坚信，导致如此重大转变的原因，是突然出现的文字和度量衡体系。考古学家还发现了一些有序的城镇规划和公共建筑的痕迹，诸如沟渠、下水道、道路网格和风格独特的陶器等。由此可见，当时已拥有专业化的熟练劳动力和超出基本生存需要的商品市场。

自第一次城市革命那一刻起，城市就变得与众不同了。城市诞生于贸易并发展出灌溉、作物选择等农业科学来支持贸易交流。天文学的发展也是为了预测季节和支持贸易团体。正是城市中的创新带来了盈余，向那些不事耕种的公民提供食物。城市技术改变了自给自足的农业，让劳动者能够离开田地去从事其他行业。著名的"城市教母"简·雅各布斯（Jane Jacobs）对此总结道："尽管农业非常重要，但新石器时代最重要的发明或者说重大事件并不是农业，而是持续的、相互依存的、富于创造力的城市经济。城市经济使许多新的工作成为可能，农业就是其中之一。"[1]

大都市常常由其城墙界定。城墙既可以当作防御性堡垒，又可以当作贸易的关卡，在某些情况下，它还可以用来衡量公民的身份，为出生于城里的人带来归属感。意大利文艺复兴时期，城邦的城墙精心建造而令人生畏，展示了社区的军事力量和商业的成功。在世界上许多重要城市，从巴黎到马拉喀什再到北京，依然可以看到残存的古代城墙。在其他城市，如伦敦或佛罗伦萨，即使城墙已经被拆除，道路规划仍能勾勒出原有老城的边界。

正如城市通过建造防卫性城墙来界定自己的角色，城市的使用空间也开始依据功能而加以区分。城市一直是陌生人见面交易的场所，需要仓库储存那些用于交换的商品。除了储存谷物、畜群和珍贵的奢侈品外，早期的城市里挤满了作坊，将碗、兽角或兽皮等普通物件加工成令人心仪的产品。于是，城市成为手工业者居住和工作的地方。他们并不依靠土地来维持生计，而是通过贸易获得所需要的物资，以货物换取食物。

但是，城市生活从来就不仅仅只是为了生存。除了贸易和制作，城市还是一个汇集思想和知识的场所。工匠的精湛技艺为各自的街区带来声誉。久而久之，某些街区因其特有的工艺（从古代陶器到精美的雕刻）而闻名遐迩。也正是在第一批城市里，人们开始创制文字：起先用于记账、登记产权和记录商人之间的交易，继而用于绘制夜空图像，通过观察星座变化预测城市的命运，再后来用于记录神话传说中第一批定居点的故事。

总之，城市诞生于一个革命的时刻，它改变了人类聚集和组织的方式。那么，新的社会秩序是怎样的呢？

对于城市真实形貌的解释并不是单一的。诚然，大都市的历史起源能够对城市形成的方式和原因提供一些见解，但不一定总能告诉我们，城市的不同组成部门是怎样结合到一起的，以及是什么样的动态特征让城市与其他各处明显不同。如果你读过马可·波罗描述的可汗之都汗八里（Cambaluc），也就是元大都北京，你一定能感受到皇城的优雅与威严。除了令人印象深刻的街道，还有宫墙背后巨大的财富：

周长二十四英里，每边为六英里*，四周环绕着一圈夯土城墙。城墙底部宽达十步，高度超过十步。城墙共有十二座城门，各城门之上均建有一座高大华丽的箭楼。城墙的四角，同样建有高大华丽的箭楼。因此，城墙的每一边都有三座城门和五座箭楼。箭楼里有宽敞的大厅，收藏着守城士兵的武器。

街道笔直而宽阔。站在任何一条街上，可以一眼望到头，或从一座城门望到另一座城门。城市里到处都是美丽的宫殿，还有许多高大宏伟的酒肆和精美的住宅。建造房屋的所有地块都是四方形的，沿直线布局。所有地块都建有宏伟而宽敞的宫殿，带有与之相匹配的庭院和花园。每一方形地块的四周都环绕着用于交通的漂亮街道。因此，整座城市呈方形布局，有如棋盘。[2]

作为对比，我们来看看当代人对于格林威治村的描述。作者是居住在哈德逊街的本地作家简·雅各布斯。她如是写道：

> 好的城市街道的芭蕾表演从不重复，此处彼处各不相同，而且任何一个地方总是充满着新的即兴创作……哈尔珀特先生打开停放在洗衣房的小推车锁链，把它推向地下室；乔·科纳奇亚的女婿把一些空箱子搬到熟食店门外摞起来；理发师把自己的折叠椅搬出来，放到路边；戈德斯坦先生忙着收拾电线，以此宣布自己的五金商店即刻就开门营业；公寓看门人的妻子将她三岁的胖孩和玩具曼陀林放到公寓楼前的台阶上。

事情还在继续：午餐时刻拥挤的人群；时近黄昏的游戏，本

---

* 这句有关面积与边长的描述不甚吻合。至于汗八里的实际尺寸，目前大多数专家认可的是：全城南北长 7600 米，东西长 6700 米，总面积约 50 多平方公里。——译注

地少年溜旱冰、踩高跷、骑三轮车，到门廊的背风处玩着瓶盖和塑料牛仔小人的游戏；直到一天结束，所有的一切都烟消云散，却依然留下一些断断续续的谈话声、歌声、远处警车发出的警笛声。总有些事在发生，芭蕾舞步永远不会停止，但大体是安宁祥和的，总的节奏是从容悠扬的。只要是熟悉城市中诸如此类充满活力的街道，你肯定能明白它是怎么回事。[3]

以上两幅完全不同的城市图像，显示了对于城市的两类不同定义。在马可·波罗的笔下，城市空间被描绘为宏伟的街道和宫殿，呈现的是一种物质形式。而简·雅各布斯对于城市景观的结构几乎是不着一词，权当它为背景，以衬托城市生活中的人间戏剧。那么我们到底在何处能够发现真正的城市，是在构成城市的物质结构中，还是在那里居民的喧嚣生活中？

几个世纪以来，忙碌闹腾一直是城市最令人头痛的问题。在思想家、规划者和政治家的心目中，长期以来被视为人类智慧产物的大都市，始终都是合理、有序、有度的地方。正如古典经济学家将人视为市场中理性、单纯的推动者一样，城市规划者同样希望让笔直的街道和建筑法规来创建有秩序的社区和快乐简单的公民。

但是，现在是时候重新思考上述的基本假定了。我们并不像方程式所要求的那样不偏不倚、直截了当、自私自利和冷酷无情，我们安身其间的城市也不是那样。

城市街道生动地体现了复杂性。它不是可以精确解释的东西，但只要我们一见到它，便能够心领神会。也许正是基于这个原因，复杂性本身才如此难以定义。最近一次尝试毫无助益地指出，复杂系统是"由复杂系统组成的系统"[4]。但是，这个想法有着不同寻常的缘起，出现于第二次世界大战期间美国研究人员的实验室里，

图 3　哈德逊街

当时为了击败纳粹德国,一大批杰出的思想家因志同道合聚到了一起。如此意想不到的跨学科互动,对我们看待世界的方式产生了持久的影响,尤其是计算机技术、密码学、数学以及导弹技术的相互交织,共同奠定了一种新型科学的强大基础。

1948年,美国顶尖的资助机构之一洛克菲勒基金会的负责人沃伦·韦弗(Warren Weaver)在《美国科学家》杂志上发表了一篇文章,赞扬了战争期间的协作行为,并提出一个构想:通过多学科协作(加上崛起的计算机技术)解决之前被忽略的一系列问题。

韦弗写道，到目前为止，科学家将注意力集中于两种类型的探索："简单"问题与无秩序的复杂性问题。前者包括诸如月球与地球之间的关系，如何从山坡上滚下一块大理石，弹簧的弹性，等等。此等问题通常都是基于尽可能少的变量。后者则包含很多很多的变量，以至于无法推算出单一的特征，譬如河流中水分子的预测，电话交换机的操作或人寿保险公司的资产负债表，等等。然而，还存在第三类问题，也就是有秩序的复杂性问题，韦弗对这个新领域总结如下：

> 是什么让一棵月见草在特定的时刻开花？为什么盐水不能解渴？……小麦的价格取决于什么因素？……如何明智而有效地稳定货币？在多大程度上可以安全地依赖供需等经济力量自由地相互作用？……如何解释某一特定群体（如工会、制造商团体或少数族裔群体）的行为模式？这里涉及很多因素，但显而易见的是，它所需要的不仅仅是平均值数学。[5]

这需要像韦弗这样有创新精神（和痴迷）的人，以一种不同寻常的方式来思考生活。而他1948年的论文，提出了一条从貌似无序之中寻找秩序和模式的新途径。是否可以在病毒与基因之间建立联系？如何预测小麦价格的上涨和下跌？如何解释群体的行为？在提出问题的同时，韦弗自问自答："这些问题都需要同时处理大量相互关联的因素，形成一个有机整体。用这里提出的术语来说，它们都是有秩序的复杂性问题。"[6]

正如简·雅各布斯后来在曼哈顿街道上观察到的那样，韦弗指出，在混乱的表象之下，可以找到一种尚未被发现的秩序或模式，并且需要一种全新的科学来将神秘的运动节拍简化成能够用数学表达的公式。科学家应该研究事物之间的联系，关注个体之间的相互关系和相互作用，而不是纠结于个体自身。最终，韦弗得出结论：世界由系统组成，各系统由相互关联的个体组成，这些个体之间彼此有着深刻的影响。因此，复杂性理论的艺术在于找出系统的原始形式，并推算出改变这些形式的特殊动力。

韦弗的研究为自组织系统科学提供了模板，随着时间的推移，这些思想为生物学、技术科学、物理学、控制论以及化学等开辟了新的研究路径。爱德华·奥斯本·威尔逊（E. O. Wilson）对蚁丘的开创性研究便是受益于他对自组织系统的迷恋。随之，威尔逊发展出超有机体的社会生物学理念。复杂性理论成为支撑互联网运作的分组交换法发展的核心。此外，它还催生了布莱克-斯科尔斯（Black-Scholes）算法和詹姆斯·洛夫洛克（James Lovelock）的盖亚理论。前者在20世纪90年代将美国长期资本管理公司的对冲基金运作推向巅峰（尽管于2000年崩盘）；后者将地球看作一个能够自我调节的整体。这一理论甚至被用于研究社群网络的力量和一种超前的脑图像映射新技术。

简·雅各布斯是最早将复杂性理念运用到城市研究的人士之一。虽说她是一位作家，而不是学者，也不是建筑师、规划师或公务员，但她对城市如何运作的洞察力，对街道复杂性的天才般感悟，对当代的城市建设产生了深远影响。在其最著名的作品《美国大城市的死与生》中，她强烈呼吁人们能够认识到复杂性空间的价值：

> 老城看似混乱，然而在它的背后，其实有一种奇妙的秩序。正是此等秩序，维系了街道的安全和城市的自由，让老城得以成功运转。那是一种复杂性秩序……充满着运动和变化。虽说它是

生活而非艺术，但我们可以发挥想象，称之为城市的艺术，并将其比作舞蹈。[7]

借用自己居住的格林威治村哈德逊街之名，简·雅各布斯将这种舞蹈取名为"哈德逊街芭蕾"。传统观念认为城市是由林荫大道和干净整齐的广场组成的。与之相反，简·雅各布斯将混乱的街景视为大都市的基因。城市是一个复杂空间的集合，而非一处理性的冷漠之地。也许错综复杂的街景才是对于城市最重要的也是最被遗忘的定义。事实上，正是在这里，在人们过着平凡的日子，操持着各自的生计，享受着丰富的社区生活的互动中，才能发现大都市的精髓。只要规划者和建筑师能够对复杂性不同寻常的运作方式投以更多的关注，对街头的生活加以更多的考量，而不是仅仅把街道看作建筑物之间的空地，我们的城市很可能会大大地不同，大概也会让人更加幸福。

问题是，复杂性是不可预测的。如同一个有机体，它以出人意料的方式进化。如果我们将一座城市放到实验室中，它会是什么样子？对于城市议题，荷兰建筑师雷姆·库哈斯（Rem Koolhaas）持有许多激进的论点。在担任哈佛大学设计研究生院建筑与设计教授期间，库哈斯领导团队提出可编程城市的理念，并称之为罗马城操作系统（R/OS）。正如韦弗在他最初的探索中所提出的那样，一个复杂的系统始自简单得出奇的元素或事件的集合。因此，库哈斯团队将城市剥离为其基本组成部分，即"排列在矩阵上的标准化部件"[8]。这些最初的部分以罗马的建筑基石为基础。罗马城最初在台伯河畔发展起来，随后其建筑风格和理念传播至整个帝国。至今它依然是西方大都市的模板。

库哈斯试图剥离出一座城市最基本的要素，即哪些场所对城市的繁荣至关重要。但除此之外，他更期望揭示的是，它们一旦相互作用，会如何以意想不到的方式发生转变。像所有复杂性系统那样，我们可以定义初始的元素。至于初始的元素组合到一起后会发生什么，我们却无法准确地测算或预测。因此，从拱门、神庙、沟渠，到道路网格系统和罗马城市规划的基本规则，城市的各个元素都被划分并置于城市空间。一旦城市被整体规划好，库哈斯就会催促你按下启动键，观察它如何快速增长。

从这些简单的部件起步，一座复杂的城市迅速诞生了。随着各个独立的部件开始相互作用、整合、对应和交流，新的混合空间应运而生，场所的形状和特征也跟着改变。一些街区拥有了出乎意料的秩序，其他的一些飞地则处于混乱的边缘。如同蜂巢、白蚁丘或者花瓣，通过各种连接、互动和网络，城市派生出自己的复杂性。

城市是一个有机体，拥有自己特殊的力量。随着日积月累，城市作为一个整体的力量大于它各个部件力量的总和。复杂的城市并不能仅仅由组成它的各个部件的目录来定义。

因此，仅凭物质的结构来评判一座城市是不对的。物质的结构并非大都市的精髓之所在。城市是陌生人的相遇之地，其复杂性来自人与人的互动：我们不断与他人发生关联，从一个地方挪到另一个地方，早上去办公室，交朋友，参加商务会议，排队等候服务，到学校接孩子，将孩子送到体育俱乐部，到了晚上则享受着城市生活带来的乐趣。而其他某些人可能在打扫办公室，收拾你留在桌上的咖啡杯，或者驾驶地铁列车将你送回家。显然，人与人之间的关联非常重要。它们构成了城市的网络，是城市新陈代谢的基本能量单位。随着城市的扩展，人与人之间关联的强度也在增长。

但是，有些关联比其他关联更为重要，关联与关联之间也大不相同。家庭关系和亲密的友谊对每个人都至关重要。根据进化思想家罗宾·邓巴（Robin Dunbar）粗略的推算，大多数人维持的亲密社会关系网基本上由150人组成。但如果你去看看脸书（Facebook），很多人的朋友圈人数是远远高于这个数字的。我们有太多的熟人、同事和朋友的朋友，外加一批不那么熟的人，我们通常都不将他们当作自己社交圈的一分子，诸如你曾经与之合作但后来失去联系的人、你伴侣最好朋友的前任、你一年才在某个会议上见一面的销售代理，还有刚刚在"领英"社群网站（LinkedIn）上向你发送添加好友请求的大学时代的熟人。

上述松散的关联称为"弱联系"。最初由美国社会学家马克·格兰诺维特（Mark Granovetter）提出。在一项开创性研究中，马克·格兰诺维特试图探索弱联系在寻求新工作时所发挥的作用。他发现，一个人更有可能从关系一般的熟人而非好朋友那里得到推荐或引见。于是他得出结论，比起经常见面并在同地生活和工作的老关系，弱联系能将关系网拓展到更广的人脉和地域。如他所说："弱联系较少的人很难接触自己社交圈之外的信息，其了解多局限于地方新闻和亲朋密友之间的谈话。此等局限不仅使他们落伍于最新的理念和时尚，还可能让他们在劳动力市场上处于劣势。"[9]

人们常常认为，从外乡进城的人会遭到冷遇和怨怼：城市排斥外来者。从华兹华斯到波德莱尔，很多诗人都抒发过在城里漂泊的感觉，以及在人海中的默默无闻。由于没有邻居，有人在住所里死了很长时间之后才被人发现，此类城市传说几乎总是被人提起，用以说明城市的不友好。此外，城市是一个充满变化和流动的地方，一个人几乎不可能与周边他人建立有意义的关系。

但是，尽管上述的一切意味着城市是一个日益原子化的空间，让我们失去了与家庭和社区的传统联系，然而这些传统的联系并没有被独自坐在单间公寓面对着脸书用餐等行为所取代。事实上，尽管如今有越来越多的人在单打独斗（纽约有超过三分之一的人口独自生活），但在城市反倒不容易感到孤独。

因为城市具有复杂性，它所提供的人际交往机会要比任何其他地方都多得多。1938年，芝加哥社会学家路易斯·沃思（Louis Wirth）将自己对新近移民至城市中的犹太人的研究成果整理发表，即他的经典论文《作为一种生活方式的都市主义》。路易斯·沃思发现，城市生活是对文化的一种威胁，它削弱了传统的联系，取而代之的是"非个人的、肤浅的、短暂的、割裂的[关系]"。因此，城市中人与人交往时所表现的戒备、冷淡和漠不关心，也许是一种保护机制，让自己免受来自他人的问责和过高的期望。

而且，正是这些"非个人的、肤浅的、短暂的"关系，让一座城市显得独特和重要。正是这些丰富的弱联系将人吸引到城市，正因此等非正式的关系网足够密集，一座城市才变得独特，正是弱联系将超大城市融合到一起。进化心理学家约翰·卡乔波（John Cacioppo）在其《孤独》一书中提出，我们天生就喜欢聚在一起，孤独感是一个预警信号，它告诉我们，为了提高生存的机会，需要建立更多的联系，而不是维持现状。

随着身边超大城市的不断增长，我们需要调整自己与他人的联系和关系，找到与人共处的新方式，让大家都能够从中受益。

一座城市建立于弱联系之上，这些人与人之间的弱接触好比电力，为城市注入活力。结果，城市作为一个整体，大于其各个部分加起来的总和。复杂性理论家将这种奇特的现象称为"涌现"（emergence）。这一现象意味着复杂的城市具有独特的活力。它也是"哈德逊街芭蕾"现象背后的能源，是紧张的城市生活中促进信任和建立社区的原材料。

这种能源有一种奇特的力量，并反馈到一座城市本身的结构中。这种力量颇为值得研究。杰弗里·韦斯特（Geoffrey West）不是一位普通的理论物理学家。在剑桥大学完成学业后，他移居美国，担任过多个职位，还在洛斯阿拉莫斯国家实验室建立了一个高能物理小组。在那里，他着迷于探索有关新陈代谢的议题，诸如动物的大小、体型与维持生命所需的能量之间的关系。

韦斯特的研究受到瑞士植物学家马克斯·克莱伯（Max Klieber）的启发。20世纪30年代，马克斯·克莱伯致力于研究不同动物（包括老鼠、猫、大象乃至鲸鱼）的体重、体型与能量消耗之间的关系。他的发现出乎意料，证明兽类的大小与其能量消耗之间存在着直接的关联，此即规模法则（scaling law）。换言之，一只较大动物可能比较小动物的寿命更长。因为大多数动物在心脏跳动了1亿—2亿次之后便会死亡，小鸡的心脏每分钟跳动300次，而大象的心脏每分钟只跳动30次。克莱伯发现了体型大小与预期寿命之间的直接关系。韦斯特的研究不仅完善了克莱伯当初所发现的法则，还试图找出这一法则的作用原理。

2005年，韦斯特出任堪称复杂性理论研究圣地的圣菲研究所的所长。该研究所成立于20世纪80年代，旨在探索物理学、数学、计算机科学以及进化生物学之间的关联。其所涉及的学科绝对是包罗万象的，乃至于小说家科马克·麦卡锡（Cormac McCarthy）都在那里拥有一张办公桌。有意思的是，韦斯特从此将注意力转向城市研究。在他看来，城市也许是世界上最庞大的自组织有机体。这一研究成果为他赢得了荣誉，让他登上《时代》"全球最具影响力的100人"榜单。

韦斯特主要研究城市如何随着规模的增长而动态发展：一座城市是如何改变形态与个性的？居住密度的增加如何加剧城市内各元件之间的互动？正如他后来在一次接受采访时所言："我们把所

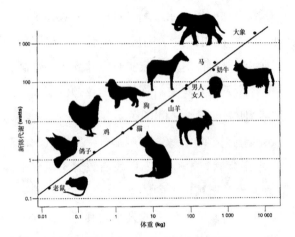

图 4　克莱伯绘制的动物体型与新陈代谢之间的关系图

有时间都花在考量城市的局部细节上，城市的餐馆、博物馆和天气……我有一种预感，其实还有更多别的东西，每一座城市都受制于一套隐性的法则。"[10]

韦斯特决心找出支配城市复杂性的规则。对于自组织系统的某些特质，韦斯特早就有所了解，但他将城市看作一个有机整体，就好比一个蜂巢、一个蚁丘甚至一头大象，使这个概念有了一些新的内涵。

为此，他尽可能多地收集数据，诸如人口超过 5 万的美国城镇市中心的规模，大都市或城市的生产总值、犯罪数字，全美 52 个州级行政单位每一个加油站的收入、专利和纳税申报表等。最终，他将收集到的数据综合到一起，以找出让城市得以运作的基本规则。韦斯特的研究不仅涵盖了美国城市的数据，还包括了来自中国和欧洲一些国家统计局的数据，甚至德国各地路面的测量数据。所有的信息加起来，形成了一个迄今为止最为庞大的数据库。不过，与数据库相比，韦斯特的发现更为令人兴奋。

韦斯特提出"城市生活的统一理论"（unified theory of urban living），指出所有的城市都是相同的，全部遵循相同的规则。因此，虽然每座城市看上去都拥有自己独特的历史和个性，但潜在的规则对它们都是适用的，且证明了它们之间的共同点多于它们之间的差异。此外，正如小鼠的新陈代谢与鲸鱼的新陈代谢有着某种关联，规模也是决定城市特征的主要因素。实际上，只要告诉韦斯特一座城市的人口数据，他就可以据此推算出该城市的基本特征："通过这些法则，对日本一座拥有 20 万人口城市的暴力犯罪数量和城市道路的表面积，我可以做出精准的预测。尽管我对这座城市一无所知，甚至不知道它位于何处，也不了解它的历史，但我可以告诉你它的一切。"[11]

是的，你可以像计算大象的新陈代谢率那样计算城市的更新速率。只是城市与动物毕竟有很大不同。克莱伯当初所发现的动物能量消耗原理所遵循的是亚线性四分之一规则。也就是说，新陈代谢率与身体体积的增长并不完全对应。动物体型增加 100%，新陈代谢率不会相应增加 100%，而是遵循"亚线性"路径，仅增加 75%。另一方面，城市遵循类似的"超线性"（superlinear）幂律，因此城市的体量增加一倍，其效率和能源利用率便会增加更多，高于 100%。韦斯特的研究结果表明：搬到一座规模翻番的城市，人均收入将增加，它也会成为一个更有创造性、更令人奋发的地方。社会经济活动步伐的加快，还将带来更高的生产力。经济和社会活动也更加多样化。[12] 因此，城市中人的聚集带来的复杂性，正是城市的独特之处。

韦斯特在 2010 年接受《纽约时报》采访时说，他为简·雅各布斯富有想象力的直觉提供了科学依据。"我最喜欢的一句赞美是，人们走过来对我说：'要是简·雅各布斯会做数学，她也会去做,现在你替她做到了.'……数据清楚地表明,简·雅各布斯早就聪明地预见到,当人们聚集到一起时,他们的工作效率会提高很多。"[13] 不同的是,简·雅各布斯主要关注她自家的门前,留意观察的是当地的街头生活,而韦斯特以超线性幂律表明,此等复杂性原理适用于任何一座城市。

21世纪的城市将不会是一个理性或有序的地方,世界城市将要呈现的更可能是乱哄哄的生活场景,成千上万的外乡人刚刚抵达并急切地寻找一个家。它将是一个充满活力的过渡与转型之地,有能力自己发现其运作的基本规则。在未来几十年的社会、经济和政治动荡中,也许只有符合韦斯特"城市生活的统一理论"的城市才能够幸存下来。这听起来既令人兴奋又令人不安。不过,我们也还是有很多美好的理由满怀希望。这种希望来自我们选择关注城市中的人,而非城市本身,即关注城市中的人如何生活、工作、娱乐和作出反应。

第二章
蜂巢之城

在混乱而复杂的边缘地带，城市很可能变得险象丛生、不可预测。一个人身处一群人当中，很容易就生发出某些古怪的念头。因为一旦被卷入群众的海洋，这个人就不再是自己，再也不能控制自己的情绪和行为。纵观历史，对暴民的恐惧始终存在。至于"暴民"（mob），作为一个术语，可以追溯到17世纪80年代的英格兰。当时，它被用来描述一种常见的群众运动，指的是一群情绪激昂的人。他们身份模糊、情绪激动，随时都可能爆发。

此后，一些作家偏重于揭示群众疯狂的一面，另一些人则试图表明大众是多么睿智。正如埃利亚斯·卡内蒂（Elias Canetti）在《群众与权力》（Crowds and Power）一书中指出的，当权者大多对群众怀着质疑和恐惧，认为必须对群众加以控制、分化和追踪，为此不惜动用任何必要的手段。2011年8月，伦敦各地爆发了骚乱，此等危机和不安再一次出现在家门口。与之前发生于英国、美国、法国和其他地区的很多骚乱类似，该起骚乱事件同样始于一名黑人青年遭到执法者的袭击。

2011年8月4日，在伦敦北部的托特纳姆，29岁的马克·杜根（Mark Duggan）被武装警察开枪击毙。接下来的三天，谣言四起。有人说是马克·杜根先向警方开的枪；有人说子弹穿过马克·杜根的胸膛，卡到他身后警察的手持对讲机里；有人说他脚上穿的袜子里有枪；有人说那是一把假枪；有人说那是一把真枪，被藏在一只袜子里，放在他汽车的副驾驶座位之下。还有些其他说法，诸如他是有家室的，是四个孩子的慈父；他的叔叔是曼彻斯特贩毒的黑帮分子；此前他其实已经受到警方的监视，因为警方怀疑他正在谋划一起报复性杀人勾当，形迹可疑。如此等等，不一而足。

不管怎么说，警方似乎觉得没有必要通知马克·杜根的家人，告诉他们的儿子、丈夫、父亲已经身亡。其结果是，到了8月6日星期六，马克·杜根的亲属领着一群人在托特纳姆警察局门口和平示威，希望向警方讨个说法。整个下午，抗议者静静地站在警察局门外，等候警方对发生的事件作出解释。不料接下来的当晚，骚乱爆发，并且持续了三个夜晚。有关骚乱的录像随之传向世界各地。[1]

第二天，8月7日星期日，谣言像病毒一样蔓延，通过黑莓手机短信网络、脸书和其他移动通信设备迅速传播。一到天黑，托特纳姆、布里克斯顿、伊思灵顿等街区，骚乱四起，此起彼伏，甚至连伦敦市中心的牛津街都爆发了冲突。星期一晚上，克罗伊登街区的一家家具店被烧得精光。BBC News 24频道的直升机悬在半空拍下了整个事件的经过。有传言说，众多不法分子冲进餐馆，向正在就餐的食客们索要珠宝和戒指。网络摄像头抓拍到一名游客遭抢的经过，给人的印象是，攻击者刚开始靠近这位游客时，先是装着上去询问他是否安好。还有些摄像头录下了戏剧化的场景，一家家商店前方的铁栅栏被推倒，成群的掠夺者蜂拥而入。

2011年伦敦骚乱之后，人们就年轻人的贪婪和肆无忌惮，失业和社会排斥问题，公民权被剥夺和信任危机等进行了大量讨论，却鲜少有人讨论伦敦本身所起的作用、伦敦运作的独特方式，以及如果其运作出了问题，接下来会发生什么。此次事件并非伦敦历史上的头一遭。但每次都一样，突然间，整座城市异常暴力地自相残杀，就仿佛一个复杂系统的自我毁灭。市长、政客和维持日常运转的控制系统，根本就无法掌控局势。于是我们有必要问一问，为什么会发生如此不同寻常的骚乱？如果城市真的如我们所想的那样混乱无序和法律缺失，为什么此等骚乱事件其实并不常见？

以蜂巢为例。

有史以来，人类常常拿卑微的蜜蜂与自身进行对照。自古典时代以来，作家、哲学家以及政治家一直都在研究蜂巢内发生的错综复杂的活动，以隐喻人类社会，并且对城市的新陈代谢与蜂巢之间的密切关系倍加关注。在维吉尔（Virgil）赞颂乡村生活的诗作《农事诗》（*Georgics*）中，蜂巢是民主的典范："一切属于国家，国家提供一切。"[2] 那么，国家是如何被组织起来的？维吉尔认为，蜂群内部存在着一套等级制度，由一位当选的男性统治。如果发现有不足之处，当选者会被罢免。在等级制较低的层级，每一只蜜蜂都参与交易，通过自己的诚实劳动，不仅让自身受益，也使整个蜂群受益。

随后的几个世纪里，每当人类需要对互动的复杂性求个解释，蜂群的勤劳形象就会复活。不过这个比喻相当地灵活。在塞内卡人（Seneca）眼里，蜂王并非经由选举产生。而到了封建时期，任劳任怨、埋头苦干的工蜂成为农奴或罪犯学习的榜样，无权质疑或改善自己的生活。英语单词"蜜蜂"（bee）源自荷兰语中的"国王"（king）一词。因此，在莎士比亚的《亨利五世》中，蜂群再次被想象为促进社会稳定的典范，每一个个体都安于自己所处的社会

地位。³

那么当革命爆发时,蜂巢是一个君主国还是一个共和国?工蜂是奴隶还是利益共享者?领导者的身份又是什么?一切都悬而未决。得益于科学界观察方式的改进,人们发现蜂巢的组织形式与伊丽莎白一世统治时期的情况颇为相符,作家们才声称蜂巢是"一个亚马孙原始部落或女性王国"⁴。

到 18 世纪初,世界上众多城市迅速扩张,孕育了多样的消费者市场、全球化贸易和工业革命,蜂巢开始成为一座城市的隐喻,成为大都市的缩影。因此,蜂巢不再是僵硬有序的等级制度的象征,而成为混乱的样板,交织着自私、勤奋以及对利润的贪婪追求。对此,伯纳德·曼德维尔(Bernard Mandeville)在其 1714 年出版的著作《蜜蜂的寓言》中作过精辟的论述。

曼德维尔现在将城市描绘成一个蜂群,其中所有的蜜蜂都受自身利益的驱使。更危险的是,曼德维尔指出,假如蜜蜂改掉自私的恶习,不再追求个体的物质利益,蜂巢的经济反而会崩溃。那个时候,伦敦是世界上规模最大的城市,一个新兴帝国(从印度的加尔各答延伸到牙买加的糖作物种植园)的中心,其银行业远远超过欧洲的其他竞争对手。曼德维尔走遍伦敦,像啃书一样阅读街道,并记下种种充满着矛盾、危险和悖论的复杂场景。一切的一切,与我们今天所熟悉的现代都市倒也并无二致。然而,曼德维尔的诗歌却对如此的复杂性不吝称颂:"尽管每个部分都充满着罪恶,其整体却是一个天堂。"⁵ 城市本身是罪恶的孵化器,然而这些罪恶结合在一起,却意外地创造出一个充满美德的地方。

是贸易本身保证了城市的安全吗?商业的发展能够规范和安抚社会吗?曼德维尔描绘了一个不需要市长、政客,也不需要警察的城市愿景,因为市场本身就是一只看不见的手,由利己的各个部分共同形成良性的整体。

与曼德维尔的蜂巢形象形成显明对比的，是法国街头艺术家让·雷纳所描绘的当代人形象。让·雷纳通过在街头张贴自己所拍摄的巨幅黑白照片，激发人们反思各自在社会上的身份与地位。此等壮举也让他于 2011 年获得"技术、娱乐与设计创意奖"（TDC）。但如果追根溯源，让·雷纳的职业生涯始于他在巴黎地铁上捡到一台照相机。起初，他在城市的各处张贴自己所拍摄的巨幅肖像，照片里的人物都是他在巴黎郊外那些被遗忘的角落所遇之人。不久，他将手头的照片集结，举办了标题为"一代人肖像"的展览，并决心要将城市这个世界上最大的画廊当作自己的画布。

接下来，让·雷纳来到以色列，不仅拍摄了一组以色列和巴勒斯坦居民的大型肖像，还将其张贴于两国之间新建的混凝土隔离墙两侧。2008 年，他又转战巴西、肯尼亚、印度和柬埔寨，开启了名为"女人是英雄"的摄影系列项目。在里约热内卢，让·雷纳走访了最古老的贫民窟——莫罗·达·普罗维登西亚（Morro da Providencia）。走访途中，他拍摄了许多女性的肖像，然后将她们眼睛的放大版照片张贴到贫民窟房屋的墙壁上。如此别致的建筑装饰给人留下了深刻的印象，就仿佛贫民窟正在向外凝视着城市。通过这个项目，让·雷纳旨在提醒大家关注女性在社区中的核心作用，同时也形象地说明了街头生活是如何不容忽视的。

在《美国大城市的死与生》一书中，简·雅各布斯展示了街道如何让自己均衡发展的机制。她称之为"街头之眼"："一种错综复杂、几乎无意识的网络，由民众自我控制、自我规范，也由民众自我强制执行。"[6] 在简·雅各布斯笔下的街道上，自发的民众包括小商铺的店主，有时在温暖的夜晚坐在门廊上的老妇人以及白马酒吧的常客等。正是通过民众之间小型的聚会和联络，一条普通的街道

图5　里约热内卢的莫罗·达·普罗维登西亚，房屋墙上装饰着让·雷纳拍摄的照片

变成了一个自我组织的公共空间。然而，常常需要像让·雷纳这样的艺术家来提醒大家这种力量的存在，并让这一平衡着城市日常生活的看不见的系统再次变得可见。

那么，城市是如何运作的？它是像蜂巢或者贫民窟那样自我调节，还是由市场或者"街头之眼"来加以调控？二者均展示了复杂性如何在社区内发挥作用，以及联系的力量。联系是调整我们日常关系的重要手段。但是，危机感似乎从未远离，仿佛一切随时都会分崩离析。

城市是一处自由之地。在这里，人们可以自由地追求个人财富。然而它也是一个将许多不同的人聚在一起的地方，充满着冲突和不平等。如今，在世界的某些地方，贫民窟里面的穷人连干净的饮用水都买不起，而近在咫尺的却是超级豪宅，里面的游泳池澄澈碧蓝。结果是，我们在描述城市的故事时，往往只盯着发生在上层与下层、富与贫、强者与弱者之间的种种冲突。正因为如此，我们认为不平等是城市的硬伤，有人飞黄腾达，有人穷困潦倒，权力永远掌握在少数人手中，他们高高在上地管理着城市。

这不是蜂巢的运作方式，也不是简·雅各布斯笔下哈德逊街自我调节的方式，而是源于对复杂性本身的基本理解。尽管蜂巢女王极其重要，但赋予她王权的是作为观察者的我们，而不是追随她的蜜蜂。事实上，蜂巢是一个完全民主的决策机构，如同托马斯·戴尔·西利（Thomas D. Seeley）所言："蜂巢女王是整个运作的核心……诚然，成千上万忠心的雌蜂（工蜂）的终极努力，都是为了促进蜂巢女王的生存和繁衍。但是，蜂巢女王并不是高高在上的决策者……蜂巢的运作，并没有一个万能的中央决策者……而是由工蜂们集体管理。"[7]

所有的复杂性系统，不管是蚁丘、蜂巢还是城市，都是从内部构建的，是生成而不是制造的。换句话说，复杂的城市是自下而上而非自上而下构建的。尽管我们认为，因为城墙是国王命令修建的，大都市的政治权力体现在石头建造的宫殿、大教堂、银行和议会，权力就源自这些地方。但我们应该三思，事情并非如此简单。权力是自下而上产生并受到制约的，它存在于人最多的地方。如前文所述，简·雅各布斯笔下的哈德逊街的活力是驱动城市的电力。正是这种活力——街道自身的生命力，才是衡量大都市活力的真正标准。

然而，一些城市的市长却坚持认为，自己掌握着操控城市的权力。那么，身着西服的市长大人的政治肌肉与"街头之眼"无声的自我调节之间，到底纠缠着怎样的关系？我们需要市长，我们也需要充满活力的街道。市政厅与街道之间，需要找到能够对话的方式。可平衡点在哪里？ 其中又有多少涉及当权者的个性及其与城市的关联？技术可以用来协调议会与社区之间的距离感吗？信息时代是否能够改变两者之间的关系，从而找到新的平衡？

透过某些 17 世纪知识分子的大辩论，也许可以找到解决上述问题的部分答案。如托马斯·霍布斯（Thomas Hobbes）和约翰·洛克（John Locke）关于权力之本质的研究和探讨。托马斯·霍布斯是一位数学家。在青年时代，霍布斯大部分时间周游欧洲，担任很多年轻贵族的导师。借此，他甚至有幸拜会伽利略。随着英格兰在 17 世纪 40 年代一步步陷入内战，霍布斯开始思考，如何站在科学的角度理解人类社会。在 1651 年出版的《利维坦》（*Leviathan*）一书中，他提出了一种悲观的人性论——人都是受自己欲望驱使的，而且不断地与自己的同类为敌。结果：

> 在这种状况下，产业是无法存在的，因为其成果不稳定。这样一来，举凡土地的栽培、航海、外洋进口商品的运用、舒适的建筑、移动与卸除须费巨大力量的物体的工具、地貌的知识、时间的记载、文艺、文学、社会等都将不存在。最糟糕的是人们不断处于暴力死亡的恐惧和危险中，人的一生孤独、贫困、卑污、野蛮而短暂。[8]

霍布斯认为，唯一能结束此等残酷自然状态的，是牢不可破的权力。因此，在霍布斯的人类社会史上，第一个人类社会和第一座城市的形成都基于牢不可破的社会契约。在这个契约中，国家至高无上的权力永远是正确的，它所采用的方法永远也不容置疑。国家主权的形式可以是个人统治的君主制，也可以是由精选团体统治的贵族制，或者是由代表所有人的议会做主的民主制。在霍布斯看来，以上三种形式里，只有第一种是不会发生腐败的。于是在霍布斯的城市，权力只来自一个地方，就是上层。它将以君主认可的任何方式被强制执行，不容置疑，因为针对它的任何抗议都会导致人类社会回到残酷的自然状态。

约翰·洛克经历过同样的内战。当时他还是个小男孩。他的父亲站在议会的一边反对保皇党，洛克随之目睹了各种可怕的恐怖暴行。战后，洛克成为牛津大学的一名年轻哲学家。他渴望建立一个社会制度，能够永远消除自己童年时代所遭受的恐惧。与霍布斯一样，他也在尝试着重写社会契约。不同的是，洛克认为"信任"而非"恐惧"才是所有关系的核心。在他看来，自然状态体现的是平等而非暴力。

在其两篇《政府论》中，洛克试图描述一座和谐的城市，一座在街头的民众与王权之间找到平衡的城市。在这个新社会，权力不是压制混乱的终极堡垒，民众将权力让渡到掌权者之手。制约和管理双边关系的契约，规定了所有签署方的权利、义务和权限。然而契约的文本并非一劳永逸，它需要与时俱进，因势修订。于是权力在街道与城堡之间呈动态的流转。民众有权利推翻暴君，尽职的君主对自己的臣民负有义务。

17世纪的这些文章，看起来可能有些古怪，似乎与复杂的现代世界无关，但其实不然。试想一下两种类型的城市：霍布斯模式（Hobbestown）与洛克模式（Lockeville）。两者均为充满活力的现代大都市：人们怀着发财的梦想不远而来，将之称为家。尽管每一座城市都拥有许多特质，但每一种特质都体现了其哲学奠基人的理念。

霍布斯式城市的现代风貌在世界各地都可以找到。自20世纪90年代初经济体制改革以来，中华人民共和国的首都北京发生了翻天覆地的变化。2008年，北京展现了自己最美的风貌。[9] 当时它以鸟巢体育馆为中心举办了有史以来最盛大的奥运会。

同样，迪拜从一个尘土飞扬的海湾小镇迅速崛起，成为一座致力于金融、休闲和贸易的大都市，可谓过去几十年来城市的一大胜利。迪拜最初的成功来自1966年石油的发现。后来在阿勒马克图姆王朝的统辖下，通过由国家发起的雄伟项目，如扩建港口、吸引国际商业、促进土地开发和旅游业等，它走向了多元化。如今，迪拜已成为寻欢求乐的游客和商人的圣地。世界最高的摩天大楼哈利法塔（Burj Khalifa）高高耸立于沙漠之上，象征着迪拜的现代性。

理论上说，迪拜实行的是君主立宪制，但其政府中大多数重要职位都由同一家族掌控。这座城市由成千上万从次大陆坐船而来的劳工建造，但劳工们几乎没有任何权利，也没有机会分享作为国家公民的快乐。在迪拜，由埃米尔所代表的政府意志取代了公民的个人意愿，城市的快速发展完全是自上而下推动的。毫无疑问，两者都是建设城市的成功模式。

最典型的霍布斯式城市，当推马来半岛南端的新加坡，它也是世界上最成功的城市国家。尽管其宪法以英国的议会制为蓝本，新加坡却时不常强制性地举行选举，而且自1959年获得自治地位乃至1963年独立以来，始终由一党执政，也就是李光耀的人民行动党。[10]新加坡有许多别称，从"存在死刑的迪士尼乐园"到"世界上最干净、最安全、最富有、最乏味的城市之一"[11]。但无论如何，毫无疑问的是，在其最初的五十年内，新加坡就已经成功转型为当代最伟大的全球化城市之一。

所有不同的别称，体现于新加坡在多种排行榜上的不同名次。各排行榜依据不同的标准，分门别类对当代城市逐一评比排名。2011年，在美世咨询（Mercer）的最佳基础设施城市以及爱立信（Ericsson）的网络社会排行榜上，新加坡排名第一。《福布斯》杂志称新加坡为"世界上最富于智慧的城市"。在欧睿信息咨询（Euromonitor）的顶级城市目的地排行榜上，新加坡排名第三。在全球最具竞争力城市指数和城市机遇排行榜上，新加坡排名第五。[12] 从综合层面看，新加坡已进入全球最适宜经商城市前五名。但由于在环境和自由这两个类别评分欠佳，它在《经济学人》杂志的最宜居城市排名中，仅排在第五十二位，不那么引人注目。

新加坡最初是作为英国与东南亚之间的转口港而声名鹊起的。在19世纪，它发展成一个由欧洲人、建立通往大陆桥头堡的当地马来人和中国商人以及为英帝国服务的印度人所共同组成的多民族社会。1963年至1965年期间，它尝试加入马来西亚，结果证明是一场失败。随之，独立的新加坡着手建立新的国家身份和新的经济政策。正如李光耀后来在自传中所写："因为没有任何其他国家像新加坡这样，所以我们必须创造出一种新的经济模式，尝试世界上前所未有的新方法和新计划。"[13]

人民行动党决心将新加坡打造成通往亚洲的门户，鼓励外商前来投资，让港口成为该地区的交通和商业中心。李光耀启用了与众

图6 新加坡海滨

不同的新方式，以确保新加坡的未来。某种程度上，他受到1942年日本占领该岛期间强权统治的启发，当时他刚以战时企业家开始自己的职业生涯。1945年之后，李光耀前往英国，对工党政府建立福利国家的努力印象深刻。回国后，他提出自己的非意识形态实用哲学，包括如何把事情办妥，如何将威权主义与福利制度相结合等。就像他对《海峡时报》所说的金句："我经常被指责干预新加坡人的私生活。对，但如果我不这样做，我们今天不会有这样的成就。……我们决定什么是正确的，不必去管人民的看法。"[14]事实证明，李光耀做得很成功。

自20世纪60年代以来，强势的李光耀政府着力培育自由市场，不仅启动国家主导的高速工业化，还发起了包括住房和交通在内影响深远的基础设施建设规划。与此同时，实施严格的社区政策，鼓励储蓄而不是消费，并大力培育廉价而合格的劳动力。正如李光耀所指出，没时间与民众就城市的共同愿景进行交流："大众的密切参与，不仅不必要，而且也不太可能。"[15]相反，他确保新加坡拥有完美的外商投资环境。除了培育廉价的劳动力，新加坡还大力推广教育以提高技术工人的水平。因此，新加坡的识字率如今高达95%，而在20世纪60年代，普通的成年人大多只接受过三年的学校教育。此外，消除腐败也非常重要。于是李光耀一面提高公务员的工资，一面加大对贪腐人员的处罚力度。

接着，他将目光投向石油化学工业和电子公司，鼓励跨国公司将各自在亚洲地区的总部设立于新加坡。当然，这一切也离不开低廉的开发成本、良好的基础设施和稳定的政治局面。到1980年，得益于外商投资的70.72亿美元，新加坡的经济迅速增长。不过在接下来的十年间，新加坡遭遇了第一波经济衰退。部分原因在于印度尼西亚和马来西亚等邻国的崛起，它们也开始提供低廉的劳动力和基本服务，这迫使新加坡重新思考自己的未来。

作为对策，新加坡宣布开启又一个重建时代，致力于改造城市的面貌和改善民生，在努力鼓励本土创业的同时，吸引更多的高科技和知识密集型产业来到本岛。应运而生的有卢卡斯电影公司和国际生物技术研究中心启奥生物医药园。此外，文化和旅游也跃升为重要行业。至1999年，文化旅游行业已创造出56亿美元的收入。其中的重要一环便是滨海湾景观区的建造。除了一级方程式赛车场，新型综合体还带有剧院、商业中心以及更多的商场，彰显了消费型景观在新加坡的主导地位。

如今，新加坡已经将自己打造成一个充满活力的亚洲创意中心。但它对信息时代的承诺亦伴有风险，并改变了政府与民众之间的关系。民众正在被鼓励着创新、独立思考。他们的教育程度也得到显著提高。你总不能一面鼓励人们创新、开拓知识经济，一面却期望他们继续像尽忠职守的仆人一样行事。学校已开始教授新课程，鼓励批判性思维，而不是死记硬背；"新加坡一号"计划的推出，让每一位公民都能接通高速互联网。"2015新加坡智慧国家"总规划，致力于培养新一代全球化商业领袖。[16]

随着时间的推移，这场由创新和知识经济带来的革命中的革命，也会让一些人对新加坡的霍布斯式生活方式产生质疑。尽管如此，改革依然是自上而下的。新政府以"倾听人民意见"的面目出现，欢迎民众的批评。但是，请不要完全当真。正如评论员卡尔·哈克（Karl Hack）所言，政府可能不再只是一个专制的单向道，而是双向通道，然而通往政府的车道依然是狭窄的。[17]

新加坡的霍布斯模式大概是发展世界一流大都市一个不可超越的典范，它证明只有稳固的强权政府才能保证大都市的发展。这一点与洛克模式形成鲜明对比。在洛克模式下，政治精英与街道上普通民众之间的关系，是自由公正的对话。然而单从洛克模式本身来看，它可能永远都不能达到霍布斯模式那般令人印象深刻的洋洋大观。在洛克模式下，中央政府所计划的项目，若不经过地区议会的讨论，就不可能得到实施。基础设施的建设，大概率是延期，并且总需要修改。聆听民众呼声的城市同时也是一座聒噪的城市。在处理任何一件事务之时，总会众说纷纭。这样的例子可以在曼哈顿以西 12 公里处找到。

作为工业重镇、港口和保险业中心，纽瓦克于 20 世纪初期达到顶峰。其市中心至今仍保留着当年建造的早期布扎（Beaux Art）风格的摩天大楼和装饰艺术风格的公寓楼。这些建筑在经受了几十年的忽视之后，于近年得到翻新。第二次世界大战结束之后，纽瓦克开始走下坡路。工业疲软，房地产暴跌。与此同时，城市人口减半。随着中产阶级纷纷迁往郊区，内城涌入了大批自南方北上寻找工作的黑人和拉丁裔移民。在软弱的政治家手里，各种问题很快开始恶性循环。1967 年，由于警察再次对占当地大多数的黑人施暴，骚乱席卷大街小巷。1981 年，谋杀案达到 161 起，四分之一的家庭生活在贫困线以下。20 世纪 90 年代，纽瓦克被评为"美国最危险的城市"。

2006 年，科里·安东尼·布克（Cory A. Booker）当选为纽瓦克市长，随即担负起复兴纽瓦克的使命。布克领导的市政府对洛克模式的探索，向我们展示了一幅令人着迷的图景。布克出生于华盛顿特区，在新泽西州哈灵顿公园的富人区长大。他本科毕业于斯坦福大学，在校期间擅长美式足球，之后获得罗德奖学金前往牛津大学深造，并最终在耶鲁大学法学院完成学业。布克的父母属于民权运动的一代，也是 IBM（国际商用计算机公司）第一批非裔美国人高管。布克被培养成了一个理想主义者。他后来声称父母教导他"我们的国家成形于完美的理想，现实却是野蛮而不完美的"[18]。受 78 岁老妇弗吉尼亚·琼斯故事的启发，在完成耶鲁的学业之前，布克搬进纽瓦克市中心"砖塔"公寓楼（弗吉尼亚·琼斯的儿子在这座公寓楼的门厅遭到当地帮派的谋杀，但她坚持继续居住在楼内原有的居所）的第十六层。正是在"砖塔"楼，布克发起了居民维权运动。后来，他一直住在"砖塔"楼，直到 2006 年大楼被拆才搬离。

2002 年，布克参加了纽瓦克市长选举，未能获胜。2006 年，他再次参选。随着时任市长夏普·詹姆斯的退出（此人两年后被认定贪污腐败），布克以 72% 的支持率大获全胜。这次竞选活动亦获得媒体的关注。奥普拉·温弗瑞称他为"天才"。在公共安全、城市复兴和尊重人权方面，布克赢得了广泛的支持。

虽说有不少人觉得新市长"夸夸其谈"，但布克与民众沟通的能力令人刮目相看。除了定期接见市民，倾听他们的苦衷，为他们排忧解难，他还经常在夜间与街头巡逻员一起，四处找人攀谈。在三名年轻人遭到谋杀后，他甚至登上讲台表明自己的立场。"砖塔"公寓楼拆除之后，他搬到霍桑大道，那里同样是普通民众所居住的"杂乱"之地，可以方便他接触民众。

正如布克发表于 2006 年的宏愿，纽瓦克充当了城市转型的急先锋。2008 年，奥巴马总统邀请布克加入总统团队，布克没有接受。他宁愿继续担任纽瓦克市长。如今，纽瓦克成为美国发展最快的城市，暴力犯罪已大幅减少。2010 年，脸书公司首席执行官马克·扎克伯格向该市的学校捐赠了 1 亿美元。许多其他人亦开始将纽瓦克视为值得投资的城市。尽管它可能永远也无法达到新加坡的经济实力，但这座重振江山的洛克模式城市，已走上复兴之路。它拥有无限的可能，绝不会是"没有灵魂的机器"。

2010年，以略低于第一次选举的支持率，布克赢得市长的第二个任期。他的竞选承诺是继续奋斗。不过，纽瓦克的复兴进程，并不总是一帆风顺。为了降低成本，布克不得不做出压缩预算的艰难决定。一些警察被解雇，犯罪率再次开始上升。2011年，在他的副手（被指控犯有勒索罪行）接受审判时，他甚至被迫出庭做证。即使如此，布克依然积极引进了超过7亿美元的建筑合同，为2500名纽瓦克居民提供了工作机会。不过，他作为市长最惊人的举动发生于2012年4月。当时，布克所在的上克林顿山社区一幢房子发生火灾，他不顾个人安危，从着火的屋子里救出了一名妇女，却因吸入过多烟雾外加轻微烧伤不得不入院治疗。在第二天的新闻发布会上，他说道："作为邻居，我只是做了大多数邻居都会做的事情而已。"[19]

当今世界不少城市的治理模式更像是洛克模式，但不幸的是，它们缺乏像布克这般富有魅力的政治家。布克在街头巷尾与孩童交谈，身体力行地居住在当地最贫困的社区之一。如此形象具有强大的榜样力量，鼓励着纽瓦克市民之间的相互信任。然而，对大多数城市而言，对市长的评价更侧重于其所支持的公共工程建设以及火车是否准点等实务，而非市长的个性。因此，在历史的长河里，政治家们常常借助建筑来管理和掌控市政府与街道之间的关系。几个世纪以来，市长工作的重点在于宏伟的市政工程建设，在于通过石头铸造出令人敬畏的力量。让我们看看历史上那些象征权力的场所，诸如巴黎的国民议会、华盛顿的参议院、威斯敏斯特的议会大厦等，尽管它们都是民主的灯塔，但除了公共旁听席上些许的受邀嘉宾，盘踞其中的尽是些闭门造车的权力机构。生活于普通街道上的人，看不到以自己的名义所实施的民主进程。

然而，最近几十年来，一些建筑师指出，民主的可见性与信任之间存在着关联。这种"透明的建筑"打破了政府信息不公开的陈旧模式，催生了一种新的开放风气。柏林墙倒塌后，1992年，福斯特建筑事务所受邀对历史悠久的柏林国会大厦进行修复改造，要旨便是创造一个象征整个国家重新统一的标志，同时为德国民主的未来家园（联邦议会）建造一个大本营。新建的玻璃大穹顶，耸立于19世纪70年代的原建筑之上，位于联邦议院的中央辩论厅上方，让参观穹顶的游客们能够俯视辩论厅，观察民主运作的情况。2002年，设计伦敦的新市政厅时，福斯特建筑事务所采用了同样手法。该市政厅是当时刚成立的大伦敦政府和市长办公的所在地。大伦敦前市长肯·利文斯通（Ken Livingstone）称其为"玻璃睾丸"。现任市长鲍里斯·约翰逊稍文雅地称其为"玻璃性腺"。总之，这座卵形建筑完全由玻璃建造，从各个方向看都是透明的。

　　至于更近期、更激进透明建筑的试验，可以参见爱沙尼亚首都塔林新建的市政厅。这座建筑由丹麦前卫的建筑师比亚克·英厄尔斯创立的事务所Bjarkes Ingels Group（BIG）设计。该事务所计划在中央会议大厅安建一个巨大的潜望镜，让坐在会议厅的政治家们抬眼便可望见街头的生活，从而将注意力集中于自己应该要做的事，聚焦于自己所代表的群体。反之，街头的民众也能够看到会议厅，观察到那些以民众的名义而工作的官员正在做什么。比亚克·英厄尔斯事务所的设计大纲还特别强调："在传统的塔楼，唯有位于权力巅峰的国王才能欣赏到美景。我们所设计的潜望镜则是一座民主之塔。在此，即便普通的塔林市民，也能够欣赏到唯有站在巅峰方可领略的风光。"[20]

　　通过玻璃和钢铁，塔林的新市政厅形象地展示了市政官员与街头民众之间的新型关系。然而，没有理由相信这真的能够改变城市的运作方式，也没有理由相信建筑能像设想的那样充满活力或立竿见影。设计能发挥布克市长离开市政厅与选民交谈这般亲民之举的功效吗？

城市的精神并不是来自旨在调解城市关系的市政建筑和最新的建筑设计创意。相反，城市的个性和特征源于聚集于此的人与人之间的联系和关系。正如联系的密度及其相互交织培育了城市的复杂性，城市也成为信息的超线性场所。

构成洛克模式城市生命线的是信息而非建筑。因此，我们不能简单地将市政厅与街道的关系理解为两者之间的物理距离，而应当将它们视作两大不同的信息源。市政厅给人的印象不应只是一个倾听的场所，它必须是一个能持续对话的场所。布克清楚地认识到与自己所代表的民众建立个人联系至关重要，但他也感激让他能够与民众建立联系的新技术。

因此，除了布克拥有强大的人格魅力和冲锋陷阵的意志，让他成为洛克模式市长的，还有他所运用的新技术。2008年8月，他开通了自己的博客，之后又加入脸书、油管（YouTube）和推特（Twitter）*等社交网络，目前拥有超过100万的粉丝。也是从那个时候开始，新媒体成为布克政府倾听民意的关键渠道。2009年，他又发起创建了纽瓦克科技公司，探索通过技术加强和运用民主的策略和手法。虽然这样做并不能替代坚定的政策和有效的实施，但它毕竟能够改变城市内部不同力量之间的关系。

政论博主约翰·斯腾伯格（John Sternberg）指出，一个政客如果能够善用新媒体，就会拥有四大优势：创造对话、更广泛地报道自己的方针、促进变革、以人为本。对此，布克心领神会。他会引用一些励志名言，在推特转发积极信息、活动邀请以及鼓励性短语

---

* 2023年7月改名为X。——译注

图7　科里·布克市长在清理积雪

等,这些都是相当直接也相当个性化的举措,对于在市政厅与街道之间建立互信对话助益良多。2011年1月,他又发起"让我们行动起来"的活动,将自己的健身方案广而告之,从而推动大家积极地参与体育锻炼。

2010年12月暴风雪期间,互联网技术联系群众的运用得到了突显。当时的纽瓦克,大雪封门,公共交通中断。布克的推特账户充满了请求帮助的信息。"你可以把他的电话给我吗?""请转发@纽瓦克@科里布克,请回复这条短信,告诉市长,黎塞留路224号的娄·琼斯先生身有残疾,他需要帮助。"市长先是分配救援资源,然后他索性拿起铲子走上街头,为受困于家中的居民铲雪开道。

12月28日,他忙着铲雪,一直到凌晨3点。虽然很多批评人士抱怨说,这样的应急措施是哗众取宠,但布克的行动对社区依然产生了强大影响,激励其他的居民伸出援手。一位叫"古斯汀"的网友在推特上写道:"我认为@科里布克教给我们的是,我们必须对自己的街区负责。我这就去做。"[21]

暴雪大决战事件还吸引了大量的媒体关注,提高了布克的知名度。人们开始将他与纽约市长迈克尔·布隆伯格(Michael Bloomberg)*相提并论,甚至认为布克身系纽瓦克的命运。

布克市长通过社交媒体与选民建立了非常个人化的关系,还有很多事例显示了共享信息对于推动城市发展何等重要。2009年,布隆伯格市长推出"数字化应用软件开发大赛"(BigApps Competition),只要能够开发一套最佳软件来帮助人们更好地"使用"纽约,便能够获得一笔数额不算大(5000美元)的奖金。为此,布隆伯格向开发者开放了纽约市数据库(NYC Data Mine,包括纽约所有的统计数据和政府信息的在线资源)。结果令人吃惊。三个月之内,有80多个新的应用程序得以开发。2010年1月宣布的获奖名单里,有帮助用户搜索最近地铁站的"寻路纽约"(NYC WayFinder),有让用户对所乘出租车发布实时评论的"出租车哈客"(TaxiHack),还有其他一些帮助用户找到学校、霸凌事件的频发地点或者最近的树林的软件。再就是应用于苹果智能手机的三维地图,以及可以在哪个公共图书馆找到某本书的应用程序。

第二届"数字化应用软件开发大赛"于2010年秋季举行,奖金增加到40000美元。获奖项目包括"运动概况"(Sportaneous),利用纽约公园和娱乐部的实时数据,方便在公共场所组织临时的游戏和体育活动;"最佳停车"(Bestparking),帮助用户找到纽约市区和布鲁克林街区的最佳停车地点,很快就有超过10万名城市车主下载了该软件;"路况快讯"(Roadify),收集有关公共交通和道

---

* 又译作"迈克尔·彭博"。——译注

路状况的所有实时数据,帮助用户更好地规划行程。

与第一届"数字化应用软件开发大赛"几乎同时,伦敦的约翰逊市长推出了伦敦大数据库(London Datastore, www.data.london.gov.uk),从废弃的汽车数据,到教育排行榜,再到伦敦政府官员财务花销细节,可谓包罗万象。随着时间的推移,该数据库还获准显示地铁系统、警察系统、英国国民医疗服务机构等的实时数据。伦敦大数据库项目的创始人依玛·科尔曼(Emer Coleman)告诉我,对信息的需求超出所有人的预期。伦敦人使用数据的方式多种多样,有时甚至是意想不到的方式。

伦敦大数据库不仅仅是一种透明机制。虽然市政府证明自己是开放的和富于责任的很重要,在城市与市政厅之间建立信任很有必要,但向大众开放各种信息的潜力在于吸引公民积极参与,这一价值要大得多。问题是,一旦数据对公众开放,市政厅就无法控制它们将如何被使用,也无法控制由谁来使用。使用者可能是黑客、社会活动家、网站设计师、程序编码员或者应用软件的企业家。它可以用于进行政治活动,也可以用于开展新的业务。但不管怎样,将从前由政府机构掌控的信息无偿提供给任何拥有宽带用户的做法,堪称新政治革命的核心,即2.0版政府。同时,再一次表明,城市依然是新时代的弄潮儿,引领着变革的风向。

然而,与所有的转型一样,2.0版政府时代的到来伴随着焦虑和无法预期的后果。迄今为止,它尚且处于一个缓慢的适应过程,就仿佛一位谨慎的游泳者,在决定跳下水之前,先用自己的脚趾试试池里的水温。为了简化流程,让技术和数据易于获得和使用,政府打一开始就需要投入大量的人力和物力推动在线服务。纵然如此,人们已经能够在线申请驾照、缴付市政税、参与民意调查、投票和预约看病。只是在运用此等将政府与公民联系起来的技术设施之时，使用者依然不过是客户。他们只能反馈对服务的满意度，却无法改变事情的运作方式。能做到这样，已经非常了不起，但这还不是网络革命的终极目标。

不少政府官员很快就意识到，网络是一种奇妙的传播工具，可以帮助自己传递信息。活跃的政治人物于是纷纷建立各自的网站。政府部门也在博客、推特订阅和播客上，将各自推行的事务广而告之。但此等革新仅仅激发了单向的信息流。关于这一点，2011年8月骚乱期间发生的事便是明证。当时，大都会警察局的公共秩序部门推出了一个推特账户（@C011metpolice），向民众提供实时信息。几天的工夫，它就吸引了超过15000名粉丝。由此可见，社交网络的确是非常高效的沟通工具，能让大家及时了解到骚乱期间有哪些地段存在危险。令人失望的是，大都会警察局的推特团队仅仅与8个其他的推特账户有所互动，而这8个账户无一例外全都隶属于公共服务部门。2012年，他们将推特账户更名为@metpoliceevents，并拥有32800名粉丝。但是，与其互动的46个账户，绝大多数依然是警察部门的其他分支机构。也就是说，他们热衷于自说自话，对聆听他人的发言并不感兴趣。一不经意，他们就忽略了超过32750个可以帮助自己把事情做好的潜在信息源，忽略了积极活跃的公民。

社交媒体的潜力在于它能够及时地激发起群众的智慧，这才是2.0版政府的核心。它足以改变未来城市的运作方式。纽约市长布隆伯格推出的311服务热线，便是一个很好的样板。在当选为市长之前，布隆伯格依靠金融数据业务获得了丰厚的财富，他深知信息的价值。事实上，311服务热线甚至成为他履行市长职责的基石。它于2003年3月开通，旨在为纽约市民提供一条服务热线，集市政管理中除紧急服务之外的所有其他服务于一体，从噪声污染、食品券申请、学校申请到公园维护等,无所不包。截至2010年5月,该热线已收到超过1亿次来电。

需要指出的是,通过信息热线在市政厅与街道之间建立对话,政府要做好接收大量投诉的准备。很少有人拨打311是为了感谢市长的工作,或是祝贺他的部门表现出色。随着时间的推移,布隆伯格还为这条热线增添了一些新的服务。2009年,他在竞选连任时提出增加交通系统的实时信息。同年,他还推出了戒烟计划。此外,311服务热线还与纽约市政府网站(NYC.gov)配合,让用户可以在线进行查询。现在又推出了311应用程序,也可通过短信或网络电话思盖普(Skype)提出问题。这一理念如今已为美国其他城市所采纳。

然而推动这一动议的不仅仅是政治家。技术的进步也促使信息从街道流向市政厅。比方说,像311服务热线这样的项目虽然深受欢迎,但它依然掌控在公共行政部门之手。相比之下,开放源代码活动家[诸如"开放计划"(Open Plans)以及"美国代码"(Code For America)]筹资开发的项目,才是真正向所有人开放的民主平台。"开放311"便是其中一款让信息共享的开发程序。迄今为止,它已经向全美各地推广,更在包括旧金山、波士顿和巴尔的摩在内的24座城市中广泛应用。作为开源项目,这意味着任何人都可以访问任何参与信息共享项目城市的数据资料。例如,2012年7月10日有83次访问记录,包括对违规驾驶的投诉(或者对遵守规则的司机的赞美),对涂鸦、违规停车、错过垃圾回收等情况的报告,还有对街道维修的呼吁,等等。同样,英国2006年推出的网站"治理我的街道"(Fixmystreet.com)同样提供了一个投诉平台,相关投诉随即转达至地方市政当局。用户可以随时访问该网站实名或匿名反映情况,从伦敦北部亚历山德拉公园内游乐设备遭到损坏,到在牛津发现违法丢弃的垃圾，等等。

不用说，对于一向不愿分享过多或不愿担责的政府机构而言，向 2.0 版新政府的过渡不会顺利。新旧行事方式之间的差异所带来的困难不可低估。伦敦大数据库如何建立，又是如何运作的故事，不仅对解决上述难题提供了深刻的见解，还启发我们进一步思考：此等项目一旦启动和运行，未来可能会是个什么样子。

从一开始，大伦敦政府数字工程项目主管依玛·科尔曼就认为，开放的政府不仅仅需要提供信息，还要与使用数据的数字社区建立互动关系，打破"自上而下"的政府倡议与"自下而上"的民间活动之间的界限。因此，在伦敦大数据库的创建过程中，他们没有聘请大型咨询公司，而是注册了一个推特账户，并于 2009 年 10 月 20 日发出求助告示："本周六请到市政厅，一个参与伦敦大数据库设计和建设的机会。"那个周末，60 多名软件开发人员出席了会议，开启了打破沟通壁垒的进程。官方对信息共享的保守态度与政府对黑客与生俱来的怀疑之间的壁垒开始瓦解。正如科尔曼后来指出的，消除这一隔阂是一项挑战。项目开发者将自己看作感兴趣的公民，而不是政客。正如有人坦承的那样："我想，我参与的真正目的，就是让生活少些糟心事。如果你能说'好吧，今年我让别人的生活少了一些糟糕'，那就表示你度过了美好的一年。"[22]

普通的市政工作人员对数字政治知之甚少，且本能地害怕任何信息落入公众之手。虽说内阁办公厅和英国财政部的报告《权力在人民手中》在致力于推动政府的透明度，伦敦市前后两任市长肯·利文斯通和鲍里斯·约翰逊也都在身体力行，但是 2010 年的一项调查表明，伦敦中心区理事会成员中足有 69% 的决策者既没有使用过社交媒体，也不熟悉 2.0 版政府这一表述。此外，大型公共服务部门也不热衷于开放数据。在他们眼里，失去对信息的控制和遭人审查的痛苦，都是不可承受之重。对于大部分交通数据而言，也有人担心这些数据太有价值，可以用来创造可观的收入，不能免费提供。

科尔曼与开发人员和媒体工作者携手合作，鼓励国家机构开放他们的数据："他们通过写信、写博客，向当地／中央政府有关方面的负责人施加压力，或者更正式地在媒体上发表文章来实现这一目标。"[23] 结果显而易见：信息的免费使用已经激发了创造力和创新，推出了新的业务和应用程序来帮助伦敦人。从一开始，一大批应用程序就将伦敦大数据库中的信息转换为卓有成效的使用工具，以帮助提供实时的交通报告，更新公共交通状况，或者寻找停放在城市各处的"鲍里斯自行车"。Cromaroma（www.cromaroma.com）设计的牡蛎卡（Oyster Card）支付系统，可以让你一卡在手玩遍全伦敦。Figurerunning（www.figurerunning.com）应用程序记录运动轨迹，允许你在带着智能手机慢跑时发挥创意。手机借助 GPS 定位，人的行动轨迹被记录并绘制成图。人们在跑步时就可以创造出巨大的形状、图片和数字。有些人已经能够在街道上跑出一只兔子的模样。*

最终，政府的开放改变了政府自身。在个人层面，这堪称一场飞跃式变革。正如科尔曼在接受采访时所说："如今，我接触的是一大群走在网络前沿的人士，如果这没有让我有任何改变，倒真是怪事一桩……现在我通过博客与人交流，之前我从没有这样做过。你知道，我是一名老派的财政部公务员，我们原本不喜欢做那种事。对我来说，最大的转变是我们看到了变化，我们真正地走出去，向民众展示政府人性化的一面，出现在各种场合，说着：'你

---

* 该应用程序的图标是一只奔跑的兔子。——译注

好,我是理查德,我来自内阁办公室,我并不可怕。'"²⁴ 在对政府工作人员和技术开发人员的调查中,科尔曼发现,51%的人认为开放数据让政府的面貌发生了改变,64%的人认为它鼓励了公众的参与,只有7%的人持反对意见。

然而,技术不是灵丹妙药,不能治愈一切伤口。伦敦骚乱期间发生的事件尤为明显。技术无疑极大地提升了暴乱者的组织力和号召力,比如黑莓手机上的私人短信群功能被广泛使用,暴力事件一开始,推特和脸书就被用来传播新闻与被抢战利品的图片。与此同时,8月9日,名为"@骚乱-清场"(@riot-cleanup)的推特用户发布了一条消息:

> 我们正在直播。地点将很快公布。

几分钟内,该账号就详细列出了在前一晚暴力事件发生之后,当地居民手持扫帚和垃圾桶清理街道的情况。很快,这个账号就成为伦敦、曼彻斯特、伍尔弗汉普顿、利物浦和其他更远地区清理小组的信息发布站。它堪称公众应对骚乱的平台,在协调人力、分享紧急信息、为骚乱中失去一切的店主发起募捐等方面发挥了作用。报纸很快就报道了这一自发性"公民行动",甚至连政客也急于让民众知道自己已参与其中。主要政党的三位领导人都被拍到照片,正与一群善良的民众一起挥舞扫帚清理现场。这就是自下而上政治运作的实例,预示着未来的发展走向。

在8月骚乱之后,政界人士与记者争相谴责在伦敦街头横冲直撞的"野蛮"年轻一代。直到情绪平息之后,才有人开始反思引发这三天暴力的社会背景,譬如教育、住房、就业前景,当局对年轻人的系统性背叛,以及当局反而将青年们的绝望情绪解读为犯罪行为。

　　但我们最好还是不时地安慰自己，骚乱是小概率事件，我们并没有生活在霍布斯所描绘的恶性自然状态中。城市自有一套复杂的自我调节机制，它产生于街头巷尾，对我们日常互动的制约作用远远超过任何来自上层的控制。新技术让我们得以重新思考政府与民众之间的关系，因为两者之间的接触比以往任何时候都更密切。随着时间的推移，新技术亦会改变政府本身的性质，但首先只说不听的政府必须学会倾听的技能，让自己成为一个倾听民众意见的政府。这是一个以信任为基础的城市。

　　与此同时，马克·杜根的母亲依然在等待，等待警方对她儿子在那个晚上的遭遇给出一个确切说法。

第三章
街道芭蕾

初访一座陌生城市,我都会提前查看地图,阅读旅行指南,以便找到这座大都市众星拱月的中心点。作为一名历史学者,我会留意一座城市如何通过建筑来讲述自己的故事。仿佛耳语一般,宏伟建筑的一石一木、一砖一瓦中蕴藏着这个地方的精神。

1817年,法国作家司汤达在拜访佛罗伦萨期间曾经出现一阵莫名的眩晕、昏厥乃至幻觉。正如他在旅行日记中所写:"我的心脏剧烈地颤动……我惊恐不已,仿佛每走一步都可能会摔倒在地。"[1]显然,这位敏感的作家被自己眼前的艺术奇迹所震慑。佛罗伦萨是意大利文艺复兴的发源地。区区几百米的步行范围之内,盖世之作比比皆是,有布鲁内莱斯基(Brunelleschi)的建筑杰作圣母百花大教堂,有吉贝尔蒂(Ghiberti)的圣特里尼塔圣器收藏室,有阿尔贝蒂(Leon Battista Alberti)的新圣母大殿立面,还有米开朗基罗的一些最迷人的作品。至于让司汤达第一次犯病的乌菲兹美术馆(Uffizi Gallery),参观者所见的艺术品皆出自艺术大师之手,包括奇马布埃(Cimabue)、乔托(Giotto)、皮萨诺(Pisano)、弗拉·安吉利科(Fra Angelico)、波提切利、达·芬奇。1979年,在接诊了一百多起类似病例之后，意大利精神病学家格拉齐耶拉·马格里尼（Graziella Magherini）将突然暴发于都市的眩晕症状称为"司汤达综合征"。

像所有游客一样，我的故事始于市中心最壮观的公共场所和最著名的建筑。一座城市总是通过大广场、大教堂以及宏伟的宫殿来展现其独特的风貌和魅力。这些著名的景点成为人们的指南针，帮助他们游览和探索陌生的城市。因此，我第一次去佛罗伦萨时，从火车站出来就直奔了优美的新圣母大殿，继而去寻找圣母百花大教堂，最后从圣母百花大教堂那儿去的酒店。接下来的几天里，我心怀敬畏，随处漫游，可几乎每天都会穿过市政广场，便权当它是所有旅程的起点吧。很快，附近的街道及其颇具特色的地标，教堂、雕像、咖啡厅，一一变成了我的老相识，如同我平常在家时每天都要经过的地方。但在我继续游走于佛罗伦萨各个角落时，眼前的建筑和街道并没有因为熟悉而失去魅力。

身处佛罗伦萨这样的地方，不可能不为周边的环境以及恢宏大气且历史悠久的建筑所震撼。仿佛每一处街角都蕴藏着一个封存于大理石和砖块之中的故事。然而，我在游览佛罗伦萨或者其他城市之时，每天都会准备一份日程表，罗列我想去走走的地方和有心参观的建筑。如同逐一参观博物馆中的不同展品，我想逐一领略城市的辉煌。然而我的日程表却从没有得到严格执行。常常会有一些旅行指南中不曾提到的惊喜突然出现，分散了我的注意力。更多的时候，我为城市本身的生活所吸引，偏离了自己的规划。

从某种程度上说，文艺复兴时期的佛罗伦萨是人类历史上第一座现代城市。历经500多年的沧桑，留存下来的部分，似乎为当今城市的理念与设计提供了强有力的基础。有些东西我们耳熟能详，诸如街道的布局、房屋的高度以及市场、公共广场与更为私密空间之间的混合等。透过那些高塔以及引人注目的宗教建筑，我们可以看出，佛罗伦萨不仅是一个供人居住和贸易的地方，其城市设计有着政治上的考量。

城市也是幸福的引擎。自柏拉图在《理想国》里提出"美好生活 / 繁荣昌盛"（eudaimonia）这个概念以来，追求幸福始终都是大都市最重要的特性之一。都市世界放大了我们人类最好的一面，我们代代相继的任务便是寻找一种城市形态，以发挥、表现出人的好品质，而不是扼杀、阻碍和摧毁人的精神。但是，这种对幸福的追求如何通过人自身与人所建造的建筑物之间的关系表现出来？我们的生活方式与我们居住的地方之间存在怎样的关联？

被今人尊为互联网守护神的塞维利亚主教圣依西多禄（St Isidore of Seville），是西班牙公元 6 世纪末 7 世纪初的教会圣人，是古代世界的最后一位学者，是黑暗时代降临之前知识之光的最后闪耀。作为望族之家最小的儿子（该家族还诞生了另外三位圣人），圣依西多禄是规劝征服者西哥特人皈依天主教的先锋。他还是《词源》（*Etymologiae*）一书的作者。这是一部简明扼要的百科全书。圣依西多禄的写作初衷，是为了保存人类有史以来所累积的全部知识，以免它们湮灭于野蛮人之手。他在书中对"城市"的注释尤为引人注目："城市（civias）是由众多的人组成的，他们通过'公民'（civis，也就是住在城里的居民）这一社区纽带联合在一起。而今出现的新名词'都市'（Urbs），指的是城市中的实体建筑。但我们要明白，'城市'的原意并不是建造它的石头，而是居民。"[2]

显然，早在 1300 年前，圣依西多禄就已经认识到，建造城市的石头与生活在其中的人是不同的。但这位西班牙圣人同时也提出石头与人二者之间存在着一定的关联：城市居民的痕迹可以被嵌入建造都市的石头之中；一处规划得当的场所，总是可以激发人的情感，影响人的行为。从恺撒对奥古斯丁罗马城网格式布局的规范化，到19世纪奥斯曼男爵（Baron Haussmann）将巴黎破败的街巷改造成优雅的林荫大道，再到21世纪上海被重塑为世界级大都会，建筑与规划始终携手同行。

对城市空间的合理规划可以强化规范和秩序，建筑是不是也可以促进释放和培育人性以维护规范和秩序呢？精心规划的社区能否激发社区意识？现代城市规划的叙事正是将哲学转化为石头的故事。20世纪的城市规划者雄心万丈：他（这些人几乎全都是男性）确信自己已找到解决社会弊端的技术上的灵丹妙药，深信重新建设城市将为人类带来一个新的开始，将人们加速推进到现代性的至高境界：摆脱物质匮乏、痛苦和不必要的情绪。

在上述规划者看来，自己所提出的新城市是理性的，基于的是对人类状况的最新考察。城市的街道和住房体现了在自然与人类文明之间寻求的平衡。普通街道的复杂场景被规整得秩序井然。而街道上狂欢般的舞蹈被视为犯罪并加以控制，直至消失。历史告诉我们，此等做法败多于成。

出于偶然，规划者几乎也把自己变成了"祭司"，被仪式和神秘的礼拜流程重重包裹。面对不断演变的看似无序的充满活力的环境，他们吓坏了。于是，他们对所有的社区加以剖析，编目为"内环郊区""中央商务区""郊区""阳光地带城市"等，创造的区域被规划限制到停滞状态。规划者们不再与他们试图改善其生活的大众交谈。他们自诩懂得更多。他们操着不为外人所知的术语。他们的专业知识不再受到挑战。

这种了解和掌控城市的欲望源于恐惧和厌恶。1853年，英国艺术史学家约翰·拉斯金（John Ruskin）出版了《威尼斯的石头》（*The Stones of Venice*）第三卷。拉斯金的文字堪称对辉煌时期意大利城市的崇高礼赞。他将这座哥特式城市与自己的故乡维多利亚时代的伦敦进行比照。他认为，工业化已将城市变成一座工厂，将人变成没有灵魂的机器，唯有复兴14世纪威尼托地区充满活力的哥特式美丽，才能为现代人的灵魂注入生机。拉斯金的呼吁在英国、美国和整个欧洲得到回应，让火车站变成大教堂，让污水泵站变成拜占庭式的梦幻建筑，让工人的住所变成乡村小屋。

拉斯金从历史中汲取灵感，但历史并非城市思想家唯一的灵感之源。在接下来的几十年里，进化论、幻想小说、震撼人心的欲望，以及心理学、社会学、精神分析等新兴学科的最新发现，都将成为培育新城市理念的理想温床。需要指出的是，透过现代城市规划学的三位奠基人帕特里克·格德斯（Patrick Geddes）、埃比尼泽·霍华德（Ebeneezer Howard）以及勒·柯布西耶（Le Corbusier）的人生经历，我们可以看到，街道总是被遗忘。

爱丁堡皇家一英里大道（Royal Mile）尽头的城堡下方，矗立着一座瞭望塔（Outlook Tower）。它原来是肖特观测台（Short's Observatory）。1892年，当时邓迪大学的植物学教授帕特里克·格德斯将之买下。格德斯被誉为现代城市规划学之父。但他最初其实是一名动物学家，年轻时深受达尔文进化论的影响。后来，他来到爱丁堡大学讲授生命科学。彼时，为了腾出空地建造新建筑，爱丁堡老城的中世纪街区惨遭拆除，让格德斯痛心不已。

格德斯深知，环境和遗传是达尔文自然选择学说的重要组成部分。为此，他发起了一场保护历史建筑的抗争运动。格德斯坚信，城市最适宜于人类居住，最有利于人类的进化。摧毁由自然界赋予城市的生态系统，将会带来突变与退化的风险。于是他发出倡议：对于生病的城市，应该施以"保守性手术"。也就是说，改善和保护那些尚能修复的建筑，实在无法修复的才进行拆除。

在努力拯救爱丁堡老城的同时，格德斯也对自己购下的瞭望塔展开了保护。为了推广他的城市哲学与科学理念，他将瞭望塔改造成一座博物馆。整栋建筑分为六层，各层展览主题不一，由下而上依次为世界、欧洲、语言、苏格兰、爱丁堡，顶层是塔楼，布置着一个暗箱照相机。参观者可以通过它观看城市和远方的乡村。因此，格德斯在广泛的历史、区域和地理背景下，讲述城市的故事（好比"社会进化的圆形露天剧场"）。这一构想也是他区域规划体系的核心，该体系致力于综合考察地方、历史、区域与理想市民最佳品行之间的相互关系。

在1915年出版的《进化中的城市：城市规划与城市研究导论》一书中，格德斯提出城市是进化的工具。他认为，城市的发展只是更广泛网络的一部分，因此城市规划要考虑的不仅是街道与公共空间之间的关系，还有城市与周围乡村的关系，城市的地理因素与人类历史的演变同样重要。格德斯的论点对保存爱丁堡老城颇具意义。令人折服的是，格德斯同时也预测了城市的持续性增长。他最先提出"集合城市"（conurbation）[*]这个概念，即不断扩张的城市社区，并预测美国东海岸可能会变成一座绵延500英里的超大城市。但城市的这种扩张需要有序地组织。

第一次世界大战后，格德斯关于城市的理念在远离苏格兰古都的宗教圣地投入了实践。1919年，为应对蜂拥而至的外来人口，新任命的犹太复国主义政府邀请格德斯规划一所大学，以及为耶路撒冷和特拉维夫的定居点制定新方案。格德斯开始在需要规划的地段走来走去，"日夜不停……或走近一座小丘，或察看一处棚屋，

---

* 地域上相互邻近的城市随着城市扩展而形成的城市组合体。又译"组合都市"或"复合都市"。——译注

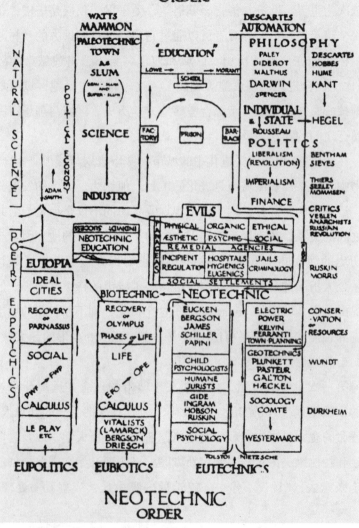

图 8 格德斯的瞭望塔计划

或盯着一间小房子，要么就是虔诚地摸一摸树木。他的脑海里还没有任何明确的规划，只是听从着心中愿景的召唤"[3]。他追忆起自己童年时代阅读圣经的体验。最终，他提交了一份长达36页的报告《耶路撒冷的现实与潜能》。有人说，如果政府能够多听听格德斯的意见，让"社会习俗、宗教观念与现代重建达成和谐"[4]，巴勒斯坦后续的历史将会大不相同。

格德斯的思想受到生命科学的启发，通过经验观察和演绎直觉得以形成。遗憾的是他不善表达自己的想法，不是一位能够将自己的哲学思想具象化的建筑师。所幸他拥有一位忠实的追随者——刘易斯·芒福德（Lewis Mumfod）。芒福德原是一位美国作家，后来成为他那一代最富影响力的建筑评论家。芒福德将格德斯那些令人迷糊的概念转化为连贯而严密的理论，也让"区域规划"这一理念成为城市建设的主导思想之一。

作为美国区域规划协会的领导人之一，芒福德完善并推广了格德斯的理论：任由城市不受限制地增长是不可容忍的；人、工业和土地是一个需要精心规划的综合网络；等等。大萧条之后，在推行罗斯福新政所倡导的诸多城市项目的过程中，美国区域规划协会发挥了重大作用。他们将官方的城市规划政策与积极的社会改革议程相结合，有效推动了为摆脱困境而进行的重建。新政期间许多由田纳西河谷管理局主导创建的城镇，全都遵从了区域规划的理念。

芒福德对格德斯区域规划理论的综合提炼，反过来又在英国找到肥沃的生存土壤，并体现于帕特里克·阿波可隆比（Patrick Abercrombie）所主持的城市规划项目。为了阻止城市的蔓延，阿波可隆比曾经于20世纪30年代发起保护伦敦周边的绿化带运动。伦敦大轰炸之后，他受命负责伦敦的重建项目，并于1941年提出有关重建的总体规划。除了拆除改造贫民窟街区，降低老城区的人口密度，将老城区的人口迁徙分散到城市郊区的一些新城镇，该宏伟计划还要重新布置城市的道路网，以适应新的汽车时代。

上述的一切，让格德斯在去世之后依然对全球各地产生着深远的影响。然而芒福德和阿波可隆比的城市规划理念，仅仅提供了实际的操作方法，却没有确立一个特定的模式。他们的目光需要越过格德斯，找出建造新城市的新图景。他们不约而同地在另一位英国规划者的工作中发现了一种不同于过往的新理念。事实上，依据这个新理念，新的城市根本就不像个城市，而是一座花园。这倒也让他们意识到，保护一座城市的唯一方法是彻底摆脱它。

19世纪与20世纪之交，埃比尼泽·霍华德尚是威斯敏斯特国会大厦的速记员。在青年时期，霍华德曾游历美国，深受爱德华·贝拉米的乌托邦小说《回顾》(*Looking Backward*)的启发。小说中，年轻的波士顿人朱利安·韦斯特（Julian West）在113年的沉睡后于2000年醒来，发现一个一切都平等分配的完美社会。

霍华德认为，通过建设新型的花园城市，同样能够建立一个类似的完美社会。新型花园城市规划在工业大都市以外的地区，但通过最新的铁路技术与市中心相通。新型花园城市将拥有城市所有的优势，同时又受惠于乡村的品质。正如霍华德在《明天：一条通往真正改革的和平之路》(1898)一书中所写："人类社会与大自然的美丽应该能够同时为人所享有……城镇与乡村必须结合。唯此，方能孕育新的希望、新的生活和新的文明。"[5]

城市的未来在于背离城市，重新开始，在乡村开辟新天地。新的建设始于荒地，也就没必要顾及昔日的历史。从砌第一块砖到最终建成，整座城市完全可以进行全面规划。霍华德的设想是，整座城市呈同心圆网格布局。一些公共服务设施，如图书馆、市政厅、博物馆、音乐厅和医院等，集中建造于同心圆，周围环绕着绿地，形成城市的心脏。心脏之外，环绕着购物区，设计成玻璃拱廊的形式。购物区之外，便是一圈圈住宅区，环绕着宽达 420 英尺的大街。住宅区里还规划有学校。再往外，则是工厂、牛奶场和其他的服务区。花园城市里所有的机器都是电动的，不会产生烟雾和工业污染。显然，霍华德花园城市的构想里，几乎没有关于街道生活的讨论。正如芒福德后来在 1946 年版《明日的田园城市》的导言中指出的，霍华德对城市形态的兴趣远远超过对社会过程的关注。

　　霍华德的梦想在伦敦北部 34 英里赫特福德郡的莱奇沃思（Letchworth）变成了现实。从此，类似的花园城市推广到世界各地。莱奇沃思的建设始于 1903 年，当时，有人在海琴镇（Hitchen）附近购买了 16 平方公里的土地。首先需要建造的是一段铁路站台，在此基础上，人们又兴建了一座火车站。在建筑师巴里·帕克（Barry Parker）和雷蒙德·厄尔文（Raymond Unwin）的主导下，新社区茁

图 9　霍华德规划的花园城市的细节

壮成长。帕克和厄尔文二人，均以艺术和工艺运动的干将著称，尤其擅长郊区住宅的设计。尽管他们没有完全遵循霍华德精心设计的同心圆方案，但据说在莱奇沃思建造期间，只有一棵树遭到砍伐。

同样的花园城市理念亦推广至伦敦附近的汉普斯特德花园郊区（Hampstead Garden Suburbs）。后者由慈善家安吉拉·巴内特－库茨（Angela Burdett-Coutts）赞助。库茨希望开发一个和谐的社区，向所有阶层的人士提供住房。不久，德国的花园城（Gardenstadtes）、法国的太阳城花园（Cité-Jardins）、西班牙的花园城（Cuidad-Jardin）相继问世。荷兰、芬兰、印度、巴勒斯坦等地同样建造了类似社区。位于纽约皇后区的森林小丘花园（Forest Hills Gardens）是美国第一个花园社区，通过刚刚实现电气化的长岛铁路与曼哈顿相通，交通方便。

芒福德与阿波可隆比以各自的愿景，为格德斯的区域规划哲学和霍华德的花园城市理想添加了现代色彩。芒福德最伟大的成就是出版了《城市发展史：起源、演变与前景》一书，这是"二战"以来世界上最具影响力的城市史著作之一。阿波可隆比在1941年提出的规划则影响了伦敦大轰炸之后的城市重建。因此，芒福德与阿波可隆比影响了大西洋两岸数百万人的生活。

格德斯与霍华德都相信，城市建设可以带来一个全新的社会。相比之下，瑞士建筑师勒·柯布西耶先是确立一套建筑理论，再设法寻找能够将理论付诸实践的社会环境。他的解决方案也带来完全不同的效应。拉斯金、格德斯和霍华德一致反对城市的密集化所导致的糟糕局面，勒·柯布西耶却要让城市更加密集。三位前辈全都致力于在城墙之外寻找出路，勒·柯布西耶却想着把城市的中心彻底捣毁之后再行重建。三位前辈说要将城市向乡村疏散，勒·柯布西耶却决心将绿地引入城市。他甚至还要取消街道。不用说，对

20世纪的建筑领域来说，勒·柯布西耶简直就是笼罩上空的一片黑云。

勒·柯布西耶出生于1887年，最初名为查尔斯-爱德华·让内雷特（Charles-Édouard Jeanneret）。在职业生涯的早期，他四处旅行，教学，并从事一些收取小额佣金的设计工作。1920年，他改名为勒·柯布西耶。1923年，他将自己当时所累积的所有想法、观察和经验结集成书，出版了《走向新建筑》。此书堪称一份关于现代主义设计的大胆宣言。他宣称，建筑好比一台机器，但与社会严重脱节。"每个人的原始本能就是确保自己拥有一处栖身之地。当今社会，各阶层的劳动者却不再拥有适合自己需求的住所，无论工匠还是知识分子。建筑问题是当今社会动荡的根源：要么建筑革命，要么社会革命。"[6]因此，建筑设计的革命，成为阻止发生社会灾难的唯一希望。

当时，勒·柯布西耶已着手构想一种新型城市：一座由摩天大楼组成的经过规划的大都市。规划是所有工作的核心，因为"没有规划，便会缺乏秩序而变得任性"[7]。于是，设计理念比场所更为重要，理论超越了生活本身。正确的规划可以确保社会的和平与幸福。至于民众是否能够发声，并不重要。此外，勒·柯布西耶的革命要求人"绝不反悔"，能够不受公众舆论的影响将项目进行到底："城市的设计太重要了，不能交由市民来决定。"[8]

1925年，勒·柯布西耶希望通过自己提出的瓦赞规划（Plan Voisin）检验上述构想。那是一份重新开发巴黎市中心的规划，也是当时巴黎世界博览会上新精神馆（Pavillon de l'Esprit Nouveau）的核心展品。勒·柯布西耶的梦想是将塞纳河北岸法国首都从玛莱区到旺多姆广场的大多数历史街区夷为平地，取而代之的是长长的林荫大道形成的齐整规则的网格状街区，其间到处是绿地和花园。

每个街区中心都将建造一座巨大的塔楼，即新型的生活机器。值得庆幸的是，瓦赞规划只是为了震撼人心，从未想要付诸实施。然而，这并不意味着勒·柯布西耶不是百分之百认真的。事实上，他的理念进一步发展为"光辉城市"（Ville Radieuse），同名著作于1933年出版。

勒·柯布西耶的"明日之城市"（City of Tomorrow）被认为是解决街道所存在的显而易见问题的方案。我们的建筑大师在速度中看到了诗意，那么如何将混乱的城市重新规划以获得最大的速度呢？不同的建筑师看法不同。格德斯将历史、景观以及当下三者之间的关系当作城市规划中不可或缺的要素，而勒·柯布西耶想做的却是打破历史的束缚，"烧毁通往过去的桥梁，与昔日的历史决裂"[9]。霍华德渴望实现城市与自然和谐共存，勒·柯布西耶则认为城市与不受控制的自然相对立，是一部保护人类免受不可预知和非人为所为（包括人性本身）侵扰的机器。

不幸的是，勒·柯布西耶的想法并没有被置若罔闻，而是被接纳为最激动人心的未来愿景。勒·柯布西耶本人被誉为先知，受邀到世界各地进行建造和设计。他的著作被翻译成各种语言，被一众建筑学校和城镇规划部门奉为圭臬。

他还是国际现代建筑协会（CIAM）的发起人之一。该协会成立于1928年，一直持续到1959年，汇集了当时世界上最顶尖的建筑师。这些人试图将建筑作为一门学科统一规范化，从而通过一个万能的方案解决所有的城市问题。值得关注的是，万能的解决方案后来被写进一份文本，即勒·柯布西耶于1933年编写的《雅典宪章》，由此奠定了"功能城市"的基石。

两次世界大战期间，勒·柯布西耶在政治倾向上从右翼转向了左翼。他的上述观点也找到最肥沃的土壤。他的建筑哲学被各路设计师大加采用。在苏俄、法西斯意大利、维希法国、独立后的印度，这些理念都得到了顺利推广。在英国1945年工党上台后所主导的伦敦大轰炸重建中，勒·柯布西耶的理念同样备受推崇。"二战"一个意想不到的结果是，一大批欧洲设计师移民美国。在那里，国际现代建筑协会找到一个热切的市场。投机开发商看到了规划城市所蕴含的商机，市政当局则可以通过建立中央规划部门，一步步积累手中的权力。是的，勒·柯布西耶的方案可以一步到位化解城市问题，然而，它势必会带来彻底的破坏。这是一枚苦果。至今，我们仍在努力摆脱它的苦味。

如此反讽见诸勒·柯布西耶早期的一个设计项目——位于法国波尔多郊区的弗吕日住宅区（Les Quartiers Modernes Frugès）。1926年，也就是在《走向新建筑》出版三年后，性情古怪的实业家亨利·弗吕日（Henri Frugès）邀请勒·柯布西耶为其手下的工人设计150套住宅。勒·柯布西耶看到一个大好的机会，可以将自己"住宅是居住的机器"这一现代理论变为现实。他提出了一系列构想。最终得以建成的只有50套，不过每套住宅都符合勒·柯布西耶提出的四要素。每套住宅都拥有直接光照、屋顶花园、良好的通风和窗户、小的自由立面。至于室内，一切都实现了标准化和规范化。不用说，勒·柯布西耶的设计显示了他对批量生产的住宅的热情。正如他在书中所写的，应该强制工人接受这种统一的标准，因为它"健康（道德上也是如此）、美丽，就像我们生活中使用的工具或设备一样"[10]。

只是没人告诉那些打算入住这些新"机器"的工人，他们的住房是工具，而不是幸福感提升的地方。第一批有资格入住的工人拒绝前来，他们不喜欢房子的外观和风格。于是这些房子被分给了较贫困的工人。这些新住户几乎一搬进来就对勒·柯布西耶的设计大加改造，使之符合自己的个性：在朴素的外墙面添加传统的木制百叶窗或石材贴面；在窗台的花箱种满鲜花以柔化现代风格的直线条；推倒隔墙并改变布局，为室内腾出更多的空间；用斜坡瓦片屋顶取代已经开始漏雨的混凝土平屋顶；更换窗户以减少强光进入，从而保持房屋的凉爽；等。

这个故事在建筑史上常常被一笔带过，然而它不应该被忽略。后来，勒·柯布西耶基金会将问题归咎于销售方式而非建筑本身。他们认为是销售方式让社会的底层人有能力购买并入住。与此同时，历史学家常常引用这个例子来诋毁资产阶级的无知。勒·柯布西耶本人曾不无讥刺地说："你知道，生活永远是正确的，犯错的总是建筑师。"[11] 不幸的是，在城市规划的历史上，对人们实际生活的毫不关心比比皆是。但是，正如我们所见，生活总是能从街头巷尾涌现出来，让人们感受到它的存在。这一点在城市规划史上一场著名的冲突中得到了印证。

如果事情按照另一条轨迹发展，罗伯特·摩西（Robert Moses）大概会被誉为20世纪最伟大的城市思想家之一。毫无疑问的是，他到1961年时已跻身美国最顶尖的城市规划师之列。凭着对权力的强烈渴望和毫不妥协的建筑理念，他正在按照自己的意愿改变纽约。然而，就在1961年，他与简·雅各布斯发生了冲突。简·雅各布斯是一名记者兼活动家，当自己的社区遭到威胁时，为了维护城市原有的特质，她挺身而出奋起应战。

摩西自青年时代起就雄心勃勃。他相继在耶鲁大学和牛津大学接受教育，又获得了哥伦比亚大学政治学博士学位，之后便投身于政府事务。作为一个执着的、具有现代意识的理想主义者，他对改善未来的热情甚至可以在他少年时代的诗歌中找到：

明～天！

明天一定会来到

明～天！

睫毛诱人沉睡；

啊！让我们迎接黎明的曙光，

纵然徒劳，我们依然渴望，

明～天！[12]

这样的感悟是摩西与当时几乎每一位建筑师和规划师所共有的：要有掌控未来的决心，教条式地坚信规划师能够为未知的事物带来秩序，要以坚定的信念面对所有的反对意见。摩西的首要任务是重组纽约市政厅各部门的招聘和采购系统。在这场官僚革命之后，他得偿所愿，任职于纽约州公园管理局。由此，他开始施展自己的抱负，在全州范围内广泛落实绿地空间规划。20世纪20年代到60年代，在摩西的带领下，纽约的公园面积翻了一番，新增了658座游乐场和17英里长的海滩。然而摩西的手段从一开始就过于霸道。他曾对长岛的一位农场主（其土地妨碍了他的规划）说："如果我们需要你的土地，我们就能拿走它。"[13]

后来，在罗斯福新政的推动下，摩西的开发计划更为庞大。他同时掌管着12个政府部门，协调遍布纽约的各类项目。20世纪30年代，他的注意力转向解决进出城市的交通问题。截至1936年，他已经完成连接曼哈顿、皇后区与布朗克斯区的三区桥梁系统（Triborough Bridge system）。次年，海洋公园大道-吉尔·霍奇斯纪念大桥（Marine Parkway-Gil Hodges Memorial Bridge）如期开通，横跨布鲁克林与皇后区之间的牙买加湾。此外，他还在纽约的老城区设计了一套由新型高速公路和林荫大道组成的交通网，并加宽了

第三章　街道芭蕾

老城区内所有出现拥堵的路段。虽说他想在布鲁克林与岛屿南端的炮台公园之间建桥的意图受阻，但却获得许可开挖布鲁克林炮台隧道（Brooklyn Battery Tunnel）。

在20世纪30年代末，摩西所梦想的一个全新城市已是呼之欲出。彼时，他接到任命，负责1939年在法拉盛草坪（Flushing Meadow）举办的纽约世界博览会。为彰显博览会的主题"建设明日的世界"，摩西邀请通用汽车公司出资建造"飞向未来展馆"（Futurama）。毫无悬念，飞向未来展馆展示了一座以汽车为主题的城市。在城市的中心，宽阔的高速公路两旁矗立着一栋栋高高的摩天大楼，周边环绕着青草绿地。城市与郊区之间，是整洁而四通八达的高速公路。正如设计它的设计师诺曼·贝尔·格德斯（Norman Bel Geddes）所言："速度是我们时代的呐喊。"汽车带给生活便利和安全，呼啸着驶过城市，畅通无阻。完美的速度取代了人与人之间不可预测的接触。

第二次世界大战结束之后，摩西继续他的雄心。他要将这个汽车城市带到曼哈顿，赋予纽约他的新秩序以改善城市的混乱局面。在20世纪40年代和50年代，摩西堪称纽约之王。他首先关注的是汽车之城的住房问题，建造了28000多套高层公寓取代老旧过时的住房。继而他在上西区（Upper West Side）规划了林肯中心，将其打造为一个文化基地。他着手改造大都市的道路系统，让哥伦布圆环（Columbus Circle）升华为纽约版罗马斗兽场。他还参与游说，争取将联合国总部设在纽约。由勒·柯布西耶于1950年设计的联合国总部大楼*，成为现代城市最具标志性的象征之一。一直到

---

* 设计联合国总部大楼的首席建筑师并不是勒·柯布西耶，而是美国建筑师 W. K. 哈里森。勒·柯布西耶是设计委员会的顾问之一。——译注

20世纪50年代中期，摩西所做的一切无可挑剔，全世界都认同他对城市病症的诊断，无人反对他对城市的根治性手术。一时间，摩西似乎解答了人类历史上长期存在的问题：如何建造一座幸福的城市。

再来说说简·雅各布斯。尽管她戴着粗犷的波希米亚珠宝[*]，挂着大大咧咧的笑容，但是没人会把她当傻瓜。她于1916年出生于宾夕法尼亚州的斯克兰顿，在大萧条期间来到纽约，找到一份文秘工作，并在工作之余的夜晚苦练新闻写作技巧。功夫不负有心人，她的作品终于发表在《时尚》杂志以及《星期日先驱论坛报》上，并因着力于描写城市生活而获得美誉。同时，她还在哥伦比亚大学继续教育学院学习各种课程，只是尚未获得学位便已离校。战争期间，她一度在美国战时情报局工作。正是在此期间，她遇到了自己未来的丈夫罗伯特·H. 雅各布斯（Robert H. Jacobs）。1947年，雅各布斯夫妇搬到格林威治村衰败的哈德逊街，住进555号一家便利店楼上的公寓。

那是一处令许多人避之不及的地段，19世纪的老房子密集而破败不堪。简·雅各布斯却知难而上，足见其大无畏的开拓精神。至于简·雅各布斯自家的公寓，她的朋友们都记得它极不整洁，充斥着杂乱和混搭，却也相当有个性。正是在这里，简·雅各布斯开始观察"哈德逊街芭蕾"，并理解了社区的复杂模式。日后，她将自己的观察和感悟写进了《美国大城市的死与生》。

20世纪50年代末期，简·雅各布斯在《建筑论坛》（*Architectural Forum*）杂志社工作，并在那里结识了威廉·怀特（William H. Whyte）。两人都对当前城市规划的危险性感到担忧。当建筑师

---

* 代指低品位廉价珠宝。——译注

图10 简·雅各布斯庆祝胜利

们沉溺于宏大的建筑项目之时,简·雅各布斯和威廉·怀特发出质疑:人的位置在哪里?借着开创性文集《大都市的爆炸》,威廉·怀特和简·雅各布斯分别发表了各自的见解。以"市中心为人而建"为文章标题,简·雅各布斯对未来城市作出反思:"它们将是宽敞的,像公园一般,而且不拥挤。它们拥有绵长的绿色景观。它们是稳定的、对称而有序的;它们是干净整洁的、令人印象深刻,如纪念碑般宏伟;它们将拥有一切优质的属性,有能力维护一座庄严的墓园。"[14]

不用说,简·雅各布斯与摩西之间的冲突已是箭在弦上。起初只是小规模冲突,发生于20世纪50年代。当时,为了缓解拥堵,摩西提出开辟一条横穿华盛顿广场公园的高速公路。简·雅各布斯加入反对者行列。除了撰写言辞激烈的信件,她还凭借人脉关系获得社会名流的支持。前文提到的威廉·怀特以及城市历史学家刘易斯·芒福德均公开伸出援手,后者还在《纽约客》开辟了一个颇具影响力的专栏。甚至罗斯福总统的妻子埃莉诺·罗斯福也给予了支持。她带着自己的孩子参加广场上举行的周末抗议活动,为媒体提供拍照的良机。1958年6月25日,《纽约每日镜报》刊登了一张简·雅各布斯手握打结丝带一端的照片。这是"反剪彩"的象征,意在告诉大家,在坚定的反对者面前,摩西的开发计划被搁置一旁了。摩西无奈地抱怨道:"没有人反对啊,没人,没人,没人,除了一帮家庭妇女。"[15]

三年后,同样是为了缓解城市的拥堵,摩西提议建造曼哈顿下城高速公路。简·雅各布斯的家就位于拟建公路附近,面临拆迁的威胁。于是两人再次发生争执。摩西的高速公路计划将哈德逊河隧道与河流东边的两座桥梁连成一线,等于横穿了整个曼哈顿下城。这个十车道的高架线建造方案,需要动迁2200个家庭、365家商店、480家企业和若干栋具有历史意义的老建筑。它还将横穿一些著名的街区,包括苏荷区、包厘街(Bowery)、小意大利、中国城、下东区(Lower East Side)和格林威治村。

在摩西眼里,这是桩公平交易。如他所言:"拟建高速公路需要穿过的街区早已破败不堪。交通混乱所带来的街道拥堵,也在相当程度上压低了当地的房价。"[16] 事实上,类似举措他之前屡试不爽。在建造跨布朗克斯高速公路(Cross Bronx Expressway)时,摩西曾经动迁了1500多个家庭。而在当时,摩西之举被认为是一次革命性的成功。直到后来,评论家才开始将布朗克斯街区的衰落归咎于当年建造高速公路这一破坏性行为。

简·雅各布斯对摩西的言辞和做法毫不认同。她后来写道,将飞向未来展馆所展现的城市梦想当作真实的场景纯粹就是愚蠢："不知何故，当飞向未来展馆成为城市的一部分时，它就不像世博会所宣传的那样起作用了。"[17] 此外，她反对拆散自己的邻里街区。为此，简·雅各布斯全身心投入反高速公路运动，成为阻止曼哈顿下城高速公路联合委员会的主席，铁了心要阻止这一工程。

不过，简·雅各布斯最强大的武器应该还是她于1962年出版的著作《美国大城市的死与生》。这本书摧毁的不仅是摩西的建设项目，还有他的崇高威望。正如引言的第一行明确指出的那样：

> 本书是对当下城市规划与重建的抨击。同时，更为重要的是，它也在尝试着引介一些关于城市规划和重建的新原则。相比建筑与规划学院、周日副刊和女性杂志所传授的内容，这些新原则截然不同，甚至相反……简而言之，我将讲述城市在现实生活中是如何运转的。唯此，我们方能明白，何种规划原则、何种实践能够促进城市中的社会和经济活力，何种实践与原则会扼杀如此活力。[18]

"现实生活"的核心是街道。街道是人与人在城市公共空间中的复杂交织。街道才是我们应该研究的主要对象。它是大都市的组织力量。重建或改造一座城市，需要自下而上，而不是任由拥有特权的精英规划者凭空想象。对街道的这种热望看起来像是与从前所有关于城市的空想一样，含混模糊，也似乎是关于自我组织社区的另类乌托邦主义，不足挂齿。然而，它足以强大到迫使摩西不得不面对日益增长的反对声浪，站出来捍卫曼哈顿下城的高速公路项目。在1968年9月的一场听证会上，简·雅各布斯拿起麦克风时，官员们试图关掉音响。简·雅各布斯邀请抗议者登台时，主持会议的主席打电话叫来警察逮捕她。结果简·雅各布斯领着抗议的队伍气昂昂走出了会议室，等在外面的也只有一名便衣警察。这名警察随后将她护送上了巡逻警车。

　　简·雅各布斯已稳操胜券。为争取辩论的主动权，摩西只得撰写更为错乱癫狂的备忘录，向《每日新闻》报发送自我辩护的文件资料。虽说摩西的开发项目并没有被立即叫停，然而到1971年，它从联邦州际资金资助提案的名单上黯然出局。随即便陷入官僚主义的黑洞。从此，摩西不仅失去了头上的王冠，也丢失了手中的王权。曾几何时，他被誉为美国版奥斯曼男爵，是总体规划师的楷模。转眼间，他却被当成城市建设的反面教材。但是，格德斯、霍华德、勒·柯布西耶和摩西的故事并不意味着所有的城市规划都是无稽之谈，也不是说城市更新所有"自上而下"的管理方式都存有缺陷。我们不应该将简·雅各布斯看作一位白衣骑士，或者是仅为了捍卫自己的一亩三分地而反对进步力量的邻避主义者（Nimby）[*]。城市应该为人而建，建筑师必须审视建设社区的各种不同方式，而不是将社区孤立拆解。城市规划往往忽略人的因素，而事实上，任何一个建设项目都需要以人为中心。在规划建筑物之间的空地时，我们必须像对待建筑物本身一样，细密周详。

　　在《美国大城市的死与生》一书中，简·雅各布斯呼吁大家重新审视有关城市的议题。面对城市的发展，应该问问自己，如何改善现有的一切，而不是把街道拆除，从头再来。她像布道一般宣传自己的主张。首先，要珍视街道上的生活，因为它是大都市活力的真正象征。其次，与交通流量、提高效率、节省时间和划分区域

---

[*] 邻避的字面意思是"别在我的后院干就行"（Not In My Backyard，简称 NIMBY），反映了大众对于危害自己生活环境的公共设施或工业设施的态度。——译注

等要素相比，城市的街道、公园、公共空间更为重要，因为这些地方是人与人会面的场所。最后，所有规划的制定都应该基于如下议题：人如何使用公共空间？什么能给人带来快乐？为了适应人的需求应该如何对这些场所加以改造？

上述简·雅各布斯的许多见解，得益于她遇到知音威廉·怀特，为威廉·怀特的杂志撰写文稿。当时威廉·怀特是《财富》杂志的执行编辑，简·雅各布斯的第一批声讨檄文，正是经威廉·怀特的大力推荐才得以发表。基于自己对"企业人"崛起现象的研究，1956年威廉·怀特出版了名著《组织人》(*The Organisation Man*)。在书中，他一针见血地指出：战后一代被鼓励着顺从。为满足大企业/公司的意志，他们不惜牺牲自己的个性。这一切不仅决定了他们的工作方式，还让他们的理想走向平庸，仅仅追求有保障的生活、舒适的郊区环境和积累财富。最后，威廉·怀特颇具争议地指出："组织人"文化是向企业交出自我，与美国立国之本——顽强的个人主义精神背道而驰。

出于对"组织人"如何生活的浓厚兴趣，威廉·怀特开始考察企业生活的方方面面，包括郊区的魅力。在1953年发表的论文《新郊区的社交生活》中，威廉·怀特以自己所居住的芝加哥郊外森林公园村为例，探讨了一系列有趣的议题：游乐区、车道和人行道的设计，如何影响街坊邻居之间的互动？保持门前草坪的清洁，为何能与街道对面而不是后院隔着篱笆的邻居建立更紧密的联系？为什么住进开发早期建造的房屋能让你拥有更好的人缘？然而，随着时间的推移，威廉·怀特将自己的注意力从郊区转向市中心。这一转向最终体现于1958年由威廉·怀特编辑的文集《大都市的爆炸》，其中收录了简·雅各布斯的第一篇声讨檄文。

蹉跎了差不多十年，威廉·怀特才迎来机遇，将自己的想法付诸实践。正是这个十年，简·雅各布斯与摩西多次交锋并最终获胜。面对摩西的失势带来的职位空缺，纽约规划委员会聘请威廉·怀特研究应对城市问题的新举措。威廉·怀特的第一步便是考察前人的成功实例。然而他惊讶地发现，即便是一些近期的建设项目，也缺少关于其成效的评估研究。更让他震惊的是，"对于项目所涉及场所是否得到充分利用，以及如果没有得到充分利用，原因是什么等重大议题，政府部门并没有设立专职的考察人员"[19]。然而，一座城市如果不能从错误中吸取教训，甚至都不知道是否犯过错误，它怎么可能得到改善？

威廉·怀特从附近的亨特学院聘请了一群社会学系的学生，发动这些学生认真调查和研究"人如何使用公共场所"这个课题。这便是"街头生活项目"研究小组的缘起。大概也是第一次有人尝试着研究街道芭蕾。不出所料，其结果是启发性的。通过对"城市的生活之河、我们相聚的场所、通往城市中心的道路"等议题的研究[20]，威廉·怀特一步步确立了关于城市如何运作的新理念。

人们如何走在街上？他们在路上偶遇朋友的概率有多高？他们喜欢在哪些地方停下来聊天？喧嚣还是安静的空间更能让人感到幸福？当你经过别人时，应该保持多远的距离为适当？在公共场合，谁是可以触碰的，哪些行为是可以接受的？在哪些地方（窄巷还是宽道），商户能够得到更多的商机，或者街头艺人能够得到更多的小费？所有这些都是能够改变城市的实际生活问题，不仅仅是幻想家的哲学或美学思考。最终，威廉·怀特将相关研究成果出版成两本书。一本是1980年出版的《小城市空间的社会生活》(*The Social Life of Small Urban Spaces*)。一本是1988年出版的《城市：重新发现市中心》(*City: Rediscover the Centre*)。

威廉·怀特在书中指出，城市的衰落反映了人与人之间经济关系的变化。随着我们的生活变得越来越媒介化，人与人之间互动、相遇的机会将越来越少，城市正逐渐失去自己最富有创造力的功能，即让陌生人相遇的场所。威廉·怀特首先研究街道，继而对公共空间的社会生活展开了一系列观察，探索人对公共空间的使用方式，这些空间如何形成自己的生态环境，哪些因素是有效的，哪些因素又导致了问题等。据此，他对于人们如何使用街道提出了一些初步的看法：

> 行人通常靠右行走。（精神错乱和古怪的人更可能反其道而行之，靠左走。）
> 人行道上大多数行人是成对或三人结伴而行。
> 最难以考察的是那些路线不定、常常从一侧转到另一侧的成对行人。
> 他们占用了两条道的空间。
> 男人比女人走得快。
> 年轻人比老年人走得快。
> 成群结队的人比独行的人走得慢。
> 携带重物的人与其他人走路的速度差不多。
> 在坡度适中的上坡路与平路行走，人的速度差不多。
> 行人通常喜欢抄近路。
> 行人在红绿灯处汇成人流，然后前往一个或更多的街区。
> 行人通常在交通高峰时段走得最快。[21]

在观察萨克斯第五大道精品百货店（Saks Fifth Avenu）门外的人流时，威廉·怀特惊讶地发现，大多数人都喜欢站在人流交织的街角或商店门口聊天。他还观察了西格拉姆广场午餐时间的人流量

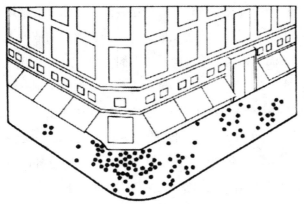

在萨克斯第五大道精品百货店和第五十街上谈话时间持续两分钟或更长的地点的分布情况。这是 6 月中 5 天的统计数据。需要注意的是，地点主要集中在街角，其次是商店入口处。

图 11 威廉·怀特对萨克斯第五大道精品百货店外人群研究的示意图

以及广场空间的使用情况。男性更愿意坐在靠近路边的长椅上，女性则喜欢比较僻静的地方；情侣们很少隐蔽自己；如果椅子可以移动，往往被拖得到处都是；新来的人都会选择自己喜欢的位置；特定群体可能会在同一个地点会合。最终，威廉·怀特用最令人难忘的一段话总结道："最吸引人的是其他人。然而，许多城市空间的设计恰恰相反，忽略了人。"[22]

威廉·怀特的实地考察证明，大众使用城市的方式与专家所设想的不同，甚至往往与规划者的意图背道而驰。就像勒·柯布西耶设计的波尔多居住区那样，无论设计师多么卖力，街上的行人不见得总是按照设计师的意愿行事。相反，威廉·怀特强调：我们需要找到一种更为开放、更有参与性的规划政策，真正改善我们对城市的使用和感受。

自简·雅各布斯与摩西之间的史诗级斗争以来，得益于威廉·怀特对城市街道日常生活的研究，越来越多的建筑师试图改变之前傲慢的规划方式，不再自以为知道什么是对人们最好的，不再固执地将严格的教条当作治疗社会非理性一面的必要药方。如今许多规划者大都意识到以街道为中心这一理念的价值,即街道规划依据人们实际的生活方式,而不是基于建筑师希望人们如何行为的设想。

释放街头生活潜力的一个方法便是消除规划所强加的限制,让人们自己决定自己的街区该是什么样子。只要你相信群体的智慧,结果可能比一个建筑师单靠想象所创建的社区更为复杂,也更为有趣。阿姆斯特丹郊区的阿尔梅勒(Almere)就正在进行这样的尝试。荷兰是欧洲人口最稠密的国家之一,为应对不断增长的人口需求,就必须对每一寸土地加以管理和规划。但在这个独特的地区,人们仍然认为允许居民自己建造家园或许是最好的发展方式。

整体而言,阿尔梅勒是一座规划良好的城市。这一规划始于20世纪70年代,旨在应对荷兰首都阿姆斯特丹的迅速扩张。阿尔梅勒建于圩田之上,基建用地都由低洼地改造而来,其发展速度甚至连开发商都感到惊讶。直到1995年,当地政府才最终决定,不能让阿尔梅勒仅仅呈现为一系列零散的住宅区,而应该将它打造成别具一格的城市中心。当局雄心壮志,委托雷姆·库哈斯规划一个全新的城市中心,一个服务周边地区的集文化、商业、零售与行政为一体的中心。成果令人印象深刻,包括一些顶尖的建筑设计公司如威廉·艾尔索普(Will Alsop)、西泽立卫(SANNA)和库哈斯的大都会建筑事务所(OMA)设计的建筑。然而,更耐人寻味的是,当力争在最短时间内从无到有的市中心大工程尚且还在建设之时,离它不远的另一个角落,一项全然不同的尝试正在展开。

2005年,当地规划师杰奎琳·特林加(Jacqueline Tellinga)在西南部的波特区发起一个自建项目"荷马小区"(Homeruskwartier)。整个地块总面积超过100公顷。特林加先是将这片土地划为15个分区以兴建基础设施。在此基础上,又进一步划分为720个地块。

每一分区都有自己的主题,诸如低层建筑、生活/工作、可持续发展以及共享和混合型住宅。中心地带则用于发展零售和办公空间。土地的初始价格定为每平方米375欧元(有些地块的面积比其他的地块要大一些)。买下地块的业主获得政府颁发的护照作为产权证明,同时也获得自建权。特林加希望"自建住房能够让城市拥有更强的社会凝聚力,居民对周围环境的依恋度更高"[23]。"荷马小区"的成长和发展得到许多其他城市的关注,并被视为解决当前住房危机的潜在方案。

虽然让人们在建造自家房屋时拥有更多的发言权可能已是常识,但在考虑公共空间的设计和建造时,是否可以采用同样的方式?长期以来,我们的街道和公共广场都是些光秃秃的场所。人们只能毫不犹豫地匆匆穿过。在这些地方,我们显得渺小又默默无闻。伦敦交通局2006年发布的一份报告表明,我们与城市不再有肌肤之亲。该报告指出:大多数人仅仅依靠地铁交通图来了解伦敦的地理。而地铁交通图所呈现的,却是城市走样的空间布局。因此,每20个乘皮卡迪利地铁线从莱斯特广场站出站的人中,就有1人是在附近两个车站中的一个上车的,而这两个车站离莱斯特广场站都只有800米。正是由于这个原因,我们在思考城市时,不仅要关注建筑的设计,还应鼓励建筑与建筑之间的生活气息。

这正是丹麦建筑师扬·盖尔(Jan Gehl)的理念。长久以来,扬·盖尔一直致力于通过"将行人放在首位"来重新设计城市。以自己的家乡哥本哈根为起点,扬·盖尔于20世纪60年代直接促成了对斯托耶大街(Stroget)无车化的改造,使之成为欧洲最长的步行街。与威廉·怀特一样,扬·盖尔认为,在快速流动的时代,城市能够重新发现自己原有的功能,即城市是进行交流、新朋老友碰面的、交换信息和商品的地方,是举办宴会、节日庆典等正式活动或私人联谊娱乐的场所。虽然新技术让我们能够远程进行很多这样的活动，但它们并不能取代人与人渴望相互接触的冲动。正如扬·盖尔所写："可以说，几乎在任何情况下，建筑内部的以及建筑之间的生活都要比空间和建筑本身更为重要和更为相关。"[24]

起先是试行。哥本哈根有个惯例——在圣诞节期间，斯托耶大街会有几天禁止汽车通行。斯托耶大街是哥本哈根的主要道路，横穿市中心。1962年，当局故意将禁行期限延长，借此看看公众的反应。一些人认为这样做只能导致灾难。他们抱怨道："我们是丹麦人，又不是意大利人！""没有汽车就意味着没有客户，没有客户就意味着没有生意。"[25]然而事实恰恰相反。街道逐渐被翻新，有了新的人行道和喷泉，丹麦人慢慢习惯了街头生活。在阳光明媚的日子里，咖啡厅把桌子摆在外面，举行各种表演；商店橱窗的摆设也变着花样，以吸引闲逛的游人。此后，该项目在哥本哈根全城推广。到2000年，市中心总共已经开发出10万平方米的步行路段。为此政府还推出了一项自行车计划，将2000辆自行车投放街头供大众租用。

问题是，所有这些规划的目的是什么？如果只是为了创造一个零售机会，大可以把这个劲头用于开发露天购物中心！显然，这一类新的街道规划并没有规定民众应当如何行为，而是为他们的城市生活提供一个舞台，展现街道生活的形形色色和独特性。街道的复杂性得以自由发展，既规范又开放，不断演变。

有些时候，街道的复杂性和重要性并不总是如此显而易见。比方说，起初的一些年里，每当街头音乐家在斯托耶步行街上表演，警察就把他们带走。在警察眼里，这些音乐家的表演是对步行街正常秩序的干扰。然而人们很快就明白，街道不仅仅是消费的渠道，还是"国家最大的公共舞台"[26]。在1969年的一项研究中，扬·盖

图12　哥本哈根的斯托耶步行街：市民享受步行的快乐

尔不仅关注街道上的人流，还希望发现这些人会在什么样的地段停下来，哪些东西会让他们伸头张望，哪些事情会吸引他们的注意力。一般来说，银行、办公室以及陈列室最不易引人注目，而画廊的窗前、电影院以及商店的展示柜却会让经过的人脚步明显放缓。然而，最吸引目光的却是街道上的其他人。从穿着维京人服装为毛衣店做广告的男子，到杂耍艺人和街头音乐家，街道空间中进行着各种各样的人类活动。

只是，让事情发生变化的临界点在哪里？街头的生活什么时候变成城市的生活？空荡荡的街道可能会让人望而却步。如果不付出一些努力，它们不可能自然而然地成为复杂互动的场所。根据纽约公共空间项目小组的考察，一个公共空间至少应该拥有十样值得人驻足观看的事物才能充满活力。纽约公共空间项目小组是由弗雷德·肯特创建的一个研究团队。肯特在20世纪60年代参加过威廉·怀特主持的城市街道项目，曾参与开发不同类型的公共空间。肯特解释道，十样事物的威力可以通过你所喜欢的任何方式加以放大：

> 如果你的目标是建造一座伟大的城市，让一处场所仅仅拥有一个特定的用途或功能是不够的，因为你需要在一个场所开展一系列活动。一个社区只拥有一个好场所也是不够的，因为只有很多好的场所才能共同创建出一个真正活跃的社区。同样，一座城市只建造一个优秀的社区是不够的，因为你需要为生活在城市的所有人提供一些在家门口就能享受公共生活乐趣的机会。一个地区只有一座宜居城市或城镇也是不够的，你需要一系列有趣的社区。[27]

然而，只有街上的人才能判断一个地方是否达到了目的。一个社区很快就会展现出它是否接纳或采用一个新的项目。肯特在《如何改变一个地方》一书中颠覆了建筑师与客户之间的传统关系，强调社区是如何使用一处场所的专家。随着"众造社区"（Crowd-Sourced place-making）实践的日趋流行，这一点已成为合乎逻辑的结论，即利用社交媒体和群体智慧来开发新地方。这也是20世纪如何建设城市的一种激进的选择。

哥本哈根的斯托耶步行街是临时实验项目的早期实例。通常情况下，改变城市的最佳方式是短期和小规模：一个街区一个街区渐次改善，让人逐步拥有自己的街道，在潜移默化中促成新的变革。2012年美国兴起的"更美好的街区"（Better Block）运动便是如此。当时，一群本地的活动家和策划者决定为自己的社区做点什么。于是他们开始改善其中的一个街区。那原本是一段不受待见的沥青路。经过改造，它以自行车道、咖啡吧风格桌椅、树木和临时销售摊位开始吸引游客。取得初步成功之后，"更美好的街区"项目组继续应对挑战，多次展开所谓 72 小时临时干预，比如花上一个周末改造一条街。2012 年 6 月，他们的第 26 个项目是将破旧的劳德代尔堡仓库区改造成一个艺术区，取名为 FAT 村艺术区。一天，佛罗里达大西洋大学的艾瑞克·邓博（Eric Dumbaugh）教授带着一群学生，将一处 20 世纪 50 年代的工业园改造成一个临时性艺术景点，设置有壁画、快餐车、狗狗公园以及农贸市场。

"更美好的街区"等活动都是近年兴起的"战术都市主义"（tactical urbanism）所倡导的更大规模运动的一部分。它强调的是自下而上的渐进式变革，主要有如下五大目标或者说特征：

采取有计划的阶段性措施以促进变革；

为当地规划部门所面临的挑战提供本土化的解决方案；

短期承诺和现实期望；

低风险，高回报；

公民之间社会资本的发展和公私机构、非营利机构及其成员之间的组织能力的建设。[28]

"战术都市主义"运动如火如荼，遍及各地。"拆除路面"（Depave）是俄勒冈州波特兰市的一个团体，铲除不需要的沥青路，将土地恢复为花园。"开放街道"（Open Street）倡议美国城市在周末将主干道变为步行街，仅向步行者和骑自行车者开放。如今，该倡议已经在美国 40 多座城市得到响应。纽约市市长更是借之将时代广场改造成一个无车广场。食品车法规的变化让美国的许多城市出现了新的充满活力的烹饪文化。游击园艺则将城市中许多被遗忘的角落改造为鲜花盛开的园地。

打造城市，以人为本至关重要。在过去的一个世纪里，一批又一批的建筑梦想家怀揣改造人类天性的梦想却将城市带进了破坏性的"汽车专用区"噩梦。在高效和清洁的名义下，为数众多的老社区遭到彻底摧毁。然而，我们逐渐意识到，如果不关心住在城市里的人，城市规划将注定失败。要重建城市，必须从街道开始，让所有居住在那里的人参与进来。这往往能够激发出最出色的创意和想法。

第四章
创意之地

硅环岛（Silicon Roundabout）到了。也许，一走出地铁站，就能看到一座超人的孤独城堡？伦敦的上空，高耸的水晶碎片大厦直插云霄。这里注定是故事的中心，是首都未来的枢纽。2010年11月，时任英国首相戴维·卡梅伦来到这里，发布了东伦敦科技城战略规划：将东伦敦的一大片街区建设为欧洲的科技之都。从肖尔迪奇街区（Shoreditch）到即将落成的奥林匹克公园，新科技城最终将拓展至斯特拉特福德以东3英里处。卡梅伦在演讲中还列举了政府拟定的一整套措施，扶持科技城充满活力的新型经济，以应对世界上其他地区的挑战：

> 现如今，硅谷是全球高科技发展和创新的领头羊。其领先地位虽然毫无疑问，但将会面临挑战。问题是：新的挑战者来自何方？班加罗尔？合肥？莫斯科？我今天想告诉大家的是，如果我们真正有信心去追求，并且明白为此需要采取哪些行动，那么伦敦也可以成为其中的一员。[1]

十五年前，我曾经住在肖尔迪奇附近。现在，步上街头，我心生好奇。自己离开后的这些年里，到底发生了怎样的变化？回想当年，肖尔迪奇是彻头彻尾的死水一潭。虽说与金融商务区近在咫尺，却都是些破烂不堪的房屋，住户们大多为了生存而苦苦挣扎。而历史上肖尔迪奇曾是一处囊括了工厂、车间和仓库的轻工业飞地，也有过峥嵘岁月。后来它逐渐遭到废弃，不断衰败。从前优雅的联排别墅变成血汗作坊。一到晚上，更是危机四伏。

即便陷入破落的困境，有些东西正在蠢蠢欲动，变革的种子已经播撒。四处走走，我突然感到一些震撼。表面看来，眼前的一切似乎与当年并无二致，却又并不相同。如今它让人感到已找到自己的志向。我还注意到，曾经位于老街交叉口环岛上方颇具讽刺性的街头艺术已经被涂掉了。那是一幅班克斯（Banksy）早期创作的模板画，表现了电影《低俗小说》（*Pulp Fiction*）里的场景，只是两位演员特拉沃尔塔和杰克逊伸直手臂，紧握的是香蕉而不是手枪。现在，取而代之的是附近的新标牌，仿佛是对这个街区现状的最好

图13 硅环岛附近的新标牌："变化"

理想的城市

总结。

沿着老街交叉口环岛转悠时，我站在"What Architects"公司的橱窗前，橱窗里摆着用乐高积木搭的模型，样子极尽诙谐。沿着伦纳德街（Leonard Street）往前走，不远处有智能公寓大楼的广告横幅，炫耀着精美豪华的装修、桑拿浴室和24小时礼宾服务。此外，咖啡厅随处可见。在这个小小的角落，各家连锁咖啡厅都在争夺着地盘。咖啡因仿佛是新时代的燃料。从前，从地下挖出的煤驱动了第一次工业革命，而今，创意经济的动力则是双倍浓缩咖啡。我不禁感慨历史似乎在重演：如同17世纪的第一批咖啡小屋标志着全球化的曙光，新一代的咖啡厅正在推动着即将来临的信息时代。

的确，17世纪头十年发展起来的咖啡屋与今日硅环岛之类的场所，有许多相通之处。作为信息和贸易中心，第一批咖啡屋为新型城市创意经济提供了信息交流的论坛。人们从四面八方汇聚于此，平等交谈，交换来自不同码头的信息：进港的是些什么船，码头上有些什么货。第一座证券交易所创建于咖啡屋，第一份保险单制定于咖啡屋。人们在这里消化每日印刷的新闻。也是在咖啡屋，人们成立俱乐部，举办政治辩论，甚至创立"一便士大学"（penny universities），让那些无暇上学的人接受教育。咖啡屋还是拍卖、审判甚至科学实验的场所。

下面来看看创造力与城市之间的关系。人们通常认为，一个人需要独处和安静，方能迸发出灵感。然而，纵观历史，最好的想法往往产生于复杂的城市环境中。那么，城市是一个更富于创意的场所吗？好的创意从何而来？

美国著名小说家乔纳森·弗兰岑（Jonathan Franzen）曾声称，他在创作小说《修正》（*The Corrections*）期间，时常面对空墙书写，动不动就拔掉家里的网线，为了让自己能够集中精力，某些时候甚至还戴上眼罩。这些方式听起来颇为极端，近乎与世隔绝。另有一些人则觉得，坐在星巴克咖啡厅反倒是自己最富于创意的时刻。两类人说起来相当不同，但他们的灵感都来自城市的喧嚣。还有一个例证，经济学家亚当·贾菲（Adam Jaffe）研究了从事技术工作的邻居彼此接近会带来的影响以及由此产生的知识"溢出"现象。其结果告诉我们，与竞争对手保持较近的距离好处多多：同处一地有创新优势，从而带来创新集群。

如果城市是创新生长的自然环境，那么我们可以人为地培育这种环境吗？培育它的最佳方式又是什么？早在卡梅伦发布官方规划之前，伦敦的硅环岛就已经吸引了不少的创意公司。接下来，若想将它提升为高科技城，政府能否发挥作用？在某些情形下，文化本身被用来改造城市，将死气沉沉的荒废之地改造为生气勃勃的文化旅游目的地。创意城市的推广，是一种复兴经济的举措，还是应当引起我们警惕的昂贵而无用的盲目投资？

过去几十年来，许多城市都开始将自己重新定位为"创意城市"。截至2011年，全球至少有60座城市（仅英国就多达20座）启动了创意政策，而且统统将"文化"当作改善城市形象和经济的重要手段。像英国利物浦的购物、住宅和休闲中心项目"利物浦一号"（Liverpool One），便是试图通过一系列景点、博物馆和迷人的现代公寓楼等重振废弃多年的阿尔伯特码头区，吸引人们重返市中心居住、购物和游览，但反响不一。德国柏林巴黎广场（Pariser Platz）的重建较为复杂一些。这座广场沿着柏林墙铺展，重建之后既要吸引大批游客，还得成为体现国家意志的基地，象征国家的团结。总之，许多类似的新项目都在追求"毕尔巴鄂效应"（Bilbao effect）。

20世纪80年代末,在欧洲文化中心的名单上,巴斯克地区的城市毕尔巴鄂位居榜尾。毕尔巴鄂是西班牙北部海岸一个破旧的工业和渔业社区。具有工作能力的成年人中有四分之一失业。来游玩的观光客每年约有10万,但旅游收入相当微薄。正如建筑策展人特伦斯·莱利(Terence Riley)所言:"没人听说过毕尔巴鄂,也不知道它在何方。没有人知道它的名称如何拼写。"[2]

在毕尔巴鄂放置标志性的高科技现代建筑杰作和世界一流当代艺术收藏品,确实不大合适。然而,通过坚定不移的决心与规划,当地政府硬是说服了古根海姆基金会与自己合作,共同展览该基金会的收藏品。随即,它们联名向全球发出博物馆建筑设计竞赛邀请,吸引了世界各地的知名建筑设计公司。接着,它们选中了一处废弃的造船厂作为建造博物馆的基地。那里曾经是西班牙重要的造船业中心,其所有的业务却早在几十年前搬迁到亚洲,只留下颓败的场地。

最终,来自洛杉矶的建筑师弗兰克·盖里(Frank Gehry)被选中。他的设计非比寻常,看上去倒不太像一座建筑,而是由曲面、金属与玻璃共同组成的闪闪发光之物。落成的毕尔巴鄂古根海姆博物馆,仿佛玛丽莲·梦露演唱的建筑版《生日快乐》。可说到建造,耗资超过1亿美元,绝非胆小鬼游戏。而除了将博物馆建造为地标性建筑,当地政府还需要另外投资建造新的交通设施(包括新机场和地铁)、改善当地的环境卫生与空气质量等。唯此,方能让城市有足够的吸引力。

如今,来到毕尔巴鄂,猛一见古根海姆博物馆雄踞于周围街区之上,绝对令人激动。毕尔巴鄂对成群的游客也早已习以为常,对自己的新地位心满意足,甚至觉得理所当然。经过治理,蜿蜒流淌于博物馆一侧的纳尔温河已不再浑浊。河边还建起了公园。城市的一些主干道也得到拓宽，并改建成步行道。街道两边，精品店和咖啡厅随处可见。从前的涂鸦已经抹去。毋庸置疑，整座城市都从新建的博物馆中受益匪浅。据统计，博物馆项目已在七年内收回成本，绝对称得上成功。2010 年，尽管经济衰退，毕尔巴鄂的游客量却持续增加，总数达到 954000 人，其中至少有 60% 来自国外，这让该地区的总收入增加 2.13 亿欧元，也为地方政府带来 2600 万欧元的税收，并为超过 3000 名当地工人提供就业机会。³ 总之，毕尔巴鄂建造的古根海姆博物馆为整座城市注入了新的生命活力。

"毕尔巴鄂效应"在世界各地一直被效仿，但很少被超越。它预示着一个超级明星建筑师时代的到来。他们纷纷被委以重任，打造吸人眼球的文化旅游目的地，将曾经不起眼的二三线城市推向世界舞台。游客数量的上升，城市收入的增加和公民自豪感的复苏等，都在诱导着其他城市跃跃欲试，尽管结果喜忧参半。虽然这些宏伟的项目提升了福斯特、哈迪德、梅尔、库哈斯、利伯斯金德等著名建筑师的声望，然而并不见得总能给城市带来繁荣。悉尼歌剧院的风帆状抛光屋顶，让它成为一座地标性建筑，乃至澳大利亚的象征。但如果对比谢菲尔德的国家流行音乐中心，你一定会感慨不已。

谢菲尔德国家流行音乐中心的建造，得益于英国国家彩票（公益基金会）1500 万英镑的资助，旨在庆祝英国流行音乐的蓬勃发展。谢菲尔德是流行音乐的发源地之一。各种风格迥异的乐队都出自该地，从硬式摇滚乐队"威豹乐队"（Def Leppard）到擅长哥特式歌舞表演的"伏尔泰酒馆乐队"（Cabaret Voltaire）、20 世纪 80 年代的合成器流行音乐"人类联盟乐队"（Human League）、ABC 乐队和天堂 17 乐队（Heaven 17），到英伦摇滚的另类"果酱乐队"（Pulp），再到流行歌手理查德·霍利（Richard Hawley）和北极猴子乐队（Arctic Monkeys），等等。因此，选中谢菲尔德作为庆祝当地创造力的场所，堪称完美。筹办方于是委托布兰登·科茨协会（Brandon Coates Association）设计一座瞬间便能获得偶像效应的建筑物，看起来像四个相互连接的金属鼓。

然而，该项目的失败并不在于建筑设计，而在于它的商业规划。预计的来访人数远远超过实际的到访人数。1999年3月开张之际，筹办方预计平均每年会有40万人来访，但7个月后，到访的仅仅10.4万人。至此，媒体才幡然醒悟，此乃大白象工程！为找到降低成本的对策，日常运营的任务移交给普华永道会计师事务所（Price Waterhouse Coopers）。2000年6月，该项目关闭，损失超过100万英镑。到2003年，整组建筑已被改建为谢菲尔德·哈勒姆大学（Sheffield Hallam University）的学生会大楼。

如此这般的灾难却没能阻止其他新兴城市将自己打造为文化之都的努力。人们依然搞不清创造力与"大厦综合体"（edifice complex）之间的区别。作为一个术语，"大厦综合体"由戴颜·苏吉科（Deyan Sudjic）首创，指的是通过令人印象深刻的建筑向世界宣告自己有多么富强。

2007年1月，阿布扎比政府宣布启动萨迪亚特岛（Saadiyat Island）建设项目，旨在迅速将阿联酋打造成一个文化强国。在发布会上，与阿联酋王室成员比肩而立的，都是世界顶级的建筑师。弗兰克·盖里受到聘用，王室希望他设计的古根海姆·阿布扎比再现毕尔巴鄂之奇迹。扎哈·哈迪德（Zaha Hadid）参与了艺术中心的规划。因设计巴黎伊斯兰中心而闻名的法国建筑师让·努维尔（Jean Nouvel）亦获得委任，设计一座能够与卢浮宫相媲美的古典艺术博物馆。安藤忠雄（Tadeo Ando）设计了一座海事博物馆，以作为明星工程的收官之作。

第四章　创意之地

虽然许多参与者都认为这是一个让艺术与文化跨越国界的好时机,然而很难不让人觉得,这个项目真正所图的,与其说是创新,不如说是旅游收入。萨迪亚特岛项目包括凯悦酒店、蒙特卡洛俱乐部、文华东方酒店以及瑞吉斯海滩别墅等。正如其中一位开发商巴里·罗尔德(Barry Lord)所指出的:"文化游客更富裕,更年长,受教育程度更高,消费也更高。从经济角度看,这很合算。"[4] 是的,这打的是如意算盘,而且这种做法在毕尔巴鄂已经卓有成效。但是,这不是定义创意城市的唯一方式,也不能真正告诉我们为什么创意城市在未来会变得如此重要。

* * *

现在,让我们对韦斯特关于城市新陈代谢的研究略作回顾。通过尽可能多地收集世界上各大城市的数据,韦斯特及其在圣菲研究所的团队发现,城市在规模和产能方面都表现出超线性幂律。也就是说,如果一座城市以 10 倍的速度增长,那么它性能的提高绝不仅仅是 10 倍,而是 17 倍。韦斯特团队还指出,城市的经济实力、能源使用效率、犯罪率以及疾病发生率等皆遵循着同样的超线性幂律。令人震撼的是,城市的创造力也是如此:"工资、收入、国民生产总值、银行存款,以及(通过新专利和创意部门的就业人数来衡量的)新发明,全都与城市的规模呈超线性幂律关系。"[5]

由此可见,城市中各种联系与人的复杂交织,知识和思想的聚集,堪称创新最神奇的孵化器。来到城市成为庞大群体的一分子,并不能让我们个人变得更聪明,却可以帮助我们的集体变得更有创造力。

因此,城市是催生创新的理想实验室。这里有更多的人,可能会有更多好想法浮出水面。然而,关键的因素不仅是人口的规模,还有联系的密度。前面说过,弱联系构建的网络更容易帮人找到工作，也让人在城市中难以感到孤独，同时也是培育创新的大熔炉。好的创意往往不是来自孤独时刻的冥想，而是源于分享，是将两个或更多想法碰撞而生成的新的东西。它们是长期潜伏的直觉，现在被重新审视并赋予新的含义。它们是偶然发现的时刻，带来出人意料的共生关系。它们常常源于朋友的朋友在某个恰当时刻所提供的不可或缺的帮助。

城市还提供了多样性和竞争的机会，是将种子培育到开花结果的最肥沃土壤。它类似于亚当·斯密所说的资本主义的"看不见的手"。市场对新产品的需求，供应商降低成本和扩大利润的愿望，都在推动着创造力。竞争推动创新，迫使寻求新的优势或改进，以彰显自身的独一无二。最重要的是，一个好的想法总会激发出更多的好想法。创造力会形成自身的良性循环。一直都是这样，这也是不断有人离乡背井，步上凶险之旅，甘冒一切风险，去大都市追名逐利的原因。举例来说，17世纪荷兰的首都阿姆斯特丹就是这样的一座大都市。它在当时是世界上最宏伟的城市。

阿姆斯特丹的黄金时代得益于运气、时机和地理位置。然而这一类发迹故事也告诉我们，一座复杂的城市何以能蒸蒸日上。作为荷兰共和国的首府，阿姆斯特丹地处新兴的大西洋世界贸易路线的中心。北接汉萨同盟国，南达地中海的广大区域，让它成为天然的海上贸易枢纽。这里销售的商品，有美洲的黄金、葡萄牙商船东运而来的香料、威尼斯的珍宝、英格兰的羊毛、法兰西的葡萄酒、里昂的丝绸、欧洲北部森林的木材、波兰的小麦，还有波罗的海国家的鲱鱼和大麻、横跨德意志陆运而来的金属，甚至来自君士坦丁堡的罕见而娇嫩的郁金香。

例如，1634年6月的一个清晨，从东方返回的商船卸下了它们丰厚的收获，并运到交易所：

326733½阿姆斯特丹磅马六甲胡椒；297446磅丁香；292623磅硝石；141278磅靛青；483083磅苏木木材；219027件中国明代蓝釉瓷器；52箱韩国和日本瓷器；75只大花瓶和陶罐，陶罐内装有蜜饯和大量的五香生姜；660磅日本铜；241件日本漆器；3989颗大克拉毛坯钻石；93盒珍珠和红宝石；603捆波斯丝绸和罗缎；1155磅中国生丝；199800磅斯里兰卡老冰糖。[6]

当地商人还发明出一些新的经商方式。如建立像荷兰东印度公司之类的合资企业（股份有限公司）。合资的各方既分担漫长而昂贵的航行风险，也分享未来的回报。此等方式让普通市民也能够参与从前只能为国王所掌控的大额贸易。荷兰东印度公司成立于1602年。不到二十年的工夫，它就把控了遍及印度尼西亚所有殖民地的大部分香料贸易。后来，它又在马来西亚、斯里兰卡、印度

图14　17世纪阿姆斯特丹的地图

次大陆、泰国、日本和中国大陆增设了贸易港口。到 1650 年，它已成为世界上最富有的公司，拥有 190 艘商船和一支私人军队，年度股息高达 40%。

随着时间的推移，人们发现港口的价值不仅在于贸易，它还是一个非常好的基地，处理和加工从码头卸下的原材料，让羊毛变成纺织物，让金属经过锻打再塑成精良的金属制品。随着对信息（最高价商品）的追逐，银行业接踵而至。而除了商品交易，阿姆斯特丹还成为知识产权的交易所。换言之，在生意人追逐商业利益之际，知识分子开始寻求改变世界的新真理。革新与创造力相互交织，相互碰撞，蓬勃发展。

如今漫步于阿姆斯特丹的街头巷尾，透过一条条纵横交错的运河，我们依然可以领略那个时代所迸发出的创造力。阿姆斯特丹这座城市是在阿姆斯特尔河两岸的沼泽滩基础上改造和整治而来的，拥有一套同心圆式运河体系。所有运河的开挖，皆始于 17 世纪早期，为的是应对当时城市的急速发展。由此可见，单是这座城市的建设用地，就是独具匠心的创新和革新的成果。

这一点同样反映在那个时代的建筑上。正如 17 世纪旅行家梅尔基奥尔·佛根斯（Melchior Fokkens）所惊叹的："所有的建筑物都是高高耸立……一些是两层，一些是三层或四层。地窖里时不时就堆满了货品。至于室内，珍贵的装饰品随处可见，让它们看起来更像是皇宫而非商人住宅。"[7] 之所以如此，主要是因为阿姆斯特丹的商人们有足够的资金，可以随心建造自己梦寐以求的房屋：它们通常由砖或石头建造，高耸于运河的水面之上。外墙面装饰低调而适中，凸显了加尔文教派的节俭，将宗教、贸易与礼仪融为坚不可摧的一体。这一时期还建造了不少重要的公共建筑，有市政厅、交易所和量秤房（Weighing House），还有以量秤房为中心的气势恢宏的新市场（New Market）。所有这些新建筑奠定了城市的辉煌。其设计采用新荷兰巴洛克式样。此等对罗马式辉煌建筑的独特诠释，符合北欧的品位，亦反映了一座城市如何从遥远的他方获取灵感，对之加以适应、改造，使其成为自己本土的建筑风格。

商业活动并不是在真空中进行的，很多的奇思妙想来自意想不到的偶然联系。17世纪荷兰水坝广场（Dam Square）对利润的追求也引发出一场创新革命。当人们从欧洲各地来到阿姆斯特丹享受交易所带来的好处时，他们也给这座城市带来了变化。对不同宗教信仰无声的宽容已成常态，只要是私下举行的宗教仪式，都不会受到干扰。于是，不久前在葡萄牙和西班牙遭受迫害的犹太人，在这里找到了一个避风港。被赶出家园的法兰西和佛兰德斯的新教徒，也怀着找到和平的希望北上阿姆斯特丹。一些英国清教徒在王室复辟之后逃到这里，阿姆斯特丹成为激进思想家寻找政治庇护的藏身之所。与此同时，在奥德赛兹·沃尔伯格大街（Oudezijds Voorburgwal），一位荷兰天主教商人在自家的阁楼上创立了一座小教堂（后来的"阁楼上的吾主教堂"）。民族、信仰与习俗的交融在交易大厅显得尤为平等，也让一定程度的社交复杂性、五花八门的联系和网络成为可能，让阿姆斯特丹成为一部激发创意的高能发动机。

除创立了第一座证券交易所，阿姆斯特丹还发明了会计和银行业的一些新方法，如利用证券、银行票据、期票等金融杠杆的金融工具，以及我们今天仍在沿用的信用体系。这些创新不仅体现于商业交易那一刻，同时也为整座城市注入了活力。阿姆斯特丹的船舶制造商在新的航海技术方面同样处于领先地位，其制造的福禄特（Fluyt）帆船通过减少船上搭载的加农炮数量，同时采用滑轮组液压系统来简化操作、降低劳动力成本以安全地运输尽可能多的货物。从新世界运回的新奇商品刺激了制糖业和冶金业等科学领域的发展。另一方面，城市的扩张需要在作物轮作和奶牛养殖方面进行创新，以养活所有的市民。

海洋霸主的地位则推动了荷兰人对法律的改革。举例来说，为了确立荷兰在外国领土的霸主地位，阿姆斯特丹的雨果·格劳秀斯（Hugo Grotius）阐明了国际法原则。海洋科学还促进了科学家们在天文学、钟表学和航海学上的探索和创新。工程师们都希望能够找到测量经度的解决方案，于是催生了一系列的发明和改良，包括望远镜和显微镜、星空图和天体预测方法、镜片研磨和时间刻度等。这些新机器让人们能够更深、更远、更高、更清晰地观察从前肉眼看不见的东西，在化学、生物学、天文学、工程学、微生物学、昆虫学和地质学等领域掀起了新的热潮。

在技术革命的同时，文化革命也蓬勃兴起，新的思潮如同海浪般在这座港口涌现，随之而来的还有大量的剩余资金。绘画在阿姆斯特丹的富人圈里风靡一时，乃至农民都热衷于对艺术市场的投资。室内装饰、静物、肖像以及民间风俗画甚为流行。出自伦勃朗·范·赖恩（Rembrandt van Rijn）和弗兰斯·哈尔斯（Frans Hals）等艺术大师之手的杰作尤为惹眼。而在不远处代尔夫特工作的约翰内斯·维米尔（Johannes Vermeer）更是擅长将寻常的生活场景定格为美丽的瞬间。

艺术市场的繁荣还反映在印刷品和纸张的大量涌现上，图书出版行业迎来大转折。于是在阿姆斯特丹，不同的思想在自由的氛围里交流和传播，让英国人约翰·洛克能够在此奋笔疾书，写出了《论宽容》《论政府》《人类理解论》。法国人勒内·笛卡尔也在逃到阿姆斯特丹之后，写下其名著《谈谈方法》。同样逃亡到此地的本尼迪克特·斯宾诺莎，写下了震惊世人的《神学政治论》。值得一提的是，斯宾诺莎的著作尽管受到全方位的攻击和诋毁，却并未遭到禁止。因此可以说，人类第一次信息革命的骚动，爆发于运河岸边阿姆斯特丹的鹅卵石街道上。

在17世纪阿姆斯特丹的运河和广场所能感受到的活力和创新，今日在伦敦的硅环岛都能找到。大都市拥有一种独特的品质，接纳、改良和运用新思想，由此催生出其他的新理念。几个世纪以来，城市始终是开发杀手级应用程序的理想之地。然而，17世纪的阿姆斯特丹与今日伦敦之间有一个显著的区别。

如果在350年前漫游阿姆斯特丹，你不可能不注意到，城内的大部分商业活动都是商品交换。仓库里弥漫着香料的气味，搬运工从仓库将货物装上手推车再运到商店，货车上满载着一捆捆布料。再看看当今的伦敦，在肖尔迪奇进行的任何一笔交易几乎都是看不见的。工厂已经翻新，昔日用于工业生产的机器被一排排闪着光的苹果计算机屏幕所取代。传统工厂的生产线被计算机操作系统的关键性路径所取代。发明的灵感不再迸发于车间，而在于"云计算技术"。工程师放弃了托梁和链轮，转而学习XML、Adobe Flash和Mathematica等。

在工业时代，我们制造和交易的都是实体货物。如今是信息时代，我们创造和销售的是创意。正如"创意经济"（Creative Economy）概念的提出人约翰·霍金斯（John Howkins）所言："创造力不是新事物，经济学也不是新事物，我们所说的新，在于二者之间的交集及其所达到的程度和品质。"[8] 2001年，霍金斯预测，全球创意产业的总值是2.2万亿美元，并以5%的速度逐年增长。他的判断基本准确。创意产业是全球经济中受信贷紧缩（credit crunch）影响最小的一个领域。2008年，它带来5920亿美元的产值，是2002年营业额的两倍多，这意味着它的年增长率是14%。

知识经济迫使我们再次思考，人类都做了些什么，又是怎样做的。它还能让我们重新思考城市。

城市经济学家理查德·佛罗里达（Richard Florida）指出，创造力团体或者说创意阶层（creative classes）的规模对城市的成功与否有着深远的影响。佛罗里达认为，从广义上说，"知识经济"的范畴涵盖"科学技术、艺术与设计、娱乐与媒体、法律、金融、管理、医疗保健和教育"[9]。自西方的工业衰落以来，在上述知识经济产业工作的人数增长迅猛。比如1900年，这一产业的就业人数占所有就业人数的5%，1950年占10%，1980年占15%，到了2005年，竟然占30%以上。几乎所有知识经济产业的工作都可以在城市里找到。但它们并非在所有的城市之间均匀分布。

试想，谁将成为21世纪的阿姆斯特丹？你很可能会想到班加罗尔。多年来，人们一直认为，旧金山湾区的硅谷，是所有程序员、黑客和技术企业家的圣地。为了感受这里充满活力的氛围和各种专业知识，人们从世界各地来到圣克拉拉山谷。2010年的统计显示，在此地工作的科学家和技术人员当中，高达60%的人来自美国之外。

硅谷最成功的群体来自印度次大陆，约占当地劳动力市场的28%。1980年到1999年间，硅谷15.5%的初创企业由从印度搬到湾区的企业家经营，合计创造了170亿美元的年收入，提供了5.8万个工作岗位。来自印度的程序员敬业，受过良好的教育，独具创造力。但让许多硅谷人感到不安的是，其流动速度正在放缓。印度本土已发展出自己的硅谷。看来，他们再也不必千里迢迢跑到旧金山去寻求机遇了。

班加罗尔于20世纪90年代初期在IT产业声名鹊起。如今，每年都有成千上万受过良好教育的年轻科学家来到此地，人才济济，且都是在严格且竞争激烈的系统中接受的教育。2009年，安永会计师事务所（Ernst and Young）的一项调查发现，印度科学家的数量超过世界上其他任何地方。印度400多所大学里，平均每年的应届毕业生总数是200万，其中60万是工程师。假如一名普通教师的收入为10万卢比，印度理工学院毕业生的收入可望达到他的40倍。然而，此等薪水依然远低于旧金山湾区程序员预期的收入。于是，一些美国公司开始在班加罗尔城外的三大商业园区设立自己的办事处。随着越来越多的工程师来到班加罗尔追逐财富，这座有过殖民统治的古老城镇的郊外建起了闪光发亮的卫星城镇。整座城市变得越发拥挤不堪。自1971年以来，该市人口从160万增加到840万。

在20世纪90年代，当世界面临"千年虫"计算机病毒威胁之际，班加罗尔在卓越、高效和低成本方面的声誉得到了确认。当时，全世界都在担心大多数计算机的操作系统会于2000年1月1日午夜时分出现故障。届时，飞机可能从天上坠落，银行系统可能会崩溃。于是像印孚瑟斯（Infosys）这样位于班加罗尔的IT公司被委以重任，对超过20000亿行的代码进行测试和修复。结果证明，班加罗尔的IT公司能够按时保质完成任务。从此，班加罗尔也成为世界上一些顶级工程师的家园。随着互联网时代的到来，许多企业开始认识到，他们并不需要创建自己的IT部门。当涉及一般性、常规性任务时，他们也不必依赖加州的程序员，不需要支付更高的工资以应付那些人高成本的生活方式。到2005年，班加罗尔跃升为信息时代的软件外包产业之都，每年创造的产值至少达50亿美元，并以30%的惊人速度逐年增长。

到2007年，班加罗尔已拥有1300多家信息通信技术公司。全球各大公司、银行和开发商大多在此设立了办事处，相关业务主要依靠当地25万工程师的技能和敬业精神。除了美国、英国和欧陆的总公司，印度许多本土公司也开始成为这一领域的龙头。为应对日益增长的需求，班加罗尔的郊区建起了大大小小的各类园区。国际科技园是其中的第一座。它创立于1998年，拥有自己独立的发电站。周围除了一座购物中心，还有六大建筑，分别命名为发现者（Discoverer）、探险者（Explorer）、领航者（Navigator）、创造者（Creator）、创新者（Innovator）和先锋者（Pioneer）。放眼望去，仿佛美国的一大片繁华之地直接移植到了印度次大陆。如今，建于班加罗尔之南的电子城已经进驻了120多家公司，有惠普、印孚瑟斯和西门子等，还有好多家教育机构。后者堪称管理人员、程序员和新兴企业家的摇篮。

不少评论人士直言，今日班加罗尔正与硅谷竞争世界科技之都的地位。但此说尚待商榷。直到1997年，班加罗尔的HAL机场才开始提供国际航班服务。当时它每年的旅客吞吐量是350万人次，十年后，旅客吞吐量已达750万人次。之后，政府新建了班加罗尔国际机场取而代之。2005年，意识到每年潜在的客流量将会高达1200万人次，拟建的新机场不得不改变原定的发展规划，这直接导致新机场的建造工期推迟了三年。如今，班加罗尔国际机场是印度第四大机场。可在我落地这里并乘出租车离开崭新的1号航站楼之际，得到的忠告却是，可能要花上3个多小时才能抵达我预订的酒店。直到今天，从机场到城区之间的道路依然在建设中。显然，这座城市的基础设施没能跟上它所催生的蓬勃发展的创意经济的需求。

经济学家恩里科·莫雷蒂（Enrico Moretti）一直在绘制美国人就业的最新地理分布图。结果证明，新知识工作者会给所在地区的经济带来倍增效应。创意类工作易于吸引其他的创意工作者。此外，创意类工作还为当地的服务业增加了更多的就业机会和工资："城市里每增加一个高科技工作岗位，最终都将在该城市的高科技部门之外创造五个额外的工作岗位。"[10]

显然，创意经济对其所在的城市有着巨大的影响，但并非所有的城市都拥有均等的创意机遇。有些城市相较于其他城市可能更富于创意，还有些城市则易于吸引某些特定类型的企业家。杰弗里·韦斯特的方程式告诉我们，城市的规模是决定复杂性的关键要素，但每一座城市的个性和声誉毕竟各有千秋。

举例来说，某些城市可能会比其他的城市更宜居。通常而言，决定一座城市宜居与否，至少有三个独立的指数：经济、医疗以及生活方式和文化氛围。2012年，《经济学人》杂志将香港推举为理想的宜居之地。美世咨询的"生活质量调查报告"则认为，维也纳名列前茅。与此同时，英国引领时尚的《单片镜》（Monocle）杂志将苏黎世列为第一名。人们在各地寻找理想的工作之时，一座城市的宜居性是决定性因素之一。宜居性越高，会让一座城市更为开放，文化氛围更为浓厚，更为清洁安全。由此，整座城市的经济命运可能发生改变。

更为重要的是，城市将变得越来越偏向专业化。如今，我们提起好莱坞就会谈到电影。米兰是意大利的时尚中心，华尔街是世界银行业的中心。在一个全球化市场，试图让每一座城市都从头做起，开辟面面俱到的新产业，已然是天方夜谭。以苹果手机为例，它绝对是一款由全球共同开发的产品，其总体设计创意发生于苹果公司的总部加利福尼亚州库比蒂诺，手机内部的硅芯片由安谋控股公司（ARM，一家在剑桥和班加罗尔设有主要办事处的公司）设计，芯片的开发和制造由韩国的公司负责。最终，手机的各部件在中国成都的富士康工厂手工组装。

苹果手机的每一个生产阶段都凸显出全球化带来的优势与低成本。世界正在按照各地的产业特色进行划分，然后通过一个网络将各有专攻的城市相互连通，让各城市之间的关系更为紧密。试想，为什么要从零开始尝试发展微处理器产业，而不是在韩国的仁川或首尔投资或交易最新的技术，毕竟那里拥有无与伦比的生产规模、难以匹敌的专业水准和基础设施？同理，为什么要跑到班加罗尔以外的其他地方去解决端到端的软件问题？

城市之间的差异，让一个人在选择居住地时面临更多的选择。理查德·佛罗里达认为："我们所选择的居住地，将决定我们的收入、我们遇到的人、我们结交的朋友、选择的伴侣以及我们的孩子和未来的家庭。"[11] 2008年，一项针对14座主要城市中8500人的调查显示，75%的居民主动"选择"了自己所生活的城市。随着世界人口的流动性日益增强，一座城市的个性及其如何吸引最优秀人才的议题，将变得更为重要。如果印度年轻一辈的企业家发现，自己可以留在家乡的班加罗尔开创新企业而不必跑到美国的硅谷，那么旧金山湾区的未来将会怎样？

随着各个城市变得越来越专业化，更多的人为找到最美好的生活，穿梭于世界各地。因此，未来的城市必须是一个开放且能够适应变化的地方。它需要继续吸引远道而来的最优秀人才（无论他们来自哪里），包容来自四面八方的最新理念。创意城市需要富于创造力的人才，而这正成为一个流动性日益增强的市场，且必须应对许多不断变化的维度。然而，人们热衷于新鲜事物和流动性，很容易就忘掉了城市中原有的一些好东西。

这种全新的、流动性超高的愿景同时也警示我们：事情并不像某些经济学家所论断的那般流畅、开放和新颖。理查德·佛罗里达是第一个提出"创意阶层"概念的经济学家。在他看来，创意阶层是一个全新的、充满活力的社会和经济群体,他们对城市的复兴有着深远的影响。他提出,新的人类经济将分为流动经济和停滞经济。知识工作者将会在世界各地寻找适合自己的最佳城市:"流动性人士有办法、有资源也有意愿去寻找并迁徙到他们认为可以发挥自己才华的地方。"[12] 卡梅伦首相于 2010 年发布建造东伦敦科技城规划之时,他心里所想的应该正是创意阶层。也正是所谓新兴的"高科技游牧部落",让班加罗尔的交通拥挤不堪。"创意阶层"相当于人类版"毕尔巴鄂效应"。它所创造的地方(城市),可以让小型初创企业与跨国大公司共享同一座停车场,吸引来自世界各地的优秀人才。

这一类构想很可能会获得巨大成功。在卡梅伦发布规划的一年内,伦敦科技城获得了全球各大公司的极大关注。政府的高调推

图 15 硅环岛

110　　　　　　　　　　　　　　　　　　理想的城市

介和宣传也提高了这一规划的国际地位。对那些计划在欧洲设立办事处的大型科技公司来说，此等宣传活动显然奏效。正如美国雅玛公司（Yammer）欧洲部总经理乔治·埃尔（Georg Ell）所言："英国政府打造科技城的规划是我们来到东伦敦的催化剂。它提供了核心驱动力，提供了与他人分享和学习的良机。同时，它也吸引了大批的人才。"[13] 谷歌也租下一座七层高的办公楼，俯瞰着环岛，预计将成为创新和初创企业的"启动平台"。亚马逊承诺将在此地创建一个大型的欧洲"数字中心"，用以容纳亚马逊原有的设计团队，以及它近期收购的科技企业 Lovefilm（爱情胶片）与 Push-button（按钮开关）。关于奥运村和新闻媒体中心如何转型亦在酝酿中。奥运村和新闻媒体中心原本是为接待 2012 年奥运会期间来自全球的 2 万名记者而建的。2012 年奥运会结束之后，它们将成为科技城的一部分。

为创意阶层带来福音的高端投资，真的有助于提高草根阶层的创造力吗？理查德·佛罗里达关于"创意阶层"的说法不乏批评者。在一些人眼里，佛罗里达所说的新知识分子游牧民并非多么了不起的特殊一族。他们不过是受教育程度更高，因此更有能力为寻求最佳工作四处奔走而已。其他一些人认为，流动性本身并不是成功或创造力的标志。有些人之所以选择待在原地不动，很可能是因为他们生活在那里很快乐。[14] 还有更多的人提出警告：不要将"创意阶层"奉为发展竞争型经济的唯一因素，不要将从前发生的一切看作无关紧要，而应宣扬这样的信条，即"一座城市的历史，往好了说百无一用，往坏了说就成了迈向先进知识型经济的障碍。解决城市问题的药方是，通过高端投资将经济发展项目引入城市"[15]。诚然，有些时候，人们太容易受到新奇事物的诱惑，而不是真正去观察和了解草根阶层正在发生什么。

第四章　创意之地

创造力不是凭空而降的。它既不是来自镜头前的摆拍，也不是源于政府的倡议。任何强加到某地并且与当地传统相悖的项目，都不会取得成功。那种认为建造一座工业园区和建造一条通往机场的优美大道就足以激发经济革命的想法近乎无知。它让那些试图将自己标榜为"创意城市"的城市陷入困境。事实上，当我们试图将硅环岛打造为创意之地，或者将班加罗尔打造为创新中心时，附近街区的悠久历史比政府宣传册的暗示对未来的影响要更为强大。

我来到硅环岛参观科技中心（Tech Hub）。它位于一栋建于20世纪60年代的办公大楼的底层，由女商人伊丽莎白·瓦利（Elizabeth Varley）创办。瓦利创办这样一个中心，旨在为科技行业的企业家和创业者提供一处见面、工作、学习和合作的空间。与附近雨后春笋般涌现的新建筑相比，它看起来并不出众。然而，这里能让人感受到一种积极向上的能量，一份必定能干好的信心，以及无限的潜力。如今，大楼的整个底层全都是科技中心的办公室。自

图16 硅环岛科技中心内部

2011年春季开业以来，人们对办公空间的需求始终非常强劲，以至于来不及对楼层的平面布局加以调整。在这里，天花板的面板已经拿掉，暖气和电气设备都裸露在外。条状的照明设备和悬空的电缆仿佛随意攀缘的常春藤。

科技中心的前台，是一大片开放式空间，随意放置着一些可以挪动的桌子。根据科技中心的宣传，这里可供科技企业家们落脚、工作、接通笔记本电脑并使用快速无线网络。[16]科技中心也在这里组织会议、酒会、研讨会，各自交换信息。投资商和天使投资人*可以前来看看当下的动态，提出一些建议，乃至提供投资，将新的创业者与广泛的硅环岛科技社区建立起联系。除了前台的大空间，其余的便是各种不同用途的小空间，包括供私人举办会议的小型办公室，可以短期或长期租赁的固定办公桌，等等。总之，科技中心的创建有力地促进了人与人之间的联系，让大家相互交流各自的奇思妙想。我到的时候，大多数人都在集中精力工作，四下里相当安静。但与当年阿姆斯特丹交易所里任何一个繁忙的工作日相比，此间的活跃程度丝毫不差。

硅环岛诞生于像科技中心这样的好企业和好理念。然而，这个新社区并不是建立在一张白纸上的，而是立足于几十年的历史根基。记得20世纪90年代我初到此地时，所认识的朋友当中只有为数不多的几人拥有手机。那时我初入出版行业，办公室里还没有接通互联网。作为资浅望轻的小编辑，每当需要做一些在线调研时，我就会带着任务去惠特菲尔德街（Whitfield Street）的网吧，通过拨号连接上网。在这个网吧，我常常一待就是一下午。当时，肖尔

---

* 通常指富有的私人投资者，他们为小型创业公司或企业家提供支持，以换取公司的所有权权益。——译注

迪奇刚刚摆脱昔日被忽视的困境：作为内城工薪族居住的贫困街区，几十年来被政府、企业乃至于希望所抛弃。第二次世界大战期间，肖尔迪奇遭到严重轰炸，接着便成为各类社会性住房项目的开发试验田。传统的邻里关系被撕裂，甚至整个街区都荡然无存。

然而，老街区的基础设施尚存。废弃的工厂空空如也，建筑破败不堪，仓库空置，从前令人仰慕的维多利亚式联排屋现在成了血汗作坊。所有这一切，距离世界上最强大的金融之都伦敦金融城的边缘不到500米。站在破败的老街环岛向南张望，可以看到金融城闪光发亮的玻璃和钢筋建筑，在金融大爆炸（Big Bang）的余晖中熠熠生辉。不言而喻，肖尔迪奇是启动社区更新的最佳地段与最佳时机。

那是一段激动人心的时光。人们纷纷跑到附近窗帘街（Curtain Street）的瓦匠酒吧（Bricklayers Arms）。正是在这间酒吧，诞生了先锋派艺术文化。这股热浪旋即融入英国青年艺术家团体（YBA）的艺术大潮。一些青年艺术家，包括加文·特克（Gavin Turk）、特蕾西·艾敏（Tracey Emin）、吉尔伯特（Gilbert）和乔治（George）等都居住在附近的街区。约书亚·康普斯顿（Joshua Compston）在此创立了东伦敦的第一家画廊——"真实的谬论"（Factual Nonsense），并组织了一些与艺术相关的展览或活动，比如霍克斯顿广场露天艺术展览和野餐会（Hoxton Square Hanging Picnic），沿着霍克斯顿广场中心花园的围栏展出各式各样的艺术品。廉价的租金让艺术家们有能力租赁大型工作室，于是他们自己动手经营画廊、策划展览。一时间，这样的做法在伦敦艺术界蔚然成风。在贝思纳尔格林路103号，艾敏（Emin）和莎拉·卢卡斯（Sarah Lucas）便开办了一家艺术品商店兼工作室。斗转星移，肖尔迪奇开始吸引其他的创意产业，诸如设计、时装、《眼花缭乱》（Dazed and Confused）这样的杂志、建筑业和早期的网络技术行业，等等。

班加罗尔也有类似的故事——这座城市创新的深层根源。表面上看，班加罗尔似乎是20世纪90年代横空跃出的IT行业的超级霸主。然而事实却是，这座位于印度南部的城市，在科学和技术投资方面拥有悠久的历史。在英属印度时期，班加罗尔是卡纳塔克邦的首府，是那些不愿回归故里而定居印度的英国人退休后的天堂。通过赛马俱乐部（Turf Club）和精英们专属的班加罗尔俱乐部（Bangalore Club），班加罗尔也成为印度人营造英格兰风情的样板。

1947年印度独立之后，班加罗尔依然受到眷顾。英国人离去后，留下了英语传统以及法律条例，对其未来发展大有裨益。此外，贾瓦哈拉尔·尼赫鲁政府（1947—1964）上台后，将其确立为印度的"未来城市"——印度次大陆的知识之都，计划在班加罗尔建设3所综合性大学、14所工科院校和47所理工学院。政府的宏图逐渐吸引了许多其他的研究机构，广涉科学、卫生、航空、食品诸行业。甚至在1972年，也就是美国人阿姆斯特朗踏上月球的三年后，印度的空间研究组织也在班加罗尔成立。如此一来，印度许多重要的公共部门，包括印度斯坦航空公司、巴拉特电子公司、印度电话公司等相继落户于此。紧跟着，私营部门接踵而至，有维布络电子有限公司（Wipro，最初是植物油生产商，于1980年进入IT行业），有印孚瑟斯有限公司（成立于1981年，初期投资300美元，目前在33个国家拥有133000名员工），还有晶体管制造商Namtech。

事实上，早在庆祝班加罗尔IT新曙光的头条新闻之前，这座城市就已经与技术和创新建立了根深蒂固的联系。关于这一点，我曾与S.贾纳德姆博士（S. Janardham）交谈过，至今记忆犹新。贾纳德姆博士于20世纪60年代来到班加罗尔。不久，他就成为国家航空航天实验室中计算机领域的先驱。他刚到班加罗尔时,这里的人口只有60万。他见证了印度次大陆最好的工程师纷至沓来的盛况。他对于自己的经历颇为自豪,相信印度不久就会领导IT世界。

是的,正是基于创意的长期积累,今天的创新才能实现。2008年,也就是创立东伦敦科技城的两年前,据估计老街附近的初创企业不超过20家。到2011年底,初创企业已飙升到300多家。地理位置、集聚度以及积极的氛围,都有助于形成这种自然的企业集群。正是在这里,Last.fm("最后一个音乐电台")、Moo(在线打印和设计公司)、Dopplr(免费社群网络公司)以及SoundCloud(线上音乐共享公司)等互联网企业起步了。2011年,当地的明星企业Tweetdeck("推特平台")被推特公司以2500万英镑的价格收购。最新的成功故事当推网上游戏开发公司Mind Candy("心灵糖果")的辉煌业绩。作为儿童社群网络游戏莫西怪物系列小玩偶(Moshi Monsters)的开发者,Mind Candy公司带动了全世界超过5000万的儿童在游戏中领养像素宠物。仅在销售方面,这家公司2011年的收入就达6000万英镑。[17]

然而,伦敦智库"伦敦中心"(Centre for London)发布于2012年的一份报告显示,这种自上而下的倡议和举措需要谨慎再谨慎。这看起来更像是对品牌的重新包装,旨在吸引外商的投资,而非激发当地的草根阶层。需要指出的是,硅环岛不是一座在城市之外拔地而起的科技园。它位于一个最具创意社区的中心地带,经过了20多年的自然生长。政府的战略目标更像是在为奥林匹克公园寻找奥运会之后的出路。

相比之下,环岛四周并没有什么实际的投资。伦敦最缺乏吸引力的地方之一——环岛地铁站没有得到升级,附近街区的宽带容量甚至也没有得到改善。新兴经济本身就非常脆弱,有人忧心啦啦队式倡议只会抬高租金，挤压本已贫乏的商业空间。报告的结论是：

> 东伦敦企业群最引人注目的特征之一是其有机增长的模式。在没有得到政府关注的情形下，早已发展多年。如今，它在拥有一定的规模并成为伦敦数字经济的龙头之后，才开始获得公众的高度关注……科技城应当注重利用东伦敦本已拥有的内在（创意）精神，并帮助它变得更好。[18]

然而，当我问瓦利该地区最紧迫的问题是什么时，她并没有提到改善基础设施或开展营销活动，而是对初创企业缺乏自下而上的投资感到遗憾。为此她呼吁政府应该向创业者而不是科技城提供小额资金："只有这样，才能让年轻的企业家在创业的关键起步阶段有六个月的储备粮，而不必一边创业，一边迫于生计不得不从事一些按日付薪的工作。"此外，瓦利还建议我们应该停止拿伦敦硅环岛与旧金山的硅谷比来比去。在她看来，这样的对比毫无意义。圣克拉拉是一座工业城市，伦敦则拥有丰富多样的创造力。英国不太可能发展出新的像脸书或推特这样的企业，但通过数字城市交易所（Digital City Exchange）等项目的实施，将硅环岛与伦敦帝国理工学院的学者联系起来，肯定会大有作为，有望在医疗、可持续发展和数据管理等方面实现创新。

同样，我期望在班加罗尔找到类似的故事，并看看这座城市除了为世界上高科技公司提供高技能服务之外，是否还有启动自己经济革命的潜力。根据贾纳德姆博士的说法，班加罗尔的计算机业务起步于从事商务的合资企业。直到20世纪80年代，工程师们才开始对计算机科学本身发生兴趣。于是他们更加专注于解决方案、体系结构和编程。尽管这培养了一代杰出的程序员，却失去了企业家的创新精神。与其他一些卓越的地区相比，班加罗尔注册的专利数量很少，而且大多数注册专利都隶属于跨国公司。此外，与肖尔迪奇相比，班加罗尔初创企业的数量也少得惊人。我向贾纳德姆博士暗示：也许此地的传统不利于创新，也许班加罗尔只是"网络苦力"的故乡？

创业精神能否在此地被重新发掘？印度人是否会继续跑到圣克拉拉，让自己的好主意在别人的地盘结出硕果？带着疑问，我来到班加罗尔的互联网与社区中心，造访当地 IT 界的创业者基兰·贾纳拉伽答（Kiran Jonnalagadda）。由贾纳拉伽答负责运营的 HasGeek.com，是致力于考察初创企业的优秀网站之一。之前，他是 Barcamp 的创始人。Barcamp 是一种与传统会议模式完全不同的国际研讨会网络，一种自我组织的"非会议"（unconference），参与者自行决定会议议程。此举为创新提供了出人意料的沃土，并催生出如今扩展到印度全境的两家著名社群网络——Headstart 和 Start-Up Saturdays。

贾纳拉伽答对此抱以乐观态度。他强调，与硅环岛类似，班加罗尔的 IT 业无论在技术、资本还是市场规模层面，都还没有达到高峰。目前印度 IT 业的成功大都还局限于印度国内。像广受大众欢迎的电子商务网站 Flipkart.com 和 Indiaplaza.com、智能的人才招聘网站 inter-viewstreet.com（通过编码竞赛找到最适合的程序员）、由班加罗尔本土人员开发的共享资源搜索器 Harvestmand 等，莫不如此。印度人依然在等待时机，等待自己的莫西怪物将本土的创新推广至全球。

然而对印度人来说，要想将好的创意转化为国际性商务，依旧障碍重重，既有官僚主义的，也有文化方面的。有人说，印度本土公司不愿投入足够的精力从事研发业务，这就直接限制了他们的专利水平。在这些公司看来，既然靠提供服务就能赚到很多钱，为什么还要进行创新？促进奖励和保护创新的知识产权立法，在印度也存在很大争议。此外，在印度创业，可能会遇到一系列错综复杂的问题。在新加坡，注册一家新企业只需要24天，而贾纳拉伽答回顾自己创业经历的博文却显示，在班加罗尔，当他试图将自己开发的HasGeek网站注册成股份有限公司时，经历了曲折的110天，令人难以置信。再者，有时很难获得投资，尤其是印度的大多数企业传统上都是在家族内部建立的。

不管怎样，贾纳拉伽答充满信心。在他看来，纵然是障碍重重，班加罗尔仍是一座充满活力的城市。为此他建议我去市中心达博路的贾加（Jaaga）走走，去看看班加罗尔的创业文化是多么生机盎然。

贾加是花园城里的科技中心，可满足多种需求。它由弗里曼·默里（Freeman Murray）与阿奇纳·帕萨德（Archana Prasad）于2009年联合创立，集文化中心、建筑空间、创意孵化器于一体，配有必不可少的咖啡厅，让好的创意汇聚到一起。整栋建筑沿着街边往里略微后退，由仓储式货架组成，以变换出灵活的空间，适用于工作、表演和合作共享。在我到访的那个下午，一群年轻的程序员正在安静地敲打着各自的笔记本电脑。稍后，这里将有一场来班加罗尔访问的涂鸦艺术家进行的表演。两天后，二楼的工作室将举办最新的创意交流（TedEx）会议的网络直播。

此等场所是当地历史与未来发展之间的交汇点，成为"大学与创业世界之间的桥梁"。弗里曼·默里告诉我，在班加罗尔，"有一大批人从小就被教导说IT是通向成功的道路。他们与旧金山的硅谷人浏览同样的网站，密切关注着硅谷正在发生的成功"。然而，与东伦敦硅环岛的情形类似,人才需要培养。好的创意来自人、地方与观念之间的相互交织。班加罗尔如果想要成为它梦寐以求的创意城市,就必须重视像贾加这样的场所。它与立法和创业指导同等重要,能够为企业带来生机。

再次回到硅环岛,我不得不重新思考自己之前关于创意城市的假设。我需要重新考虑,社区长期积累的历史如何与最新投资的头条新闻和新闻报道同等重要。创意城市并不是通过新闻发布会或者花哨的营销会对未来做一个简单的承诺。有人对"创意阶层"过分追捧,以为他们是超人般的骑士别动队,以为他们靠着知识经济的神圣光环,便可以将一个地方带入 21 世纪,并取代任何看似过时的东西,这种做法是行不通的。

在硅环岛,我能感到即便没有科技城这个定位,这里的社区照样会繁荣发展。一个社区的兴旺,不是靠那些企业巨头来安家落户抬高办公室租金,而是靠一群创业者的推动。创业者们来到此地,忙于开始自己的创业,努力寻找天使投资人或者干一番大业的好时机。他们与别人共用办公桌,交流些不太成熟的奇思妙想,在聚会上建立联络。正是彼此接近、融合和建立工作关系网迸发出的巨大能量,孕育了创意城市的未来。

第五章
社区复兴

每个人都会提前收到一份行路指南和安全门的数字密码，我也是。出了地铁站，沿着刺槐大道步行一小段，再走几步，就是一扇绿色的大铁门。铁门挡住了通向后面一栋马厩式排屋的入口。我将密码输入触摸面板，等着密码锁打开。这时已听到大门背后的喧闹声了。推开门走进去，我感觉自己仿佛正从城市来到一个全新而陌生的地方。

过去三十年来，每到星期天的夜晚，巴黎的汤贝伊索尔街（rue de la Tombe Issoire）38号就成为城中之城。在此，吉姆·海恩斯（Jim Haynes）举办着一场又一场的晚餐派对。大门敞开，想来的尽管进门。饭桌摆好，想吃的尽管入席。不同年龄的人怀揣着各自的情感，用不同的语言和口音尽情交谈着。海恩斯派对的声名早已传扬在外，这里曾是一个包容一切的地方。我来的时候，恰逢2011年感恩节。外套挂好，一大杯红葡萄酒在手，我走进主厅。那里已经聚集了四十来位访客。看上去，他们相互间早已打过招呼，找到各自的攀谈对象，正在倾听彼此的故事。

我上前向吉姆自我介绍一番。他坐在靠近厨房的高凳上，身边一只烤好的超大火鸡正等着切呢。四十多年来,吉姆一直是一个饱受争议的人物。1933年,吉姆出生于美国路易斯安那州,大学毕业后应征入伍,随即被派往苏格兰爱丁堡附近的一座小型监听基地,成为一名冷战时期的士兵。然而他更热衷于当地城市的居家生活而不是备战。不久,经过上司的许可,他搬到市中心,就读于附近的一所大学。后来,他周游欧洲。再后来,带着开办书店的计划,又回到爱丁堡。很快,他的书店成为激进派艺术家、作家和出版商的活动中心。同时,他积极参与筹办爱丁堡艺穗节(Edinburgh Fringe Festival),并协助创办了特拉弗斯剧院(Traverse Theatre)。不过,当时剧院作为俱乐部经营着,以躲过张伯伦勋爵办公室的审查。

1967年,吉姆移居伦敦后,创立了一座名为艺术实验室(Arts Laboratory)的艺术中心。在摇摆年代*的首都,它其实就是先锋派艺术家的活动中心。此外,他一边协助创办了《国际时报》(*International Times*)**,一边在圆屋剧院(Roundhouse)举办名为"不明飞行物/飞碟"(UFO)的先锋派社群活动。圆屋剧院当时的驻场乐队,有著名的摇滚乐队朋克·弗洛伊德乐队(Pink Floyd),还有软机器乐队(Soft Machine)。不久,作为自由恋爱运动的急先锋,吉姆又和人在阿姆斯特丹创办了欧洲第一份情色杂志 SUCK,并主导策划了阿姆斯特丹第一届情色电影节"湿梦电影节"(Wet Dream Film Festival)。接着,他移居巴黎,在一所大学任教。正是在教书期间,他搬到汤贝伊索尔街。起初,他与朋友莱尼·詹森

---

* 指的是摇滚乐的流行。——译注

** 英国20世纪六七十年代最著名的地下刊物之一,催生了英国20世纪六七十年代甚至往后其他地下刊物以及反文化思潮的传播和发展。后来,这份报纸几经停办、复刊,又几经易手,陆陆续续一直到20世纪80年代中期才彻底停刊。——译注

图 17　吉姆·海恩斯在家中，2009 年

（Lenny Jensen）一起，七拼八凑办起了一个面向附近街区的有线电视台，与周边的邻居们共享一些电影和视频。他甚至将自己在汤贝伊索尔街的工作室改名为世界大使馆，向前来拜访的人士发放世界公民护照。这一创举直到他被法国当局告上法庭方才收手。但吉姆是闲不住的，他开始举办面向大众的晚宴和野餐。光阴荏苒，他的周日夜间沙龙赢得美名，就仿佛一家权威机构。如今，大概由于参与者众多，吉姆的晚餐派对，不仅享誉全球，也不再神秘。

那晚我一走进那里，一个五十多岁的美国女人立即迎面向我走来。像这样的派对，不少人都是独自前来的。如此团契般的亲切氛围也决定了宴会的规则。那就是，放松和自由自在。与谁交谈？随兴即是。你只管走过去，自我介绍，搭讪开始。诸如：你是怎么打听到吉姆的？你来巴黎做些什么？ 说着说着，一群人便拢到一起，相互间建立起联系，进而创建出一个联络网。顷刻间，其乐融融的气氛弥漫整个空间,接着又扩展到室外的夜空。在室外小小的一方天地,一些人正聚在一起吸烟。这就像一座城市形成的过程——陌生人遇见陌生人。随着晚宴派对的继续,人与人之间逐渐形成一套既定的交往规则,或者说找到建立社区所需的共同语言与行为守则。

这个美国女人在六个月前搬来巴黎。她从一位朋友那里听说了吉姆的派对。之后,我又与一位年轻的法国银行家搭上话。他之前在伦敦工作,如今回到家乡巴黎,正忙于寻找新的工作。他是与女朋友一起来的。他的女朋友正在与来自加利福尼亚的另一位美国人科林谈话。科林是位音乐学者,刚刚在巴黎创立了一个室内乐团。转过身,他将我介绍给一对瑞典夫妇。这对夫妇与我一样,也来巴黎度周末。对了,还有帕特,他为法国电影加字幕,正试图出版一部小说。还有苏西,一个从南非来巴黎学建筑的学生,刚在蒙帕纳斯公墓转悠了一整天。还有一对姐妹,斯特弗和帕姆,来吉姆的聚会已超过十五年了。平日里,姐妹俩为美国的阔佬做导游,带着他们在巴黎大牌时装设计师的工作室以及面料店附近转悠。

整场晚宴,吉姆都坐在高凳上,静观着自己一手打造的场景。吉姆曾突发过心脏病,还经历过一次严重的健康危机。我问他:既然身体不好,为何还要坚持举办热闹的派对?他坦承自己仍然对人感兴趣,喜欢广交朋友,与陌生人共度时光。无论聚会的时光多么短暂,这创建了一个社区,给人活下去的理由。

在汤贝伊索尔街,社区的人们聚集到一起,共享食物、饮料和谈话,然后在夜幕中各自散去。从生态学角度看,这个过程很简单。尽管一开始有点儿羞怯,但每个人很快就会熟悉参与其中的规则。撇去看似混乱的厨房区,如此夜晚显示的其实是一个短暂的、自我组织的、关系复杂的社区，尽管短暂，但确实是一个真正意义上的社区（生活共同体）。

人们聚在一起，共享同一空间，相互了解，这样的想法听起来很简单，然而在城市近乎9000年的历史中，很多时候并非如此。在过去，要搞清楚你是谁，你从哪里来这样的问题，可算小事一桩。公民身份的定义和要求，有明确的规定。然而，随着城市扩大至超出当初城墙所界定的范围，人的归属便成了问题。如何证明你就是你说的那个人？"城市特质"（cityness）的实践准则和表现是什么？它们又是如何演变的？在人口流动如此频繁的背景下，如何界定一个社区？

随着世界人口日益城市化，重新定义社区成为一个越来越紧迫的问题。如今，涌入城市的个人、家庭以及团体的数量比以往任何时候都多。他们来到的地方如此庞大且多样化，以至于不能简单地用一个身份来进行定义。社区可能包含许多元素，一处共享的空间、一种行事方式以及人本身，然而，社区归属感的形成则不限于任何单一元素，而是一个综合过程。它是一种将地方、人以及它们之间的互动结合于一体的生态。

但是，聚集而居似乎会带来严重的问题，太多的人挤在狭小的空间，让城市变成一颗随时都可能引爆的定时炸弹。对比巴黎沙龙之夜与上下九千年的都市发展史，某些地方表明，社区问题已然成为棘手的危机。我们该如何应对这个危机？

人是群居动物，天生就爱挤在一起。尽管我们常常被教导说，作为人，我们是独立的个体，然而，适者生存是游戏的唯一规则。人们寻找彼此并组建社区的行为刻在了基因里。人是社会性动物，因此，城市是最适宜的地方。我们的个性是在与他人的交往中塑造的。我们分享共同的语言。与他人的联系让我们更快乐、更聪明、更有创意。正是彼此合作的能力使人类得以生存至今。共同协作助力解决复杂难题,让人与人彼此联系,强化社会纽带。正如进化生物学家马丁·诺瓦克(Martin Novak)所言:"合作是进化的总建筑师。"[1]

人类的相互协作和聚集而居到底能达到一个怎样的程度,常常令我们难以置信。下面仅以"一群人"为例。2011 年,苏黎世联邦理工学院的一个团队,想看看能否科学地计算出一大群人在街上行走的集体行为。拟考察的议题包括:人们是否遵守某些特定的交通规则?繁忙的人行道是否一片混乱,因为人们相互碰撞,像随机乱滚的桌球?通过使用跟踪设备,迈赫迪·穆萨伊德(Medhi Moussaid)的发现出人意料:在测试的所有情况下,拥挤的行人都会迅速成为一个复杂系统,并开始自我组织。几乎从一开始,他们就会分成两条通道,允许与自己反方向行进的人通行。遇到堵塞时,各自又会遵从一条不成文的规则,尽量靠边走以保持道路通畅。

虽然这种调节纯属随机,然而有趣的是,行人的原居地会对其选择产生影响。在西方大多数国家,人们本能地选择向右移动。而在亚洲很多地区,人们却是习惯向左移动。通常情况下,这不会带来无法应对的局面,但如果世界各地的游客大批同时聚集到同一空间,譬如奥运会或宗教朝觐,很可能就会导致混乱。[2]

这种混乱的另一个困境是,这些行人大多都不是单独行动:通常有 70% 的人分属于某个较小的次群体。当三人或更多人一起行走时,他们会根据步行的速度形成队形。如果行走节奏很快,他们通常采用冲锋式的 Λ 形,即一个领头人冲在前面,两个小队跟在后面。如果行走节奏稍慢,小组的队形经常会形成一个 U 或 V 形,此时,中心人物会走在最后面。

此外,正如奥斯卡·王尔德形容所有的伦敦人看起来都像要赶不上火车了一样，不同国籍的人行走的速度也会不同。在一项开创性的实验中，加利福尼亚州立大学弗雷斯诺分校的罗伯特·莱文（Robert Levine）对31座城市的平均步行速度进行了调查。结果发现，前十名（都柏林、阿姆斯特丹、伯尔尼、苏黎世、伦敦、法兰克福、纽约、东京、巴黎、内罗毕、罗马）中有九名是富裕城市。显然，赚钱能力、生活成本以及时间精度等经济因素是决定速度快慢的关键。[3] 当时间就是金钱时，我们往往会加快步伐。

基于生物学需求，人与人需要团结在一起。但是，如何把握人类抱团的紧密程度，则是仁者见仁，智者见智。人与人能够团结在一起，通常需要遵从一定的规则，但这些规则也因地而异。社区的问题常常源于对规则的理解不同。

要融入已经成熟的社区，常会面临人与人之间过分亲近的问题。让-保罗·萨特有句名言，他人即地狱。不过，这位烟不离手的存在主义者此说谬矣。我们最好还是回到简·雅各布斯所描述的哈德逊街社区。从人与人的随机聚集到形成一个社区，需要综合长期积累的日常活动和人际关系，并与当下发生的各种联系交织在一起。社区不是一个有着强韧纽带和义务约束的家庭，而是一个由弱联系、熟悉的面孔以及约定俗成的礼仪共同组成的网络，动荡不定，不断在变化。

在这个过程中，人口密度（人与人共享空间的必要条件）的作用举足轻重。从简·雅各布斯居住的格林威治村，我们发现：

> 人决意要拥有最起码的隐私，与此同时，又希望与周围的他人有着不同程度的接触和相互帮助。一个好的城市街区，便是能够在这两大需求之间获得奇妙的平衡。这种平衡的实现，很大程度上仰赖于对诸多敏感细节的妥善经营。实施的一方与接受的一

方都是如此随意,以至于大家都觉得理所当然。⁴

人口密度定义了社区,也定义了城市。关键问题是,人满为患时,疾病可以通过社区这个网络摧毁整个街区。一旦拥挤的程度超过临界点,城市中的老城区就容易变成"贫民窟"。这样的社区就像一辆超载的公共汽车,让人不得不等待下一班。它也好比一份超长的社会性福利住房轮候名单,让许许多多的儿童陷入贫困(纵然离伦敦的富人区只有几百码远)。随着未来三十年城市化进程的加快,人口密度很可能成为我们这个时代最大的挑战,特别是对于世界上那些基础设施原本就捉襟见肘的地区而言。与印度孟买贫民窟水龙头前等着接水的长队等量齐观的,是尼日利亚拉各斯堵塞长达十小时的车辆长龙。

但是,我们也要看到密集居住的优点。在抨击城市过度拥挤带来的问题时,我们也不要忘记住在一起的好处。我们现在知道,大型的、密集的城市更有创造性,通过弱联系构建的网络、人口的多样性以及更激烈的竞争促进了创新。城市的高密度也会影响生育率,降低平均每个家庭拥有的子女数量。它也降低了人均消耗的能源,提高了日常生活的效率和生产力。也许最出人意料的,是人与人之间的近距离交往可能让人表现得更好。尽管长期以来人们一直认为,身份不明的一大群人聚到一起容易变成具有攻击性的暴民,事实上人口的密集促进了文明。

英国非政府机构杨氏基金会(Young Foundation)2011年的一份报告展示了调研英格兰三个社区的基本文明程度或者说礼貌行为的结果。这三个社区是纽汉姆(Newham)、坎博恩(Cambourne)和威尔特郡(Wiltshire)。纽汉姆是东伦敦最贫穷和人口最多元的行政区之一。坎博恩是剑桥郡的一座小城,年轻人口正在不断增长。威尔特郡是英格兰西南部人口密度最低的县郡之一，90%的面积被划归为乡村。从问候语"早上好"到诚实、尊重和信任等基本文明礼仪，基金会在这三个社区展开了一系列的测试和观察。

结果是出人意料的。人们通常认为，不文明行为多与弱势群体、人口多样性和贫困有关，但这份报告所呈现的事实却恰恰相反："我们发现，在一些弱势群体庞大、人口多元化的地区，文明程度非常高。而较为繁荣和人口同质化的地区，则存在极不文明的现象，表现为不包容和行为粗鲁。"[5] 研究人员以纽汉姆的女王市场为例，以证明密集聚居在一起的人是如何被迫彼此善待和察言观色的：

> 我们观察不同种族的购物者如何耐心地排队，为婴儿车和老年购物者让路。店主们十分肯定地强调，维持文明水准对自己生意的成功至关重要。那些粗鲁对待不同文化或种族的客户的商店，很快就会倒闭。不少的摊主更是与时俱进，融入多元文化。在东伦敦，如果你听到原本操着伦敦土音的售货员，突然间改口说起流利的乌尔都语，不要觉得大惊小怪。[6]

城市让人不得不改变自己的行为以适应新的环境，也就让人变得更加开放和文明。多样性不一定给社区带来分歧，还可能促进包容和礼貌。然而，并不存在一个所谓确保社区平衡发展的最佳人口密度。例如，即便我们轻蔑地看着伦敦或者巴黎太过拥挤，但是需要指出的是，欧洲人口密度最高的不是欧洲北部任何一座大型工业城市，而是马耳他——一个许多大城市的人前来寻求安宁的地方。因此，控制城市人口密度，只是影响社区生态的手段之一。人口密度高可以带来好处，诸如调节和改变社区的发展方式，鼓励多样性和创新精神，通过人与人之间的弱联系和协作来丰富社区生活。然而，它并不能和幸福画上等号。

若想弄清楚人口密度的高低对一个社区会产生怎样的影响，底特律就是一个鲜活的例子。1932年，在华尔街股灾的余震中，底特律艺术学院邀请墨西哥艺术家迭戈·里维拉（Diego Rivera）绘制了一系列大型壁画，以激励这座饱受大萧条之苦的城市。危机（1929年大萧条）发生之前，底特律是美国汽车工业的发源地，地处五大湖之间，又有四通八达的新铁路网。因此，早在19世纪末，底特律便确立了自己的工业中心地位。1899年，亨利·福特在底特律建立了自己的第一座汽车生产车间。在20世纪的前十年，亨利·福特把握住了好时机，汽车产量和销量飞速增长。不久，通用汽车公司（General Motors）、克莱斯勒（Chrysler）汽车公司和美国汽车公司（American Motors）先后成立。到1912年，底特律附近的高地公园工厂成为世界上最大的工业园区，每年生产T型汽车超过17万辆。

底特律的人口随之爆炸式增长，从1910年的46.6万增加到1930年的172万。然而，就在1930年，市场对汽车的需求急剧下降，工厂大规模裁员。一半的员工被解雇，这让城市超过三分之二的人口生活在贫困线以下。如此社会氛围之下，花钱聘请一位著名的红色艺术家绘制一系列大手笔艺术作品，看起来颇有些危险。里维拉的任务，是用画笔全面展示底特律的历史和发展，从农业小镇到现代工业生产的装配线。在接下来的11个月中，里维拉专心绘制，最终以27幅壁画向观者展示了一座工业殿堂，以表明汽车是人类生产的最高成就。这组壁画将底特律的历史视为命运的必然，认定直面大萧条，底特律终能克服一切障碍。然而，人们很快就会看到，这座城市其实相当脆弱。

截至1950年，底特律吸引了一大批来自南方的新工人，人口达到史上最高峰（180万），因此成为美国的第二大都市。与此同时，富裕的白人居民开着汽车从城区移居到郊区，这被称为"白人群飞"（White Flight）*。这些移民工人（主要是黑人）的到来，对城市的发展起着独特的催化作用，城市因他们而变得富裕，也因他们而处于危险的分裂状态。美利坚帝国取得的工业成就离不开城市的工厂，然而工厂创造的财富并没有进行平均分配。在底特律的表现是，富裕的白人家庭大多居住在城市的中心以及远郊，许多黑人家庭则居住在城区边界之外那些以高速公路相连的社区，生活日益贫困，难以改善。1967年，底特律发生了大规模骚乱，造成43人死亡、1400座建筑被毁。此后，人们试图推行新的中间城（Midtown）计划，以整合不同的社区，打破种族壁垒。然而，随着城市经济的新一波衰退，大批黑人居住的近郊街区再次陷入贫困。成千上万的黑人居民丢了工作，没了收入，无法偿还贷款。因此，这些人靠贷款购买的房屋很快就被银行收回并强制拍卖。于是底特律近郊街区的房地产市场变成死水一潭。

直到今天，底特律依然处于困境之中。美制汽车订单的持续减少，加上国际竞争削弱了美国的霸主地位，底特律已经成为一座工业鬼城。这种局面给当地居民带来了毁灭性灾难。2000年至2010年间，底特律的人口减少了25%，其居民平均收入是全美中位数的一半。2009年，底特律的失业率为25%，谋杀率是纽约的10倍。当地一栋住宅的平均价格只有1万美元出头，超过50%的儿童生活在贫困之中。

---

* "白人群飞"是一个源于美国的术语，始于20世纪中叶，用于描述大部分白人中产阶级从种族日益多元的城区大规模迁移到郊区或远郊区。有时也用于表示其他类型的白人迁移，诸如从古老的内城区向农村地区迁移，以及从美国东北部和中西部地区迁移到气候温和的东南部和西南部地区。——译注

图18 底特律的衰落

作为一座以汽车为龙头产业的城市，主导底特律交通的是一条条不设收费站的高速公路。现如今，这些通往郊外的高速公路空空荡荡。2009年的一项调查发现，许多社区几乎被遗弃，多达91000栋住房空无一人，其中55000栋遭到银行强制收回后被廉价拍卖。显然，这座城市已经衰败到让人无法想象的境地。为了照管空置的房屋，市政府每年还要被迫花上3.6亿美元的资金，却不会带来任何税收。面对此情此景，美国NBA前职业篮球运动员、商人，同时也是底特律市长的戴夫·宾（Dave Bing）做了什么？重症需下猛药。

首先，人们想到的是复兴市中心，希望以市中心的复兴为示范带动其他街区的复兴。最早的一个举措，便是开发底特律短途客运系统（Detroit People Mover）。这是一条单轨高架铁路，沿着老城中心区单向环行，为底特律内城提供方便快捷的交通。此外，齐心协力开发了底特律国际滨河区（Detroit International Water-front），包括广场、河边步道、酒店、音乐厅、剧院和文化中心等。底特律文艺复兴中心（The Renaissance Center）是著名的摩天大楼建筑群，有通用汽车公司总部的大楼和众多银行大厦。

但是，毫无疑问，问题不仅仅在于重振市中心。只是复兴中央商务区，并不能为整座城市提供住房、学校和安全保障。底特律富裕的远郊区通过交通便捷的高速公路可以直通市中心。问题是，夹在市中心与远郊区之间的近郊区已沦落为荒地。这些近郊社区曾经是城市发展的强大依托，是劳动大军的家园和社交网络，但现在却成为空巢。为此，一些规划者提出用推土机解决问题，让底特律缩回到宜居的人口密度。根据2009年社区调查的结果，市长戴夫·宾需要选择赢家和输家，决定哪些社区将被夷为平地，哪些社区将获得政府资助，并警告说："如果我们不这样做，你知道，倒下的将是一整座城市。"[7]

自那之后，在底特律，尽管依然有很多对于城市"适当规模"的讨论，推土机终究还是不可抵挡。在巴塞罗那，城市规划师胡安·布斯盖兹鼓励在传统人口密集的社区继续增加密度。底特律人却没有密集群居的历史。此外，一些评论家指出，即便底特律一些人口稀少的社区，人口密度也比阳光地带的许多城市如凤凰城或休斯敦要高。因此，底特律的问题很可能不仅仅是人口密度问题。经济学家艾德·格莱瑟等人则表示，要想解决问题，不能只是让人聚集而居，更要让他们有事可做，以及提供吸引人们前来居住的教育机会和社交媒介。

那么，怎样有效地实现这种"适当规模"？一些人抱怨追求"适当规模"会逼着部分人离开自己的住房，关闭社区及其服务。最终，就连戴夫·宾市长都承认，底特律邻里复兴项目的启动时间比预期的要长得多。在进行无休无止的社区讨论，通盘权衡超过一万名利益相关者的意见之后，政府又举办了协调统一的品牌重塑活动，让当地人参与进来，让市民们相信这是城市的共同愿景，而非市政厅强加于人的计划。与此同时，城市的公共交通系统私人化，不再需要政府的补助。新老板——25岁的安迪·迪多罗西（Andy Didorosi）承诺以成本价运营，但已将服务减少到一辆巴士在主要社区之间绕行。

尽管对于调整城市规模的讨论仍在继续，底特律还是让人看到了一些积极复兴的迹象。纵然还没有从根本上解决问题，底特律的市中心已经恢复了吸引企业入驻的魅力。2011年夏，"快速贷款"公司（Quicken Loans）从远郊搬入市中心的大通大厦（Chase Tower），将4000名员工带入市中心。大楼的所有者丹·吉尔伯特（Dan Gilbert）对市中心的复兴下了重注。他购买房地产、投资零售业，并鼓励其他的企业落户市中心。科技初创企业是可能实现真正增长的市场之一，吉尔伯特于是瞄准了这一新兴领域，另外成立了底特律风险投资公司。由韦恩州立大学研究与技术园区、通用汽车公司以及亨利福特健康系统公司（Henry Ford Health System）共同建立的高科技城，作为创新的孵化器，又进一步促进了各类初创企业在底特律的发展。2010年，随着汽车行业的复兴，底特律已经成为高科技工程师的最大市场，甚至超过了硅谷。

如何协调城市结构与社区发展之间的关系？底特律可谓是历尽波折。然而，这既不简单也不直接。你很可能在贫民窟发现强大的社区，在富人的社区看到可怕的孤独。我们与周围环境之间的互动是如此复杂，这令建筑师、精神病学家以及政治家们深深着迷。2010年，在伦敦经济学院举办的一次小组讨论会上，建筑师艾尔索普（Will Alsop）描述了自己在法国里昂的见闻，那里的市中心建了一座新的艺术馆，改造了一些历史街区（为追求"毕尔巴鄂效应"）。他接着说，坐在里昂的城市广场，他注意到很多年轻的情侣忘情地接吻，旁若无人。这是建筑带来的效果吗？他问道：我们能创造出一处鼓励情侣们亲吻的场所吗？

　　心理学实验常常会揭示我们与环境之间意想不到的关联。在一项关于心理学启动效应的研究中，一群人被要求沿着两条等长的通道行走。一条通道展示的是老人和体弱者的照片，另一条通道展示的是更年轻、更有活力的模特图片。测试结果表明，人们在第二条通道会走得更快。启动效应主要考察和探索外部刺激如何影响人的行为或反应。只是，这样的启动效应到底可以达到怎样的程度？既然场所能够影响人的情感（比如教堂会给人神圣之感，富丽堂皇的宫殿会令人对权力心生敬畏），那么城市的公共空间是不是也具有同样的效应？

　　以半开玩笑的口吻，卡迪夫大学社会学系的网站主页，将格奥尔格·齐美尔（Georg Simmel）描述成接招合唱团（Take That）的歌手加里·巴洛（Gary Barlow），"善于在幕后献出锦囊妙计，并努力完成所有的工作，却没有一个粉丝为他着迷或记得他长什么样"[8]。19世纪50年代，身为柏林富有的巧克力制造商之子，齐美尔衣食无忧，不需要为了钱而工作。不过后来，他还是跑到大学里担任无薪编外教师，大受学生的欢迎，还结交了一批思想家朋友，如马克斯·韦伯、雷纳·玛丽亚·里尔克以及埃德蒙·胡塞尔等。这位被遗忘的社会学之父，如今因为他的货币哲学再次得到关注和追捧。而当初让他扬名的，是他1903年发表的文章《大都会与精神生活》(*The Metropolis and Mental Life*)。这篇文章强调了都市化的弊端，认为个人对自由的需求与城市"社会技术机制"的要求之间存在对立。

齐美尔的著述很快就跨越大西洋传到美国，并在20世纪20年代被芝加哥学派奉为圣经。芝加哥社会学派的主要成员有内尔斯·安德森（Nels Anderson）、罗伯特·E.帕克（Robert E. Park）以及欧内斯特·伯吉斯（Ernest Burgess）等。这些人以用城市生态学范式研究都市生活而闻名。他们认为城市是一个充满差异的地方，环境是决定人类行为的关键。他们尤其着迷于城市与其反社会倾向的社区或边缘社区之间的关系，以及这如何危及或激发社区的发展。正如曾经在柏林师从齐美尔并翻译过齐美尔作品的帕克所言："城市放大、传播和宣扬人性的各种表现形式。正是这一点，让城市变得有趣甚至令人着迷。然而，也正是这一点，让城市成为发现人类内心秘密、研究人性和社会的场所。"[9]

芝加哥学派认为，城市是个麻烦，人们被迫遵从新的行为准则。帕克本人对移民融入城市的过程以及由此引发的新移民种族主义感兴趣。同样，内尔斯·安德森写过关于流浪汉的文章，突出无家可归的困境。鲁斯·肖勒·卡万（Ruth Shonle Cavan）写于1929年的著作，着力讲述了来芝加哥工作的年轻女性所面临的机遇与挑战。与此同时，黑人研究员爱德华·富兰克林·弗雷泽尔（Edward Franklin Frazier）在《芝加哥黑人家庭》中分析了一个非裔美国家庭生活的方方面面。芝加哥学派之所以受到关注，不仅在于研究的主题，还在于研究的方法：提倡近距离而系统的观察，而不是从哲学层面推定人性之形成或人的需求。这一探究城市哪里出了问题的科学研究与城市的改革议程齐头并进：不仅探索城市为何失灵，还要探索如何修复。

当前的环境心理学始于20世纪70年代，研究重点从宏伟的规划方案转移到更精细的个人与广泛的环境之间的关系。这门新学科感兴趣的是：地方认同的作用，即在特定的环境如何形成人的自我意识；人口密度如何影响幸福感；噪声、天气和污染问题；女性与男性如何感受城市环境；环境设计如何提高地方自豪感。因此，这一发展结合了环境心理学的研究结果、心理启动效应与最新的建筑理念。正如纽约市立大学研究生中心的哈罗德·普罗桑克西（Harold Proshanksy）所言，这门学科与改善城市的愿望密切相连，因此发展出许多新策略，为城市更新的理念奠定了基础。

大体来说，新的举措集中于医疗保健、减少犯罪和改善民生等领域。一座健康的城市该是什么样子？我们能建造让我们更安全的地方吗？对哪些基础设施的改造可以提高人们在城市生活的成就感？它往往体现在生活中一些微不足道或意想不到的时刻。因此，窗户的高度（决定阳光在一天的某个时段照入房间）会影响一个人的幸福感。小区是否靠近绿地会影响我们的情绪以及儿童的社会性发展。良好的街道照明可以让人在夜间行路时更有安全感。如何改善街景，让城市更适宜步行？下面举例谈谈现代大都市中的高楼阴影问题。

想想坐在城市广场上，任阳光洒在脸上，该是何等快乐。然而，我们往往不经意间就忽略了阳光在日常生活中的重要性。19世纪，弗洛伦斯·南丁格尔等社会改革家提倡将新鲜的空气和充足的阳光作为增进健康的必需条件。对维多利亚时代的人来说，阳光、清洁的用水以及纯净的空气是理想城市的主要组成部分。这尤其在纽约引发了争论，正如建筑师迈克尔·索金在献给家乡的赞美诗《曼哈顿的二十分钟》（Twenty Minutes in Manhattan）中所写："纽约样貌的现代史，多半是关于光与空气的讨论。"[10] 到19世纪70年代，人们抱怨说，为容纳不断增长的人口而建造的高层公寓遮蔽了天空，空气散发着腐臭味。为此，纽约市于1901年制定的《房屋租赁法案》（Tenement Housing Act）对所有的住宅建筑都进行了高度限制。

但是，该法案却没能阻止那些积极投身于商业大开发的建筑师。1915年，曼哈顿下城的公正大厦（Equitable Building）开始动工，以替代不久前被烧毁的办公大楼。建筑师欧内斯特·格雷厄姆（Ernest R. Graham）在废墟之上设计了这座高达62层的新古典主义风格大厦。在建造过程中，人们很快意识到，这座大高楼投下的阴影面积达7英亩之广，会令周边的街区和建筑长期见不到阳光。作为回应，纽约于1916年颁布了《标准区划授权法案》（Standard State Zoning Enabling Act），对建筑物的高度以及允许建造的地点都进行了规定，还确立了"后退"标准——建筑物高度增加时，以上各层要向内收，以减少阴影面积。这可以在克莱斯勒大厦（Chrysler）与帝国大厦等地标性建筑的设计中看到。

可是"二战"后，建筑师们再次质疑上述诸项法规。受勒·柯布西耶的启发，现代主义美学大胆采用规则的清一色玻璃与金属。于是新建的摩天大楼不再"后退"，而是端立于广场的中央，这样阴影就不会给其他建筑带来干扰。米斯·范·德罗（Mies van der Rohe）和菲利普·约翰逊（Philip Johnson）合作设计的西格拉姆大厦体现了这些城市新风尚。现在，摩天大楼脚下广场之外的环境体验不再得到重视，因为设计者假设每个人都乘车出行。一个人所能享受的阳光，恐怕不过是从纪念碑式现代主义建筑那闪闪发光的玻璃幕墙反射到附近的路面，而后又顺着凯迪拉克轿车镀铬抛光的表面闪现的微光。

然而，即便罗伯特·摩西一心一意地规划自己理想中的"飞向未来"城市，也总是会有反对意见。除了简·雅各布斯成功抗议曼哈顿下城高速公路计划，其他人也开始讨论"太阳能的获取"等议题。作为基本权利，阳光权是确保生活质量的关键要素。特别是加

图19　城市与高楼阴影：曼哈顿，2012年

州建筑思想家拉尔夫·诺尔斯（Ralph Knowles）提出了围绕"太阳围合体"（solar envelopes）规划城市的理念。这个理念根据太阳的周期性运转来决定建筑物的高度和朝向。

　　这些概念似乎不太可能在曼哈顿付诸实践。不过在2010年，布隆伯格市长开始对许多关键概念予以关注，诸如太阳能的获取权，以及阴影的持续存在如何影响城市的公共生活等，正如《城市环境质量评审技术手册》（*CEQR Technical Manual*）所述："阳光可以激发人参加户外活动，支持植被的生长，增强建筑特色（诸如彩色玻璃窗和历史建筑的精细雕刻），等等。反之，阴影会影响植被的生长和自然环境的可持续性，也影响了建筑意义的营造。"[11]

环境心理学家对阳光以及阴影的影响进行了长期的研究。结论表明，更多的自然光照会增强空间内工作人员或家庭的幸福感。科学家着重探讨了阳光对于身体昼夜节律或生物钟的重要性。这种调节日常生物节律的自然过程，由从大脑中枢腺体分泌出来的褪黑素控制，褪黑素增加会导致季节性生理失调等疾病。实验还表明，阳光具有强大的抗氧化作用，可以保护DNA，提高免疫力，甚至影响做梦的能力。所有这一切，促使建筑师们重新思考阳光在设计中的重要性。

正是这一类实验让环境心理学弄清楚了场所与行为之间的密切联系。这种密切联系也是众所周知的"破窗理论"背后的逻辑。破窗理论最先见诸1982年詹姆斯·Q.威尔逊（James Q. Wilson）与乔治·L.凯林（George L. Kelling）发表于《大西洋月刊》上的一篇文章。在文章中，两位作者考察了一个社区内混乱现象与犯罪行为之间的关系：混乱环境下的蓄意破坏行为，是对管理者"漠不关心"态度的回应。因此，作者提出，与其等着破坏者把整栋楼洗劫一空，不如修理破旧街区的破窗户。"一扇破窗户发出的信号是这栋房屋无人在乎，所以砸碎更多的窗户不需要负任何责任……'无人看管'的行为同样会导致社区管理的失控。"[12]

凯林后来在纽约市政厅工作，上述文章中所提倡的政策成为纽约"零容忍"警务战略的一个重要组成部分。对此，推崇凯林理念的警察局长威廉·布拉顿（William Bratton）报告说："十个纽约人中有一个遇到过暴力犯罪，但所有纽约人都感受过这座城市的混乱：地铁上的逃票者和酒鬼，到处游荡的精神病患者，街头拉客的卖淫女，还有排队时间长、税收高、服务差等种种问题。一言以蔽之,这里有破碎的社区、破碎的人、破碎的窗户。"

布拉顿还发现,纽约警察大部分时间都在忙着对付犯罪。至于如何防止犯罪,他们却一筹莫展。他没有从修理破窗户着手,而是从打击逃票行为开始。当时的统计显示,纽约每天有超过17000起逃票事件,而每张票价是1.15美元。于是纽约警察局动用了便衣警察,展开所谓"地毯式"排查。结果令人震惊:"逃票的人往往存有性格缺陷。其中七分之一的人接到过通缉令或因违反缓刑规定而被通缉。二十分之一的人曾经非法携带武器……因此,对于逃票这件事,应该像抓捕重罪犯一样对待。果然,逃票现象趋于消失之际,犯罪率开始下降,城市的混乱局面也随之好转。随着事情走向正轨,乘坐地铁的人数开始回升……总之,要从小事入手,才能解决大问题。"[13]逃票者接二连三被押出车站的景象非常有震慑效果,也让纽约市政府每年挽回了将近7000万美元的损失。

一些批评人士认为,"修补破窗户"与纽约的犯罪率下降只不过是巧合而已,是更广泛的社会变化放大了较小干预措施的实际效应。还有些批评人士认为,布拉顿下手太重。尽管如此,结果仍然可观:纽约1990年的犯罪率下降了0.3%,1991年下降了4.4%,1992年下降了7.8%。到1996年,重大案件犯罪率下降了32%,谋杀率下降了47%,汽车盗窃率下降了40%。[14]显然,这个例证有力证明了环境如何影响人的行为,且该理论也不止适用于修补破窗户。在荷兰,一项关于涂鸦的研究表明:如果容忍一小片涂鸦留在墙上而不及时清除,通常会导致整面墙都被涂鸦覆盖。荷兰的研究小组还发现,在某些情况下,混乱的环境会让犯罪的可能性增加近50%。[15]

但是,通过设计来操纵或管理人的行为这件事,却并非百无一虑。一座城市可以规划更好的社区,其他城市也可以利用同样的科学原理来加强政治控制。此外,任何通过下猛药来化解城市问题的规划项目,如果不对涉身其中的利益相关者进行咨询,很可能会产生无法预料的后果。

关于社区建设,规划者、开发者、建筑师、政治家以及一些讨论城市议题的博客写手,都提供了数不胜数的策略。问题在于,一个社区也许更希望以自己的方式复兴,而不是被善意的决策者强加一些改革方案。罗伯特·帕特南(Robert Putnam)关于社区的经典研究《独自打保龄球》(Bowling Alone)对现代社会作了令人沮丧的描述。凭借着丰富的观察和统计数据,帕特南提出了一个无懈可击的论点,即我们的社区意识以及参与社区活动的意愿已经崩溃。举例来说,原来约着成群结队去玩保龄球的一众人马,如今全都是单独行动,在保龄球馆里各玩各的。我们是谁?应该待在哪里?这方面的感觉已经麻木,几乎要消失殆尽。根据帕特南的数据,如今玩保龄球的美国人比以往任何时候都多,然而举办保龄球联赛的次数却快速减少。而这个现象正是社会上更为广泛的不适感的缩影:"我们在吃饭时交谈的时间少了,我们走亲访友的次数少了,我们不再像从前那样积极参与一些能够促进社交的休闲活动,我们花更多的时间观看,花更少的时间做实事。我们对邻居的了解少了,也不怎么与朋友见面了。"[16]

帕特南继续通过实例告诫大家:公共参与的缺失所造成的损失会给整座城市带来意想不到的影响,诸如诚实和信任的水准,对待团队中其他人的态度,以及弱联系的建立。弱联系让城市变得复杂和富有创造力,可能也是民主的基础。帕特南提出这个问题,是为了给大众敲一记警钟。他希望大众奋起对抗社区的衰落,并表明这样的衰落并非不可避免。尤值一提的是,帕特南提出了"社会资本"(social capital)的概念,即结社和成为集团的一分子的利益,以及"社群网络是有用的"的理念,表明社群网络能同时给私人和公众带来利益。[17]他还强调,做一个好邻居会让我们成为更好的人;欢乐是一种可交易的商品,可以在我们周围创造一个更美好的环境。

但在繁忙的现代社会,要做到这一点通常非常困难。我们已经习惯于独立的生活方式。如今我们大多乘坐私人小汽车外出,不再与他人有交集,以至于等待公交车或伸手拉住公交车扶手都成了不愉快的体验。工作令人疲惫不堪,我们几乎没有时间陪伴家人,更不用说帮助社区了。甚至自己原本喜欢的事情,譬如去剧院或听音乐,也找不出时间去做。现如今我们大多数人都居住在郊区。地广人稀,我们各自住在篱笆的后面。我们不再像从前那样经常上教堂,对体育的兴趣虽然还在,但如今我们更可能只是做个观众,而不再参与其中。如果有时间锻炼的话,在跑步机上要容易得多,而无须其他人等着你露面围绕每周的训练进行安排。正如投票率下降了一样,政党成员的数量也在急剧减少。根据帕特南的统计,光是电视就导致社交互动减少了25%。现代生活似乎在催人彼此疏远。

因此,毫不奇怪的是,尽管城市是一处众人共享的空间,我们却越来越注重个人的隐私。一天的辛苦劳作之后,关上大门把城市锁在屋外自有其快乐之处。即便在日常生活中我们依然频频穿行于城市,却开始对城市中的公共开放空间抱以怀疑和不确定感。如今很多时候,公共广场成了一个需要疾步穿行或者低头小跑迅速通过的地方。那里不再是让人流连忘返或者忘情接吻之地。而且,我们常常也搞不清这些公共空间的拥有者都是些什么人,他们用这些个空间做什么。

也许正是归属感的缺乏,让我们在这些开放空间中惶惶不安。记得小时候我常常被告诫某些游乐场不能去,因为那里很危险。我们常能看到成片的绿色草坪，它们本该给住在附近的居民带来愉悦，然而事实上却成了随意乱扔垃圾的场所。许多公益性社会住房都是围绕公共空间设计的，但经常有禁止宠物或球类运动的标志，并且规定任何时候在某个地方聚集的年轻人不得超过三个。也难怪这些地方经常发生帮派之间或者年轻人与当局之间的冲突。设计这样一些地带，本意是改善环境，结果却成为共享的障碍，侵害了公共所有权，并且成为刺杀和抢劫发生率最高的场所。在有关2011年伦敦骚乱的官方报告中，有很多分析都指出，那些因不满现实而怒气冲冲的一代人普遍缺乏归属感。

此外，城市里还有不少场所，已在我们不知情的情况下被私有化了。2012年1月，伦敦金融城（City Corporation of London）赢得一场法律战，驱逐了在圣保罗教堂墓地北侧搭帐篷的"占领伦敦"抗议者。在法庭受理此案之前，关于谁实际拥有这块土地一直存在争议。起初，很多人觉得，这块地属于圣保罗大教堂是显而易见的，该由圣保罗大教堂的教长来决定是否驱逐那些搭帐篷的人。因此，圣保罗大教堂参事会委员、牧师吉尔斯·弗雷泽（Reverend Giles Fraser）要求警察离开教堂墓地，因为他乐于见到搭帐篷的抗议者表达自己的合法权利。可是到最后，圣保罗大教堂牧师会中的大多数委员却做出决定，要求抗议者离开。为此，弗雷泽提出辞职。接着辞职的是圣保罗大教堂主教格雷姆·诺尔斯（Right Reverend Graeme Knowles）。事实上，这个案例中归属权的问题，远比以上所述的更为复杂。

2011年11月，我第一次去参观这个地方，发现小小定居点的能量和多样性令人震撼。我曾写过一本关于圣保罗大教堂的书，也曾多次参观教堂墓地，但这次围着抗议者搭建的帐篷随意行走却令我吃惊。我对这里的组织和秩序感到惊讶。这里有食物供应处，还

图20 "占领伦敦"活动,圣保罗大教堂,2011年

第五章 社区复兴

设有各种分类处理的垃圾回收箱。不远处一群音乐人正在敲打着邦戈鼓，与迪吉里杜管低沉的声音相互应和着。安妮女王雕像旁边，一个街头传道者正在预言世界末日，没人去打断他的危言耸听。戴着面具的学生们聊着天，渐行渐远。你能看到一些抗议海报。此外，柱廊的柱子上张贴着五花八门的电影海报、辩论会通知以及字迹潦草的告示等。

这里还设立了一个被称为帐篷大学的地方，为学者、活动家和时装设计师维维安·韦斯特伍德（Vivienne Westwood）等高调的支持者提供演讲场地。第一次去时，我溜进帐篷后面，听一位发言者解释如何利用社交媒体组建团队。

离开教堂墓地后，我想着干脆去附近的帕特诺斯特广场（Paternoster Square）转转。在这个我曾来过无数次的地方，保安人员拦住了我，让我掉头。该广场是伦敦近年来的重建项目之一，于2003年完工。它是许多大型办事处的所在地，包括跨国银行集团美林（Merrill Lynch）和高盛（Goldman Sachs），以及伦敦证券交易所（也成为抗议者的"占领"目标）。让我感到困惑的是，为什么不准我进去呢？起初，我感到愤怒，凭什么禁止我进入自己所在城市的某个场所。再想想，我真的就能理所当然地有权去任何我想去的地方吗？显然不是。这座广场根本不是公共场所，其产权属于三菱地产公司。事实证明，公众无权通行。我能否访问得由公司说了算，而且他们不需要做任何解释。

伦敦公共空间的私有化程度比我想象的更为严重。这座城市的大部分土地被公司出售给了开发商，还有一些封闭社区，生活在电子围栏的保护之中。对此，建筑活动家安娜·明顿（Anna Minton）发出呼吁：

维多利亚时代的抗议者都深知，谁控制道路和街道对城市的运作影响巨大。如今，根本就没有关于出售街道的公开辩论了。相反，随着英国城市的所有权回到私人地主手中，取消公共通行权的过程被深藏到规划法最晦涩难懂部分的晦涩语言和技术细节中……关于英国公路法，一句谚语说"一旦成为公路，就永远是公路"。然而，现如今在英国许多城镇，这种由普通法授予的权利正在被悄然侵蚀。[18]

如果我们的公共空间不再向公众开放，社区就很难得到复兴。如果每一处场所都处于闭路电视以及穿着反光背心带着对讲机的私人保安的监控之下，我们还能去哪儿？不久前在伦敦南岸中心举办的一次演讲中，一直支持"占领伦敦"运动的城市社会学家理查德·森尼特告诉听众，对公共场所的挤压便是对公民自由最危险的威胁之一，必须采取行动加以捍卫。他呼吁英国人"占领"更多的空间，鼓励他们"去那些不属于你的场所"。对此，观众报以热烈的掌声。可悲的是，直到今天失去太多的公共空间之后，我们才知道痛惜。

我们已经变得害怕共享空间，而且倾向于忽视它的重要性。结果，没有任何抗议，这些空间就失去了。在这件事情上，等我们后悔时，为时已晚。然而，要想复兴社区，我们不仅需要找到大家共同拥有的空间（也就是"公地或公共资源"），而且还要让它们成为值得分享的场所。

英国合作社（Cooperatives UK）在 2011 年进行的一项调查显示，尽管 80% 的受访者表示"除了共用牙刷"之外，共享让他们快乐，然而与上一代人相比，共享的比例有所下降。[19] 分享的意愿是存在的：1/3 的人说会与他人共享花园种植蔬菜；6/10 的人声称如果可能的话会选择拼车（每年填补 3800 万个空位）；75% 的人认为共享对环境有益。然而，不可避免的是，愿望与现实之间存在着巨大的鸿沟。[20] 是什么阻碍我们踟蹰不前？

2009 年，埃莉诺·奥斯特罗姆（Elinor Ostrom）与奥利弗·威廉姆森（Oliver E. Williamson）共同获得诺贝尔经济学奖。奥斯特罗姆也成为历史上第一位获此殊荣的女性，其学术成就尤其体现为对"公共池塘资源"（common pool resources）的研究。通过对瑞士农民如何共享山地牧场，以及菲律宾当地村庄如何建立灌溉系统进行广泛的实地研究，奥斯特罗姆向我们提供了一个有效利用有限资源组织当地社区的最佳模式。

经济学家们极少走出象牙塔去观察人们的实际行为，也正是这一点让奥斯特罗姆的研究超群绝伦。我们以前认为，人们通常会小心翼翼地爱护自己的私有财产，却随意滥用公共资源，因为他们认为即便自己不可着劲儿地使用公共资源，别人也会那么做。奥斯特罗姆的观察却揭示了完全不同的事实。在她所考察的所有群体中，公共资源即便没有得到更多的照料，至少也得到了与私有财产同等的关注。她的研究还表明，与上层指派的官方机构相比，当地社区所制定的长期战略和行为准则能够更好地保护资源的可持续性。主人翁意识并不是非得通过排他性才显得真切。在许多情况下，集体或合作共享公共资源，是合理使用资源的最佳方式。

有批评者反驳，此等做法在那些彼此知根知底的村庄也许行得通，如果到了城市，依然可行吗？2011 年，致力于促进公地事业的网站 Shareable.net 宣布了 20 项共享城市政策，认证了一些能够鼓舞人心的场所和活动。[21] 该项目还与可持续经济法律中心（Sustainable Economies Law Center）携手合作，致力于构建一个能够支撑可持续性企业发展的法律框架。有人提议，为了促进城市的农业发展，政府应当制定财产税激励措施，鼓励人们将空置的土地改造为农田。其他的一些建议则包括，将"社区园艺"与"个人园艺"都纳入标准区划法规，允许在城区的任何地段进行商业性粮食种植，补贴水费，等等。最后，还有人提出"拆除未使用的路面，对停车场征税"[22]。所有这些倡议，都可以从基层开始，依靠社团之间的齐心协力，在当地就一个问题展开活动。唯一的难点是项目策划和启动的意愿、时间以及地点。

除了公共用地之外，我们还需要在一些特定的场所聚会、放松，或者制订计划，这都将增加我们共享大都市的乐趣。事实上，只要我们用心，就会发现这样的"第三空间"不仅遍布城市，而且对复兴社区有着绝妙的激励效应。正如社会学家雷·奥登堡（Ray Oldenburg）所解释的那样：可能是巴黎沿街的咖啡桌、英式酒吧、布鲁克林咖啡店，在那里你可以坐在窗户边待上一整天；可能是提供交谈空间和意想不到藏书量的二手书店；可能是一天到晚不乏欢声笑语的理发店；可能是简·雅各布斯笔下的哈德逊街拐角处的糖果店；可能是17世纪阿姆斯特丹的咖啡厅，在那里思想如同金钱一样流动。这些非正式的空间是社区的核心，是社会的孵化器和推动力。

去巴黎参加吉姆·海恩斯的沙龙派对时，我趁机去了自己最喜爱的书店——莎士比亚书店（Shakespeare and Co.）。它位于左岸，正对着巴黎圣母院，由乔治·惠特曼（George Whitman）创办。乔治·惠特曼于"二战"后初期来到巴黎，受惠于《1944年退役军人权利法案》（GI Bill），他的书店很快成为文人聚集之地。惠特曼年轻时到南美洲旅行途中曾身染重症，经过当地人的细心护理，他最终恢复了健康。对于这样的善待，他永志不忘。

于是，他决心要让自己的书店与众不同。他在书店的一扇门上刻着这样的文字：不要对陌生人不友好，他们也许是乔装改扮的天使（be not inhospitable to strangers, lest they be angels in disguise）。步入书店，你会看到不同的书架，上面堆满了不同语种的书籍，包括二手书、古籍以及出版不久的新书。此外，你还能看到一些供书店工作人员休息之用的小床。这些人怀着放荡不羁的梦想来到巴黎，乐于在力所能及的地方找到喘息的机会。显然，巴黎左岸莎士比亚书店已远远超出一个书店的范畴。它是一种理念，一种文化，一个世界能够或者应该怎样的样板。

我随意挑选着书籍，却在无意中听到某些谈话：摄影书架那里有一对夫妻在调情；一个往货架上放书的店员对另一个工作人员发牢骚，嫌他们花太多时间摆弄诗歌书架。书店门口站着一小群人，一个似曾相识的男人，正在与两个穿着邋遢的年轻游客一起弹吉他。直到后来我才意识到，这个男人是莱尼·凯（Lenny Kaye）。莱尼·凯是帕蒂·史密斯（Patti Smith）乐队的吉他手。他写过一本书畅谈男低音歌手的故事。那段时间他正在巴黎举办即兴朗读暨音乐会。

像巴黎左岸莎士比亚书店这样的地方绝对是充满高度活力的空间。它将不同的人吸引到一起，让多个个体变成了群体。如今，公共空间与第三空间的结合在互联网上找到了最佳的用武之地。因为与以往任何时候相比，网络技术能够将更多的人聚集在一起。虽说将大把时间花在脸书（或者虚拟游戏"第二生命"）对你的人生未必有益，网络技术却能让观察者变为行动者，让志趣相投的陌生人走到一起，发展团体并协调社区的发展。

现实世界与数字网络之间的融合，尤其适用于21世纪崛起的大城市。这种融合并不意味着电子社交取代了面对面的接触。相反，数字技术不仅可以培育人的公民意识，促进信息与知识的共享，还能够将这种精神带到人头攒动的街头。

不过，网络抗议与街头抗议之间存在着很大的差距。"阿拉伯之春"并不是某些人坐在自己卧室里发推特促成的，而是通过信息技术鼓动民众涌向解放广场的结果。于是，媒体与行动刺激之间的关系引发了激烈的争论。一些评论家，比如《为何它遍地开花》一书的作者、经济学家保罗·梅森（Paul Mason）认为，技术极有可能成为行为关键性的推动工具之一。另一些人，比如作家马尔科姆·格拉德威尔（Malcolm Gladwell）则认为对技术的这种期望站不住脚：人与人之间的弱联系不足以维持持久的现实行动。

但不管怎样，在访问班加罗尔期间，我发现线上组织在某些领域的效用显然已经非常成功。

当时，我觉得自己仿佛在执行一项秘密使命。动身之前，我在英国曾经三次试图与"丑陋的印度人"（http://theuglyindian.com）取得联系，但直到我到达后，对方才回应我。他们发来一封电子邮件，给了我一个电话号码。我随即拨打这个号码，却无人接听。随后，我收到一条短信，提示我以短信联系。最终，他们发给了我第二天上午举办"修复社区"活动的地点。于是第二天早上8点，我坐进了一辆人力车的后座，去跟进这一不同寻常的事件。

"丑陋的印度人"是由班加罗尔一群匿名的成功商人组成的一个小团体。这些商人大多来自信息技术和金融服务行业。他们都厌倦了漫长的等待，不想再等着当地政府采取行动让城市变得干净和宜居，于是自发组织了一个致力于解决问题的小团体。终于，我到达了目的地，这是一条安静的街道，位于班加罗尔最豪华的社区。见面后，他们第一句话就是要求我不要对别人提起他们任何人的真实姓名，也不要泄露他们的身份信息。

我看到一群志愿者已经就位。他们都是这条街对面办公大楼里

图 21 "丑陋的印度人"组织在班加罗尔活动

的雇员。戴着手套、拿着镐头和铁锹,大伙儿正在将人行道上堆得到处都是的瓦砾和垃圾给运走。其中一位正在吸烟休息的办公室经理跟我说,这些受过良好教育的办公室工作人员,很多都是第一次从事体力劳动。他们身着周末的工作服和安全鞋,戴着用于防尘的外科医用口罩,开始在地上又是铲又是刮,一下子让眼前的景象大不一样。清理掉垃圾之后,他们铺设了一条崭新而平整的水泥路,还配上了精心制作的路缘石。接着,他们开始讨论如何沿路种植一些灌木,说不定再种上点花卉。

"丑陋的印度人"一开始屡遭挫折。我站在那里,与 S.贾纳德姆博士攀谈。这位年长的绅士,身穿 polo 衫和斜纹棉布长裤。作为班加罗尔顶尖的信息技术先驱之一,他曾任班加罗尔斯坦航空公司第二民事设施和文化协会的秘书,如今已经退休。他告诉我,我们所在的位置，是班加罗尔在20世纪70年代迅速发展之后最早建成的社区之一。房屋和街道都保存得相当好，然而却总是会出现一些问题，例如垃圾被随意倾倒并就地腐烂。作为当地社区组织最有影响力的领导人，他的工作便是整理出一份老大难地段的清单，然后将这个清单上报给地方当局，促使他们采取行动。当我问他是否得到当局的任何答复时，他抬眼望了望天，带着歉意的笑容，明确表示我的问题是个差劲的笑话。"该怎么办？"他问道。

对"丑陋的印度人"成员来说，解决方案是"从自家或办公室门外的50英尺处开始"。地方政府安于现状，然而这不能成为普通公民不去关照身边城市的理由。这是一个完全自发的项目，"没有说教，没有道德绑架，没有激进行动，没有自以为是的愤怒，也没有对抗，没有争论，没有辩论，没有小册子，没有宣传"[23]，所有活动全都是自愿的，承诺的不过是一两个上午的辛勤劳动。尽管如此，那个上午，我们停下来休息，从茶工自行车后座上的罐子中倒茶喝时，其中一人告诉我，把泥土运走、清理碎石以及铺设水泥路面这些简单的行为，让参与其中的人更加"关心"自己的社区。这表明普通公民可以自发地组织起来实现变革，由此掌控自己周边的环境。仅仅做了这些事情，"那个"问题就变成"我们"的问题，并最终变成我们"社区"的问题。

最后我问他们，"丑陋的印度人"这样的组织是否能够推广并复制到其他的城市？组织者看着我，摇了摇头。他告诉我："很多人都问过类似的问题，他们怎样才能建立起自己的'丑陋的印度人'小组。我告诉他们，不需要建立什么名称类似的小组，只需要以同样的理念行事就行。"看来，社区复兴可以从最小的事情做起，复兴社区的工具随处都可以找到。

第六章
城市信任

2012年2月26日傍晚，一个17岁的男孩在一家便利店买了一包彩虹糖和一罐亚利桑那冰茶。之后，他朝父亲新近订婚的未婚妻家走去。这个男孩名叫特雷沃恩·马丁（Trayvon Martin），身高大约1.86米，身体健康。事情发生时，他正穿过佛罗里达州双子湖镇的静修社区（The Retreat），一个带有门禁的封闭型社区，内有263套联排别墅，精致而优雅。这里地理位置优越，距离桑福德市的市中心、购物中心以及多所上乘的中小学仅仅10分钟路程。作为一个社区，静修社区的兴衰堪称21世纪头十年房地产市场大起大落的风向标。

每栋房子外部都一模一样，带有门廊和能停一辆车的车库，让人仿佛隐居世外桃源。至于室内，房地产建筑商的承诺是，为勤劳的中产阶级家庭提供最上乘的材质和小康式的装修风格。2004年，期房的预售价为25万美元。然而，截至2012年2月事件发生之日，小区内空置的房产超过40套，一半以上的别墅里住的是租客。与此同时，房地产网站上每套别墅的报价已经跌至11.9万美元。

建造封闭式社区是为了提供更多的安全保障与归属感。但随着

图 22　双湖镇静修社区大门

经济的衰退，静修社区出现了越来越多的法拍房*和出租房，让人很难确定谁是长久住户，谁是外来客。门禁系统也有安全隐患。谁也不清楚密码是否已被外泄给某些不该知悉密码的访客。随着犯罪率的上升，静修社区居民的焦虑感越发强烈。因为，从 2009 年到 2010 年，社区内接二连三发生多起案件，包括 8 起入室盗窃案、2 起自行车盗窃案、3 起普通伤害案。2011 年 9 月，为安抚社区居民不断升级的恐惧感，当地警方正式建立一个邻里守望队。

傍晚 7 点 11 分，邻里守望队的乔治·齐默尔曼（George Zimmerman）致电 911，报告说自己发现了一名可疑人士："黑人男性，不到 20 岁，身着深灰色连帽衫、牛仔裤或者运动裤，正在本社区溜达。"[1] 嫌疑人手插在裤袋里，走在路上。齐默尔曼于 2009

---

*　因无法偿还贷款而被银行收回拍卖的房屋。——译注

年与妻子一起搬到静修社区。打一开始，他就是邻里守望队的积极参与者，并且与当地的警察相当熟络。光是他打给911的电话记录就厚达22页，包括各种各样的报告，诸如"驾车人忘了打开车头灯"[2]、"有人正在撬开邻居的车库门"，等等。

7点13分，在他打上一个报警电话两分钟之后，齐默尔曼再次拨打911，说自己刚才报告的那个年轻人"正在朝静修社区的后门跑去"，看起来鬼鬼祟祟的。[3] 接警员建议齐默尔曼保持冷静，不要采取任何行动，不要跟踪嫌疑人。尽管有这样的指令，齐默尔曼还是愤怒地表示："这些个混账，他们最后总能逃了。"至于他跟在嫌疑人后面，是否也在低声咒骂，不能很肯定。

在此期间，也就是7点12分，年轻的嫌疑人马丁接了他女友打进的一个电话。这位女士后来在接受采访时说，马丁在电话里告诉她，自己已经（向警方）报告有人在后面跟踪，他感到很害怕，所以就跑了起来。这个点，齐默尔曼正在第二次拨打报警电话。马丁的女友还说，她在电话里听到马丁向什么人喊着："你想干什么？"那个人则问马丁："你跑到这里做什么？"接着她听到扭打的声音，然后电话就断了。

关于接下来发生了什么，双方各执一词。一位名叫"约翰"的目击证人说，他看到一个年轻的黑人男子袭击一个穿着红色衣服的人，后者正大叫着呼救。齐默尔曼后来说那个遭受袭击的人正是他。在听到911报警电话的时候，特雷沃恩的母亲证实她的儿子才是处于危险中的那个人。一个小男孩也说，他看到一个身穿红色套头衫的男子躺在地上。特雷沃恩的母亲则反驳说，是警察逼着那个小男孩撒谎。不管怎样，可以肯定的是，先有一场打斗，然后有人开枪，随后特雷沃恩倒在草地上死了。齐默尔曼站在一旁俯视着死者，他的后脑勺可能也有划伤，伤势应该也很严重，为此他后来向警方申辩说，他之所以近距离从胸部射击那个并没有携带武器的年轻人，完全是出于自我防卫。

经过初步调查，齐默尔曼被警方释放。随后对他的起诉以及有关警方办案程序、种族、枪械犯罪以及法律上的"就地防卫权"（stand your ground）*等的讨论，激起各路人马的唇枪舌剑，并且在世界各地的电视、广播以及新闻节目广为报道。奥巴马总统也有所关注，说："如果我有一个儿子，他长得会跟特雷沃恩一样。"[4] 在后续的法庭审理过程中，齐默尔曼对二级过失杀人罪的指控拒不认罪，坚持申辩是自我防卫。确实，这不仅仅是关于枪支管理法、种族以及警察办案程序的故事，更是一个关于城市和信任的故事。

要将那天的事件与事发地点撇开关系是不可能的。因为在一座城市中，场所的不同也会极大影响人的行为、对城市的感受，并形成哪些场所该去或者不该去的印象。1973年，美国建筑师和规划师奥斯卡·纽曼（Oscar Newman）在《防御空间：暴力城市的人与设计》中提出带门禁的封闭式社区概念。因为四周有围墙、栅栏之类的障碍物，封闭式社区让住户更有主人感或者说"领地意识"。与破窗理论通过主动性行为修复城市暴力破坏的理念相反，纽曼强调的是防御性空间可以作为障碍物，让人有所遮挡。

此等做法让封闭式社区的居民获得了安全感、社区感和专属感，在世界各地取得了巨大的成功。在许多暴力而危险的城市里，类似的"城市堡垒"不断涌现，进出社区都受到监控。于是，"从设计上确保安全"成为安保行业的基石。为了保护我们的家园，安保行业动用各种各样的手段，从全副武装的私人警卫、最先进的监

---

* 又译"坚守阵地法"，指受到威胁或者感觉受到威胁时有权保护自身或者他人（即使动用的手段可能会致人丧命）。——译注

控技术，到访问控制和硬件设备，等等。就像双湖镇的静修社区那样，现代化门禁社区所保证的高科技设备和安全形象是当今房地产的卖点之一。

与简·雅各布斯笔下繁茂活跃的哈德逊街迥然不同，封闭式社区内自我组织的复杂性已经得到有序的管理，街道上的眼睛时刻盯着所有进入社区的外来者。在美国，仅仅2001年至2009年期间，带门禁的封闭式社区就增加了53%。如今，居住在封闭式社区的居民已将近1000万。这是为了应对围墙之外上升的犯罪率，或者是针对犯罪率可能上升的趋势而采取的防卫措施。问题是，围墙一方面给人受到保护的感觉，另一方面也让城市变得更加危险和不平等。诚然，封闭式社区有私人保安巡逻，有私人委员会监管，予人以安全感，但在事实上却造就了一个非同寻常的地段，与所在的城市脱节。它还会对居住者产生心理影响，诱发齐默尔曼这样的居民对其他人的行为疑神疑鬼。

如果特雷沃恩·马丁那天走的是一条普通的街道，而不是一个视他为"穿着连帽衫的外来者"的私密化社区，就不会存在入侵或财产侵权之类的问题。那样的话，对于携带枪支和自卫的法律就会有不同的阐释，他可能就不会死。

显然，城市中"我们"与"他们"的界限被重新划定了。我们的社区本该建立在一个相互信任的坚实基础之上。但是当下，我们已然生活在一个猜忌、不信任和恐惧日益增长的时代。约翰·洛克说过，"信任"是所有社会的核心。不幸的是，在如何建设幸福城市的讨论中，洛克的这一理念常常被专家们忽略。对简·雅各布斯而言，信任来自街道芭蕾中微不足道的交往互动："人们路过酒吧时进去喝上一口，向杂货店老板讨教个事儿，给报摊小贩出个主意，在面包店与别的顾客交换下看法，对坐在门前台阶上喝可乐的两个男孩点点头，如此等等，不一而足。"⁵ 随着城市的发展，人与人之间的互动显然会变得更加缺少个人情感，更加匆忙。而随着城市越来越大，信任问题变得越加迫切。我们需要重新思考：何为信任？在现代大都市，怎样的环境有利于信任感的维持？

我们无法看见信任，只能咀嚼缺乏信任带来的恶果，或者因为彼此信任而受益。信任尽管看不见，却也可以让人在许多不同的场合感受到，比如宗教体验（"相信主"），再比如科学实验（"相信你的眼睛"）。这是政治家在演讲台上（"相信我"）和握手达成协议（"我的话就是我的保证书"）时所希望的。其实，信任存在于城市的各个角落，存在于我们日常进行的小规模交流和互动中，体现于个体之间，群体与机构之间，或者城市与市民之间的关系中。它的建立需要在时间、行为、互惠性方面遵守某些规定，有时候甚至会受到某些威胁而无法维持。信任是一种秩序，一种普遍认同的行为准则。但是它是如何运行的呢？

在弗朗西斯·福山这样的政治学家看来，信任是构成市场经济的基石："我们从经济生活中能学到的一大教训是，一国的福利和竞争能力其实受到单一而广被的文化特征所制约，那就是这个社会中与生俱来的信任程度。"⁶ 该论点可以通过一个思想实验来证明：买方和卖方决定成交，双方同意各带一个封口的袋子来到交易现场，在不打开验看的情况下互换袋子。什么样的社会压力会促使买家将全部现金都放入自己的袋子？商人会冒着声誉受损的风险来欺骗他的客户吗？福山认为，没有足够信任度的市场会给自己带来不利的声誉。时间一长，无法自我管控或声誉不佳的交易所，要么失去客户，要么必须支付更高的价码来购买忠诚度。缺乏信任最终将使一座城市付出高昂的代价。

在福山的城市里，一切都被简化为市场，一切都有标价，可以兑换。一个人进行投资是为了获得收益。A 信任 B，是为了让事件 X 能够发生。于是福山的论点是，让西方得以崛起的基石是信任，它体现于反对专制的法治观；体现于宗教宽容，让每个商人在交易场所平等交易；体现于大都市的兴起，为那些逃离老朽、僵化政权之束缚的人士提供自由的避难所。在 17 世纪，让阿姆斯特丹脱颖而出的，正是信任。

《独自打保龄球》一书的作者罗伯特·帕特南对信任的定义却大大不同。在帕特南看来，信任与社交密切相关，起源于人群的聚集。对信任的培育在于各式各样的协会机构，如让社区得以团结的保龄球队或者教会等。当人与人之间交往的时间变少，信任就会消失："相互信任的人从各方面来说都是模范公民，那些更积极参与社区生活的人会更加信任别人，也更值得别人信任。"[7] 因此，信任有助于积累社会资源，是一种可以通过不同方式交换和盈利的货币。如此说来，信任与否，不光是因为即时的优势，还有长期的利益。

关于信任的定义还有很多。德国社会学家尼克拉斯·卢曼（Niklas Luhmann）指出，信任是一种控制未来的手段，是一种降低风险的精密而复杂的象征。其他一些人则认为，信任源于权利。只有在个人权利得到尊重时，信任才能存在。因此，在极权主义国家或者独裁统治下，对信任的诉求常常会被当成一种挑衅行为，有时甚至可能是一种革命行动。捷克独立后的第一任总统瓦茨拉夫·哈维尔（Václav Havel）就将信任视为无权者取胜的本钱，是"无权者的力量"（power of the powerless）。

马里兰大学的政府和政治学教授埃里克·乌斯拉纳（Eric Uslaner）则认为，信任既不是商业交易也不是社交互动的结果，而是基于对他人善意的基本信念，扎根于人类的社会性自我。信任是所有关系的起点。它不是基于某一特定时刻"信任会带来利益"的一系列算计,而是基于一种普世存在的信任本能,不再是"A 相信 B 去做事情 X",而是单纯地"A 信任"。因此,信任关系到乐观、自信、宽容和福祉,而不仅仅只是战略上的考量。

埃里克·乌斯拉纳还认为,普世的信任会带来社会参与和合作,而不是大家枯坐在一起的僵硬谈判。合作将更好地促进平等、民主政策以及对普世权利的信仰。对世界持信任态度的人,"其个人生活会更加快乐,并相信自己能够主宰自己的命运。他们接受与自己不同的人,相信与陌生人打交道会带来更多的机遇而不是风险"[8]。

问题是,我们在日常生活中似乎愈来愈难以找到信任。由于某种原因,这种普遍的信任在过去几十年里急剧下降。大多数时候,缺乏信任并不会造成特雷沃恩·马丁死亡那样可怕的后果,但同样会令人失望。我们已经习惯预期他人的行为是自私自利的。结果是,我们自己先就这么做了。因丧失信任而导致的恶果在我们身边随处可见。

2011 年,继信贷危机导致银行业崩溃,英国国会议员报销费用事件曝光,以及新闻国际(News International)被迫承认非法窃听了数以千计私人电话的丑闻之后,为了衡量英国人对各大行业的信任度,依普索莫瑞市场研究机构(IPSOS Mori)代表英国国家统计局进行了一项民意调查。与预期相符,结果令人颇为沮丧。在回答"你是否相信他们会说实话?"这个问题时,各职业的调查结果如下:

医生 88%

教师 81%

教授 74%

法官 72%

科学家 71%

牧师 68%

警察 63%

电视新闻 62%

街上的普通人 55%

公务员 47%

民意测验者 39%

工会官员 34%

商界领袖 29%

记者 19%

政府部长 17%

政治家 14%。[9]

盖洛普于 2009 年在美国进行的一项类似民调显示，民众对州政府的信任度从 67% 下降到 51%。[10] 2011 年，对最高法院的信任度下降至 46%[11]，对行政部门的信任度徘徊在 61%，对立法部门的信任度为 45%。至于政治人物，从总体上说只获得了 47% 的信任度。然而，大约 73% 的美国人相信自己能够把本职工作干好。[12] 这些数据发人深省，因为它们表明街头市民与市政府（或者说市民与国家议会）之间的关系已经支离破碎，并且这种状态已经存在了相当长的时间。

我们城市信任度下降的另一些表现，可见于街头巷尾，体现于日常生活的喧嚣和忙碌中。正如英国民众不再信任政府，英国政府也不再信任民众。如今，借助先进的技术，人们的一举一动都可以被追踪、监察并一一记录在档。这种情况也引起许多有识之士的担忧，觉得自由和隐私受到了威胁。最明显的例子就是无处不在的闭

图 23　街头艺术家在绘制"摄像头下的国家"

路电视摄像头。目前尚且不清楚英国究竟安装了多少摄像头，但据估计，单是伦敦就安装了至少 50 万个监控摄像头。平均算来，每 1000 人对应着 68.7 个摄像头。因此，任何一个在伦敦办事的人，每天至少要被摄像头抓拍 300 次。其实还不只是伦敦，据计算，在苏格兰北部偏远的设得兰群岛（Shetland Islands），安装的摄像头比整个旧金山警察局的都多。[13]

不过，闭路电视摄像头在欧洲还不是太普及，可能是由于对法西斯主义的记忆尤深以及更严格的隐私法所致。据 2004 年的一项估计，与伦敦相比，整个德国只有 15 个公开的街道监控系统，冷战时期的布达佩斯有 14 个，挪威有 1 个，维也纳和哥本哈根 1 个都没有。[14]

在美国，"9·11"事件之后，情况就变了，尤其是纽约的监控需求激增。2006 年，纽约公民自由联盟的一份报告显示，从 1998

年到 2006 年，纽约中心城区闭路电视摄像头的总数从 769 个增加到 4468 个。这其中，在金融区和翠贝卡社区，从 446 个增加到 1306 个；在格林威治村和苏荷区，从 142 个增加到 2227 个。[15] 用地理学家斯蒂芬·格雷厄姆（Stephen Graham）的话说，纽约已经成为反恐战争的前沿阵地，摄像头监控也成为国家监视内部敌人的手段之一："当代战争发生在超市、摩天大楼、地铁隧道和工业区，而不是旷野、丛林或沙漠。"[16]

很多从伊拉克的战场和巴格达的绿区（Green Zones）以及以色列与巴勒斯坦之间持续不断的战争中磨砺而来的新技术，在 2012 年伦敦奥运会的筹备工作中大显身手。早在奥运会开始之前的春季，伦敦就进入了高度戒备的状态。在接下来的时间里，英国调动了自 1945 年以来最大规模的部队和武器装备，投放在伦敦的兵力比同期驻扎在阿富汗的还要多，安保总成本高达 5.53 亿英镑。空中有无人机在盘旋，泰晤士河边停靠着航空母舰，街上熙熙攘攘的人群中混杂着联邦调查局的便衣特工。这般阵势让伦敦更像是在经历一场政变而不是喜庆活动。带有人脸识别软件的新型闭路电视扫描仪遍及全城。此外，伦敦还建立了一套新型中央控制系统，3.3 万个屏幕 24 小时不间断监控着伦敦的每一个角落。奥运村附近福利公寓楼的屋顶上甚至还安装了地对空导弹。奥运会期间，连媒体都放弃了自己一贯坚持的愤世嫉俗立场，对运动会的盛况大加赞赏，甚至没有报道当时所发生的许多合法抗议活动。比如，在奥运会开幕式当晚，警方逮捕了"自行车临界量"（Critical Mass）自行车大游行中的 130 名成员，然而很少有人知道这件事。

警方不遗余力地承诺确保"绝对的安全"。有人说，像奥运会这样的大型活动，确实有必要提供绝对的安保，以保证活动的正常进行。但即便如此，我们也应该清醒地认识到另一种可能性，就是狂欢之后，高度戒备的安全设施不太可能会随之消失。正如一位白厅官员的评论："奥运会是一个绝佳时机，让私营安保部门展示他们在安全领域所发挥的作用。"[17] 事实上，伦敦已经变成了这个行业的大卖场。虽说没有像其他赞助商那样大模大样地做广告，他们显然用商品为自己开辟了一个重要的商务窗口。此外，在经过一轮对最新技术的大手笔投资之后，事情显然不太可能在奥运会结束之后翻篇，安保设施也不太可能被拆个精光。

在很多人眼里，只要自己没有做坏事，也就没啥好担心的。这样的观点，足以让公众对当局在街道上增设监控装备的行为视而不见。只有小偷和恐怖分子才需要感到紧张。然而，有证据表明，事情远非如此简单。2005年，莱斯特大学的一份报告显示，闭路电视监控对降低犯罪率其实并没有什么影响。[18] 以伦敦的新纳粹炸弹手大卫·科普兰（David Copeland）为例，他于1999年连着13天在伦敦实施了一系列爆炸事件。他安装在布里克斯顿街区一家超市外的第一枚炸弹引爆之后，警方调看了超市周围的监控视频。由于监控安装太多，50名警探花了20多天才完成所有视觉证据的搜集工作。等到他们完成时，科普兰已经被捕。最后，科普兰被定罪依据的是法医在他的背包里发现的证据。[19]

糟糕的是，监控设备被滥用的事例也是不胜枚举。比如很多操控人员利用摄像头偷窥女性或者非法侵犯别人的隐私。尤其是，犯罪学家克里夫·诺里斯（Clive Norris）还发现，在英国，黑人青年"被监控的概率是他们占人口比例的一倍半至两倍半"[20]。

令人惊讶的是，证据表明，监控并不能缓解人们对犯罪的恐惧。为此，莱斯特大学2004年的一份报告指出：闭路电视监控系统让人感到更安全的证据何在？一个人知道自己一直被悄悄监视着，心里会是什么滋味？监控设备会改变人的行为方式吗？它会影响人与人之间的信任感吗？

1791年，也就是巴士底狱被攻占两年之后，功利主义哲学家杰里米·边沁（Jeremy Bentham）提出全景监狱（Panopticon）的概念，在这种监狱里，囚犯总是被看不见的眼睛盯着。这也就意味着，囚犯搞不清楚自己是否正在受到监视。为了免受惩罚，不需要他人的强迫，囚犯会自觉变得规矩。如此一来，犯人既是被监禁的囚犯，也是监视他人的狱卒。闭路电视监控系统会不会也有同样的效果，迫使我们在感觉被监控的情况下调整自己的行为？

这一切不仅影响到个人与国家之间的关系，还影响到人与人之间的关系，以及大众与那些作为社交生活核心的科技公司之间的关系。如今的大众已经自觉自愿地放弃了自己的隐私。例如，在脸书和推特上，你可以锁定其他发帖者所处的位置。2011年，移动用户情报公司Jiwire的一项调查显示，为了换取社群网络上其他人所发布的具体内容、优惠券或者某些产品的信息，53%的手机用户自愿提供自己的定位信息。[21] 又比如，智能手机拥有GPS功能，一个人可以通过谷歌地图搜索到自己身在何处，而这个信息可以与他人共享。显然，无处不在的新技术创造了一个新的监控层。由此带来的一系列问题，甚至可能比改善国家与街道之间的关系更为紧迫。对此，数字理论家罗博·凡·克恩堡（Rob van Kraneburg）警告说：

> 你的动作是受到监视的。监视的方式不仅是赤裸裸的摄像头（它打击犯罪的效果其实相当糟糕），更是在你的家用器皿或者衣服甚至皮肤下植入一些小装置或者芯片，然后通过即时的无线传输与卫星系统连接。由此，它们永不疲倦地记下你的数字足迹，包括你所购买的每一件物品，所遇到的每一个人，所做的每一个小动作。总之，它们能够时时刻刻地监视着你。[22]

再来看看城市中各类不允许随意进入的场所。想想那些"闲人免进""授权人员方可入内"之类的标志，再想想那些要求出示身份证或者填写登记表的地方。还有那些需要付费才能进去的场所或抵达的地方。再就是带门禁的社区，除非你认识里面的人，否则你肯定进不去。更有一些场所，它们其实没有设立门禁装置，但仍然很明确地告诉你不能进去。突然之间，自由的城市变成了一座处处设限的迷宫。设限的场所、设限的街道、设限的社区，这里不让进，那里也不让进。2007年联合国人居署*的报告指出：

> 门禁控制带来的冲击是，城市中充斥着看得见和看不见的隔离空间以及碎片化的社区……随着中产阶级不再使用公共街道，留在街上的是一些弱势穷人、流落街头的儿童和家庭以及觊觎他人财物的歹徒，大大降低了公共空间的使用度和可用性，加剧了社会经济的两极分化，甚至增加了犯罪率以及人们对罪犯的恐惧感。[23]

信任的缺乏与不平等现象的增多密切相关，并且已经深深根植于城市结构的方方面面。正如乌斯拉纳所言，不平等摧毁了人类的共同目标和主人翁意识，打击了人的乐观主义情绪和掌控自己命运的自信。这与理查德·威尔金森（Richard Wilkinson）和凯特·皮克特（Kate Pickett）在《精神层面》（*The Spirit Level*）一书中得出的结论大致相同："信任是一个重要的标志。有了信任，更为广泛的物质平等可以帮助创造一个有凝聚力的合作社区，造福于所有人。"[24]

---

* 又译作"联合国人类住区规划署"。——译注

然而，几乎所有关于这一主题的统计数据都在告诉我们，自20世纪70年代以来，社会变得越来越不平等，而我们直到今天才开始审视它所带来的后果。在超级富豪与贫困人口共居的城市，不平等现象尤为突出。当下，世界上90%的财富集中于1%最富有的人之手。贫富悬殊不仅存在于第一世界与第三世界之间，也存在于西方社会的内部。例如，1973年，美国1%顶尖富豪的收入是普通民众工资的7.7倍。同时期的英国，这个比值是5.7。到了2008年，这个数字增加到17.7。[25] 伦敦是英国不平等现象最突出的地方。如今伦敦前10%富有之人的收入是后10%底层之人收入的273倍。

经济学家布兰科·米兰诺维克（Branko Milanović）曾经试图计算出谁是历史上最富有的人。通过衡量在特定时期和特定地区的平均收入，他将不同时代的富豪放到一起综合比较。从光辉的罗马共和国时期的大富豪，到19世纪的强盗贵族，到20世纪初的大亨，再到今天的超级亿万富翁。

罗马首富马库斯·李锡尼·克拉苏（Marcus Licinius Crassus）幕后资助尤利乌斯·恺撒成为大帝的经费，据说高达1200万塞斯太尔斯*。当时，普通工人的年薪大约为380塞斯太尔斯。因此，克拉苏的财富相当于3.2万普通人的收入，"这么多人差不多可以填满半个罗马斗兽场"。1901年，安德鲁·卡内基的财富大约为2.25亿美元，相当于4.8万普通人的财富，所以卡内基比克拉苏富有。1937年，约翰·洛克菲勒的财富将近14亿美元，相当于生活在大萧条之后至第二次世界大战这个时间段里11.6万普通人的财富。2005年，比尔·盖茨的财富估值为500亿美元，尽管数额巨大，相对来说却要低于洛克菲勒的收入，因为它只相当于7.5万普通人

---

*　古代罗马的货币名。

的收入。历史上最富有的人当推墨西哥的亿万富翁卡洛斯·斯利姆（Carlos Slim）。据估计，这位大富豪在2009年拥有价值530亿美元的财富，大约相当于44万墨西哥工人的收入，几乎与白俄罗斯整个国家的财富相媲美，而白俄罗斯的国力在世界排第72位。[26]

2011年，占领华尔街的抗议者发动反对1%人口的运动。与此同时，人们也清醒地认识到，即使这1%当中，也存在着等级差别。其中最顶端的0.01%，大约由14000个家族组成，其平均收入为3100万美元，共占全美总收入的5%。依次往下的前99.90%与99.99%之间，大约有13.5万个家族，其平均收入为390万美元，累计占全美总收入的6%。再往下，即前99.00%到99.90%之间，大约有135万个家族，占全美总收入的11%。总之，美国最富有的1%人口拥有整个国家全部财富的22%。[27]

城市可以放大这种不平等：财富就是在这里创造的，穷人也是在这里生活的，而且他们经常不得不拼命地靠得很近。为了衡量贫富差距，经济学家使用一种叫作基尼系数的标准。一般说，基尼系数的区间为0.00（完全平等）到1.00（完全不平等）。据估计，发达国家的基尼系数在0.30到0.40之间。0.40被认为是"国际警戒线"。一旦超过这个上限，这个国家中的不平等现象将成为全球关注的议题。如果基尼系数在0.50到0.60之间，说明不平等程度已经相当严重，比如智利、津巴布韦、埃塞俄比亚和肯尼亚。不过基尼系数高于0.60的国家还是极少数，如纳米比亚、赞比亚和南非。

与整个国家的总体状况相比，城市中的财富悬殊更加极端。在亚洲和非洲，一些城市的基尼系数都高于各自所在国的平均比值，增速也更快。这表明尽管城市变得更加富裕，然而财富的分布并不均匀。美国也有类似情况。比如全美平均的基尼系数为0.38，却有40多座美国城市的基尼系数高于0.50。美国财富最不平等的城市是佐治亚州的亚特兰大市,其基尼系数为 0.57。这说明亚特兰大的不平等程度,与拥有世界上最大贫民窟的肯尼亚首都内罗毕以及墨西哥城不相上下。[28]

然而,城市内部的收入不平等远远不止于账面上财富水平的不平等。不平等带来的后果深入城市内部:它们左右一座城市的景观风貌,决定机会的分配,让本来人人都可以享有的机会变为非法操纵的六合彩。在一座不平等的城市,穷人获得住房、医疗保健、教育和交通服务的难度会更大。不平等还会带来较高的犯罪率和谋杀率,降低社会的流动性,让参与投票选举的人数大大减少。它还导致心理问题、未成年人怀孕、肥胖、考试成绩差以及(最为糟糕的)预期寿命下降等问题。

20 世纪 90 年代,我在智利的圣地亚哥小住过一段时间。当时,我只到普达韦尔镇(Pudahuel)去过一次。这座小镇位于圣地亚哥郊外并且靠近机场,是一个被人遗忘的角落,游客似乎没有什么理由前往。如今,这里建起了酒店和会议中心,有公共交通终点站和高速公路,可以方便地抵达小镇的中心,让人感觉它是一个成功的社区。然而,商业区闪亮的玻璃和精心照料的前院背后,却隐藏着另一个故事。

普达韦尔最初是一个棚户区,在 20 世纪 60 年代圣地亚哥加快城市化建设期间发展起来,当时政府无法应对大批涌入城市的农民工。在左翼政党的阿连德(Allende)担任总统期间,像普达韦尔这样的地方成为激进主义和民族希望的中心。因此,当军事独裁者奥古斯特·皮诺切特(Auguste Pinochet)在 1973 年的政变中窃取权力之后,普达韦尔随即遭到镇压。除了酷刑、秘密警察和戒严,皮诺切特还利用城市本身作为控制群众的手段。其支持者不仅拿下利润丰厚的市政开发合同,还得到机会在私有化的公用事业市场大发横财。而那些反对皮诺切特军事政权的人，生活则变得极端困难。对于普达韦尔，政府故意任其衰败，拒绝提供服务并否决所有的开发项目。

结果，普达韦尔于1983年爆发一系列抗议住房短缺活动，包括绝食和非法集会，以及为赢得国际关注而占领大使馆。为了杀一儆百，震慑其他敢于造反的群众，当局残酷地将十名普达韦尔本地人处以死刑。此后，皮诺切特政权继续利用城市权压制人民：向投机商开放房地产市场，投机商则从市中心的贫困住宅区看到开发改造的高利润商机，从而导致市中心的贫民窟遭到暴力强拆。大批穷人被有组织地驱赶出新开发之后的富裕社区。

1989年，皮诺切特政府下台。继任的新政府维持旧政府的城市发展理念，一面继续清除大都市中心区的贫困人口，一面在城市周边土地廉价的地区开发新的穷人社区。政府没有意愿，也没有资金来改善原有的贫困社区。到2000年，普达韦尔的贫困程度在圣地亚哥排行第三，超过三分之一的人口生活在贫困线以下。然而，正如许多评论家注意到的，对普达韦尔而言，问题的关键不在于没有工作机会，而是穷人奔赴工作的通道障碍重重。也就是说，穷人无法前往附近的城市工作，因为没有可靠的交通设施将现成的劳动力运送到工作的地点。

2006年，玛丽莎·法拉利·巴拉斯（Marisa Ferrari Ballas）就圣地亚哥周边的公共交通议题，对居住在普达韦尔的妇女群体进行了一项调查。[29] 法拉利·巴拉斯发现，虽然圣地亚哥的交通系统有所改善，但这些改善主要是针对城市中比较富裕的地区。而在交通需求最大的地段，尤其是那些每天必须通勤最远距离又收入最低的穷人居住区，交通的改善相当缓慢。对一些家庭来说，通勤的交通费用可能占到每周收入的30%。

法拉利·巴拉斯接着考察了此地居民乘坐交通工具所花费的时间。考察结果表明，25%的受访女性每天用于通勤的时间超过两个小时。近75%的女性从住所到办公地点或工作场所至少需要一个小时。这项调查还发现，许多女性在公共汽车上感到不安全。她们被迫站着并长时间地抱紧自己的购物袋和孩子。仅从这项研究就可以看出，创造一个安全、准时、维护良好的交通运输系统已经迫在眉睫，而且对解决城市中的不平等现象有着巨大的影响。但是，这种沉默而无形的困境很容易遭到政府的忽视。

在中国，随着改革开放和市场经济的推进，旧户籍制度的负面效应日益显露，政府开始逐步放松对人口流动的管控。2003年3月，27岁的大学毕业生孙志刚在广州一家收容所救治站意外死亡。孙志刚是广州一家制衣厂的工作人员，三周前刚来到广州。3月17日晚上，他离开自己的住所去网吧。在网吧门口，他被当地的警察拦住，要求查看身份证件。当时他还没有申请广州市的暂住证，也忘记携带自己的身份证，因此，他提出给朋友打电话，请朋友把他的身份证送过来。

在那之后，他再也没有任何消息，直到一位朋友打电话给他的家人，通知他们孙志刚已经死亡。第二天，孙志刚的父亲和兄弟从武汉赶到广州认领尸体。他们被告知孙志刚死于脑出血和心脏病发作。然而后来由中山大学医学部专家进行的尸检却发现太多的异常。尸检报告指出，孙志刚背部曾经遭受钝性暴力反复打击。事后，《南方都市报》等传统媒体和网络媒体相继就此进行了报道，相关涉案人员最终受到了应有的惩罚。

《城市流浪乞讨人员收容遣送办法》被废止。执法人员再也不能以粗暴的方式对待非正规劳工。2005年，有新闻报道说户籍制度将被彻底废除，但其实只不过是将监管责任从中央下放到地方。

除此之外，没有更多的改变。问题是地方并不热衷于废除户籍制度，那样他们会被迫为一大批从农村进城的人提供福利。结果是，在当下的任何时间段，总是会有4000万农民辗转于城乡之间，他们是不被关心、不受保护的一群人。不过，农民工如今不再害怕受到刁难，虽然有时仍会受到忽视。

2009年，当经济衰退席卷全球市场之际，各大报纸的头条都在报道中国经济的强劲复苏以及美好的新未来。2010年，华裔女记者张彤禾前往广东省东莞，与一群来这座城市打工的女孩交谈。这些女孩向职业中介交付一笔费用之后，在中介的帮助下用借来的身份证和假名字混入工厂打工。每一个女孩都是从最底层的流水作业线起步，但她们人人都希望能尽快升职，再也不用回到农村。她们吃住在集体宿舍，有时甚至12个人挤住一个小房间。工厂里的规定很严格：不许说话，上厕所、休息不超过10分钟，还有无数的罚款和惩罚制度。尽管如此，对许多打工女孩来说，这样的选择也是值得的。毕竟打工的收入可以让她们往乡下的老家寄些钱，或者还可以通过努力工作，撞上好运，跨越阶级的鸿沟，接受教育并成为中产阶层的一员。但是，她们当中的大多数人始终面临着身份暴露、失业和走投无路的威胁。

据华盛顿大学地理学教授陈金永（Kam Wing Chan）的说法，户籍制度难以让中国发展出一个不断壮大的中产阶级。举例来说，深圳有1400万常住人口，却只有300万拥有当地户籍的城市居民。这种劳动力市场的流动性和非正规性，的确能够促进经济的快速增长。然而"如此带有歧视性的制度虽然让中国实现了快速的经济增长，却很难让那些二等公民有能力像外界所期待的那样，成长为所谓有消费精神的中产阶级"[30]。

我们可不可以重建信任？还是说信任一旦失去便永不复得？这

是一个政治问题吗？我们能否通过城市的设计体现平等？我们能否自我组织起来找回我们的社区意识？

有时候，最能切中要害的观察来自出人意料的地方。出租车司机比城市中其他行业的人更了解城市是如何运作的。显然，将伦敦黑色出租车司机的职业测试命名为"知识"（The Knowledge）是有充分理由的。不久前对贝尔法斯特出租车司机的一项研究报告显示，在这座天主教徒与新教徒居住区以隔离墙分开的城市，为了保证安全，出租车司机不仅需要对街道地图了如指掌，还应对城市的人口分布胸有成竹。

最令人称奇的出租车司机当推亨利·列斐伏尔（Henri Lefebvre），他是法国的哲学家，也是著名的城市社会学家，以开创对日常生活的批判而著称。在一篇标题为"存在主义"的论文中，列斐伏尔回顾了自己曾经从事的职业对于他思想成型的影响。当时，因为遭遇瓶颈期，他中断了书写工作，将正在创作的手稿弃置一旁，并与其他哲学同人断了联系。他接下来写道：

> 我（以自己的自由意志）让自己成为一名体力劳动者，之后成为一名出租车司机。那样做真的很开心。而这个研究存在主义的哲学家兼出租车司机的各种冒险和不幸遭遇，一大本书也讲不完。巴黎黑社会五花八门的怪诞不经全都在他的眼前一一显露，他开始发现其中的奥秘……但我只想记住自己真正触摸到的无限珍贵而动人的现实：巴黎人的生活。[31]

对列斐伏尔深有研究的学者大卫·哈维（David Harvey）认为，列斐伏尔坐在方向盘后面的工作经历，"深深影响了他后来对于空间与城市本质的思考"[32]。几年之后，列斐伏尔于1967年发表了论文《城市权利》(*La Droit de la Ville*)*。他在文章中指出，尽管城市是最不平等、最不公正和剥削最多的地方，城市也是最能引起变革的地方。城市引发了危机，成为新自由主义的温床、银行家的天下，并且带来可怕的不平等。然而，城市也是让人获得救赎的最佳场所，只有城市才能治愈城市自身的弊病，但首先要从底层做起。

对列斐伏尔而言，人的"城市权利"就像哭泣和生活必需品那样，须臾不可或缺。[33] 尤为重要的是，公民应该拥有参与以及改造城市的权利。也就是说，人民应该在创建和管理城市的所有决策过程中处于核心，还应该拥有不受限制地使用和占用城市空间的共同权利。在列斐伏尔看来，强调城市的物理空间是日常生活的舞台，会增强市民的归属感。融入城市不是由所有权或财富决定的，而是由参与决定的，因此我们的行为会改变和重塑城市。

然而，列斐伏尔的哲学观察并没有提供一份解决问题的路线图。我们应该将其理解为一种呼吁，呼吁对日常生活加以研究和重新评估，并审视不平等现象如何以多种不同的面目表现出来。因此，列斐伏尔送给大家的不是具体的政策，而是一个希望，将城市从枷锁中解救出来的希望。文章发表后几个月，列斐伏尔自己所生活的城市巴黎发生了大规模的抗争事件。1968年5月，巴黎爆发了大规模抗议活动。学生、工会成员以及政治活动家们纷纷走上街头，要求结束保守派戴高乐的统治。许多人认为，这一刻很可能会让列斐伏尔对城市的愿景成真。

不过，纵然1968年法国的抗议活动失败了，"城市权利"这一概念依旧给人以巨大的希望。而《城市权利》作为一篇哲学论文而非政治路线图，也自有其优势。它意味着后来的思想者和活动

---

* 这篇论文于1968年作为专著《城市权》出版。——译注

家们可以对这个概念进行不断的完善和更新。在世界其他城市的"占领"抗议活动中,都可以看到城市权的身影。其背后的基本思想是,"占领"城市的公共空间并对其进行改造。美国市民权益活动家彼得·马尔库塞(Peter Marcuse)在博客中写道,"占领"与1968年巴黎发生的抗议有着密切的关联,"1968年的遗产成为占领以及城市权利运动 DNA 的一部分……反映了潜在的变革动力,凝聚了受剥削者、受压迫者以及对现实不满者的诉求"[34]。

一些城市甚至将城市权明确写进了宪法。例如巴西 2001 年颁布的《圣保罗城市法》就明确指出,无论是当代人还是他们的后代,每个公民都"保证享有可持续发展城市的权利,意思是说拥有城市的土地权、住房权、环境卫生权、城市基础设施权、公共交通和公共服务权、工作权和休闲权"(只是该条款似乎并没有改变这座世界上最不平等城市的日常生活)。同样,阿根廷的第三大城市罗萨里奥(Rosario)也宣布自己是一座人权城市。2004 年,在巴塞罗那举行的世界城市论坛上,《世界城市权宪章》纳入了这一概念,希望通过其中的有关条款展示列斐伏尔诗意般的哲学立场。

争取城市权利的斗争在住房领域表现得最为明显。住房问题是近年来经济繁荣和随后 2008 年经济衰退的核心。正是次级抵押贷款以及债务的大规模扩张,让市场能够"将利润私有化和将风险社会化"。基本的住房需求被编织为拥有私家住宅的梦想。问题是,这个梦想与房屋贷款捆绑在一起,而且这笔贷款轻易即可成交却不容易还清。当市场运作良好时,人人都受到鼓动,以为自己可以共享拥有住宅的乌托邦,于是推高了对住房的需求。如此一来,房子的增值很可能比你的收入要高得多。你的家宅也不再是一个人的居所,而是一件投机商品。你只是碰巧住在里面。等到成千上万的购房者发现自己再也无力偿还房贷月供,随之而来的就是铺天盖地的麻烦。

举一个受住房市场冲击的国家为例：2000年至2006年间，爱尔兰的房价翻了一番。为了满足市场需求，当时爱尔兰每年新建75000套住房。之所以这样，是因为受到锐不可当的房贷市场的鼓舞。足够的购房需求让放贷人愿意承担比以往更高的风险。1994年，银行以及房屋金融集团总共发放了45000笔贷款，总额是16亿欧元。到了2006年，放贷人竟然同意发放111000笔贷款，价值高达250亿欧元。此外，贷款申请人的成分也发生了变化。1997年，只有4%的贷款申请来自"非熟练/体力"劳动者。截至2004年，这一比例上升到12%。

在住房市场繁荣的高峰期，都柏林的一些房屋价格高达业主工资的100倍。然而到2007年，市场开始放缓，甚至有传言称行将崩溃。但是，房地产经纪人、经济学家以及政客们依然在不断地鼓励大家买房。2009年，崩溃终于来袭。截至2010年底，估计超过31%的房产变成了负资产。如今，都柏林大片大片的地段上，半半拉拉的烂尾楼随处可见。很多街区以及新开发的楼盘里更是空无一人。

在郊区的封闭式社区（有安全感）拥有一个家（尽管需要负担无法偿还的贷款），是当代人长期以来梦寐以求的事。然而我们看到的却是底特律空旷的街区、特雷沃恩·马丁的死亡、城市内日益增多的不平等现象。所有这一切都表明，拥有一个家的梦想让许多人最终跌入了一场噩梦。现如今几乎在每一座城市，都能看到一栋栋空无一人的住宅荒漠。它们都是兴建于繁荣年代的投机住宅。而在这些空置住宅的近旁，成千上万的穷人连立锥之地都没有。

城市权联盟（Right to the City Alliance）纽约分会于2010年5月撰写的一份报告，汇集了对纽约市七大街区进行的为期八个月的调查结果。七大街区分别是南布朗克斯（South Bronx）、哈莱姆（Harlem）、西村（West Village）、切尔西、下东区、布什维克（Bushwick）以及布鲁克林的中心地带。此次调查的目的是统计可用于安置低收入家庭的空置建筑物或地块的数量。当时的估计是，纽约大约有 40 万人住在无家可归者收容所，其中有些是儿童，有些是一家子。此外，有 50 万户家庭租住在他人的房产里。这些家庭所支付的房租占各自月收入的 50% 以上。

调查发现，七大街区中总共有 450 幢住宅楼完全空置，可以为大约 4092 个家庭提供住房。报告还指出，另有 3267 套住房正在建设中。与此同时，这些街区中新近建造的大部分豪华公寓，售价超出普通工薪族能够承受的范围。因为没有买家能够付得起如此虚高的价格，许多公寓套间即便挂牌数月，仍然无法卖出，导致持续空置。另外，市政府正在向开发商追讨他们尚未支付或无力支付的 300 万美元税款。

2012 年 4 月，伦敦东区纽汉姆也出现了类似的不公正现象。纽汉姆是动用 93 亿英镑打造的奥林匹克公园所在地。奥运会前夕，纽汉姆街区的市政理事会向当地居住在社会保障住房的 500 户家庭发出信件，通知他们必须搬出伦敦并迁置到 160 英里以外的斯托克市。几个月前，作为英国政府紧缩措施的一部分，所有的住房福利项目都设置了限额，这让伦敦最贫困之人几乎不可能继续居住在自己的家乡城市。当时的伦敦市长鲍里斯·约翰逊强烈反对这项政策，将之与科索沃式"种族屠杀"相提并论，为此饱受争议。消息公布时，大伦敦的住房申请名单上有 35 万人。根据慈善机构"庇护所"（Shelter）设立的伦敦之家项目组的估算，租金的上涨和住房福利救济金的限额政策，将导致 180 万人被挤出伦敦。

伦敦之家项目组计算得出，要解决这个问题，伦敦每年需要新建33100套住宅。然而现实却令人心寒。鲍里斯·约翰逊于2008年首次当选伦敦市长时，将伦敦称为"只有三流住房体系的一流城市"。他继续采用前任市长肯·利文斯通的住房政策，并承诺每年新建10000套住宅，以应对在过度膨胀的房地产市场中不断增长的住房援助需求。然而即便按这个速度，住房也还是远远不够。对"经济适用房"这个术语本身的解读更是不一而足。官方对它的定义是，经济适用房的价位将维持在市场价的80%。而这个价位其实仍然让最贫困群体望尘莫及。另一方面，租金上涨的速度远远高于通货膨胀率，比如仅在2011年租金就上涨了11%，因此，流浪街头似乎是许多伦敦人唯一的选择。

纽约的调查报告以及伦敦的事例都说明，这些重要城市距离将城市权作为现代大都市的基石之一还有多远。在2008年房地产市场崩盘之后，纽约哥伦比亚大学致力于研究美国建筑的坦布尔霍恩比尔中心发布了《布尔假设》。该报告探究在法拍房骤增的背景下，住房与美国梦之间的关系。其结论简洁而激进：改变梦想，你就会改变城市。如此看来，城市权利并不是指市民有权利拥有一套郊区住宅、汽车以及难以偿还的贷款。相反，我们需要重筑梦想。城市权应该是指生存权以及获得使城市生活有价值的东西的权利：一套买得起的房子，一份合理的工资，免受侵害、骚扰或暴力袭击的自由。而思考这些议题时，我们必须明白，城市还存在有形或无形的障碍。对年轻人、残疾人、弱势群体和穷人、老年人和体弱者、外来人以及陌生人来说，这个障碍更为突出。

2008年，大卫·哈维在纽约城市大学格拉德中心的一次演讲中，提出了一个也许可以解决上述问题的有效途径。哈维认为，城市权让人有机会谈论那些因为不平等而遭受剥削并且被排斥在外的街区和社区。同时哈维还特别强调，一个人是否拥有城市权，不应该仅由其所拥有的财产来决定。然而在房地产繁荣时期，只有拥有房产的业主才受到重视。其结果是，那些没有房产或者无法负担首付款的人，在城市中被彻底架空。

对此，哈维提供了一个简便的解决方案：从房地产市场崩盘的废墟中寻找出路。2008年信贷紧缩之后，由于业主无力支付房产贷款，大批大批的房屋被没收拍卖。其结果是，成千上万的家庭被迫搬离家园，"房财"两空。而银行也只能收回很少的贷款。因此，没收房产这样的事没有任何正面意义。相反，它破坏家庭，破坏社区，削弱城市。如果银行和市政当局能够换一种思路，很可能是另一种结果。比如，市政当局以合理的价格从银行收购法拍房。与此同时，在市政当局与住户之间建立一种双方都可以承受的住房合作关系，保证还不起贷款的家庭能够继续居住，继续参与城市的各种活动。[35]

以底特律为例。由于还不起贷款房屋被收回，底特律大批社区空旷且衰败，这个城市如今面临着"规模缩减"的危机。戴夫·宾市长发现自己陷入了困境：一边是被迫花费数百万美元为几乎无人居住的社区提供市政服务，一边却无法从那些已经离开原社区的市民那里征收市政税。如果底特律一开始就积极采取措施，推动住房的社会化，并且让社区拧成一股绳共同面对危机，那么市政的收支可能会得到平衡，社区也会强大到足以面对未来。此外，这样做还有助于增加城市权和公平，并建立一座充满信任的城市。如果一座城市对所有人都不好，那么这座城市便一点都不好。

我们能不能设计信任，就像设计和规范城市中的其他行为一样？带着这个疑问，我向城市策划师斯科特·伯纳姆（Scott Burnham）请教。我们会面的地点是皇家节日大厅的五楼。坐在那里，泰晤士河南岸尽收眼底。向北望去，伦敦的市中心就好像一幅画卷，从西端的国会大厦开始，向东掠过圣保罗大教堂，一直到城市的东端。画卷中令人印象深刻的城市天际线，让人不禁遥想起城市的悠久历史。其中许多蜚声全球的建筑，都在印证着昔日的辉煌，展示了帝国的宏伟以及帝国之都长盛不衰的经济实力。而皇家节日大厅作为一栋建筑，向我们讲述的却是另外一个故事。那是第二次世界大战结束不久之后的故事。当时英国政府决定通过举办一场庆典为整个国家带来新的希望。于是，1951年，这个庆典在泰晤士河南岸一片废弃的工业区隆重开幕，旨在激发英国人的雄心壮志，在战后重建美好的未来，而不是宣传从前的民族优势以及褪色的光辉盛景。

在新一代现代主义建筑师的手下，这个废弃的工业区彻底改头换面。因为在这些建筑师看来，只有新的风格才能体现一个美丽的新未来。设计师H. T. 科尔曼（H. T. Coleman）指出："这个节日大厅意义重大，它标志着人民生活的改善。……这是新的黎明，展望在现代科技的帮助下，以现代的方式享受生活。"[36] 如今，皇家节日大厅凝聚了第一次世界博览会留下的所有美好，提醒人们记住昔日的梦想。同时这里也成为伦敦最受欢迎的场所之一，吸引了成千上万的男女老幼，有古典音乐爱好者，也有滑板发烧友。放眼泰晤士河两岸，我发现在此地讨论能否通过理念和石头来恢复城市中的信任这个话题，真是再合适不过了，正如几十年前在此地举办的博览会给国家带来了新的希望和振兴。

斯科特·伯纳姆周游列国，与世界各地的设计师、建筑师以及市政部门积极合作，大力开发各种不同的项目，目的是让人们以不同的方式对待城市空间。而他特别热衷的议题，是如何通过对城市的设计来增强和培育信任感。不过，对于"何为信任"，伯纳姆与乌斯拉纳的见解有所不同。在伯纳姆眼里，每个人都拥有一定"数量"的诚信，但这个数量在不同的经历和不同的情势下有不同的表达。诚然，我们未必信任政治家和警察，但这并不意味着我们不再信任，而是我们将信任转向了其他的关系和形式。我们将发现，诚信在当今社会并没有消失，而是被重新分配到其他体系，比如大量涌现的公开资源和共享社区——伯纳姆称之为"共享经济"。总之，随着英国社会不同等级间信任度的下降，我们"在现有的遭到毁坏的社会体系之外发现了新的价值观，以及创造和增强信任的新方法"[37]，对"公共资源"的信念变得越来越重要。

但是，我要问：这对我们建设城市的方式有何影响？伯纳姆于是向我介绍了他之前所参与的一些项目。2003年至2006年，他担任曼彻斯特城市与流行文化中心——"乌比思"（Urbis）的创意总监，策划了一系列街头艺术和顶尖设计师作品的展览，包括彼得·萨维尔（Peter Saville）、建筑师威尔·艾尔索普（Will Alsop）的作品。这些展览帮助曼彻斯特确立了自己作为21世纪特大城市的愿景。2011年，伯纳姆参与柏林的城市替代用品指南项目（Urban Guide to Alternative Use project）。这个富于创新意义的项目，鼓励市民重新思考城市生活中常用物品的使用方式。比如，用一块普通的胶合板和几把椅子，将码头上一大排从前用于系船的矮柱子改造成一座户外咖啡厅。还比如，将一只带轮子的普通垃圾箱改造成一台针孔摄像机，将一块可以旋转的广告牌改造成游乐园里的秋千，等等。所有这些改造项目都是让使用者体验到城市的灵活性和适应性，在游玩的同时享受生活的乐趣。这样，城市空间也被重塑为让人尽情游玩的场所、令人惊喜连连的福地。

2008年，伯纳姆为阿姆斯特丹的IJ滨水社区（IJ Waterfront）策划了一个独特的项目。当时，这个滨水社区正从昔日衰败的工业区转向一个更具活力的住宅区和工作区。整个社区改造的一个重要

图 24　马蒂·吉克斯的作品"任君雕刻",2008 年

部分，便是引导大家改变对这个社区的昔日印象，来此地参观并享用业已改善的公共空间。为此，伯纳姆与荷兰新潮设计团队 Droog 合作，共同设计和策划了一系列的装置小品和展览活动，以此激发参观者与展品之间的互动，正如他的描述："阿姆斯特丹的 IJ 滨水社区已经成功转型为一个富于创意的乐园，在那里，人们可以互动、改变和重组一系列的设计装置。以应用软件来打个比方，当初所提供的版本是1.0，而公众在参观时可以自己做主，通过个体或者集体的创意智慧，将它升级为版本2.0。"[38]

各种各样的活动和展品出自世界各地的艺术家和设计师之手。韩国的"没有设计"（Nothing Design）团队在河边一大排标杆上安装了鱼形风向标。每根标杆都可以调节高度，还可以转动，鱼形风向标根据所指的方向随风起舞。"颠覆建筑"（Subversive Architecture）公司的国际部布置了一个沙盒，供参与者随意创建自己的城市。"吉·李"（Ji Lee）公司发起一个气泡对话框贴纸项目，允许参观者自行打印空白气泡对话框，填写后张贴到城市各处的广告上，以抗议各大企业商业信息对公共空间的主导。会展上最难理解的展品大概要算马蒂·吉克斯（Marti Guixe）的"任君雕刻"（Sculpt Me Point）。马蒂·吉克斯在街道中间将混凝土方块方方正正搭在一起，挂上锤子和凿子，邀请路人随心所欲地雕刻。

伯纳姆告诉我，"任君雕刻"正对着他所住公寓的窗户。起初他看到有人在混凝土方块上雕刻脏话和粗鲁的符号，似乎被允许"随心所欲"带来的震撼，让这些人下意识地做出污损和反叛的行为。伯纳姆解释说，如果我们给每个人自由去做他们想做的事，这就是我们期望他们做出的表现。但几乎是在同一时间，它又激发了另一种冲动。他看到一群年轻的滑板手走过来，他们自发地一起雕刻了几个小时，在其中一个混凝土方块的一面雕刻了一头优雅的大象。

　　对于这次展览，警察的反应最令人吃惊，这提醒人们权威和信任之间的区别。会展中一个重要展品是一幅街头拼贴画，由艺术家斯特凡·萨格迈斯特（Stefan Sagmeister）用25万欧元硬币拼贴而成。整幅画很大，沿着街道用创意字体拼出一句话："痴迷把我的生活搅得一团糟，却让我的作品更加美妙。"萨格迈斯特和伯纳姆都有意让这幅拼贴画向公众开放，以便可以随心所欲地与之互动。他们想的是，要是丢了一些硬币，那就顺其自然吧。可是警察却不这么看，在会展开幕后的十二小时内，他们收到报警有人在偷硬币。于是第二天一大早，警察便清扫了所有的硬币并将它们装进袋子，并且告知展览的策划方他们已经"确保"了展品的安全。

　　在整个事件中，信任在哪里？很明显，人们来参加展览，与展

图25　斯特凡·萨格迈斯特的"痴迷把我的生活搅得一团糟，却让我的作品更加美妙"拼贴画，正在创作中

第六章　城市信任

品互动，甚至可能开始就城市的公共空间进行一些思考。当然，它鼓励人们以不同的方式思考 IJ 滨水社区——展览所在的这个空间。这样的展览可能会让参观者对城市中空间的潜力做些不同的思索，并让他们认识到共享和寻找城市的公共空间有助于促进人与人之间的交往。但这样做能建立信任吗？

伯纳姆的回答是可以。帕特南认为正式的参与和联络是信任的基石。伯纳姆则认为，在同一场所进行一些简单的、随意的互动是加强团结的有效方式。原本可能煽动和鼓励不文明行为的活动，实际效果则恰恰相反。应允许自发地表达信任。然而更重要的是，伯纳姆提醒我，信任不是一栋建筑物，也不是砖块和石头，是大家一起用砖块和石头共同打造建筑物的过程创造和培育了信任。

即使各国政府、企业和警察的公信力有待提升，并不意味着民众失去了信任的能力。在新型的共享经济里，我们已经比想象中要更信任他人，比如汽车俱乐部、爱彼迎网站、世界图书之夜、对等平台、维基百科、instagram（在线图像和视频分享的社群应用软件）、开源软件（如 Linux 操作系统以及火狐浏览器），以及知识共享行为准则等。

然而，我们需要清醒地认识到，城市空间的使用会对信任感有着怎样的影响。我们需要让我们做自己的城市空间。我们不一定要建新的场所来创造信任空间，而是需要有开放的公共空间，公众可以在那里信任地行事和互动。在住房需求大、就业难和基础设施薄弱等背景下，门禁、监控摄像头和大批空置的公寓，与人人有权享有的开放城市是背道而驰的。

第七章
行走在达拉维

坐在班德拉这个时尚社区的咸水咖啡厅（Saltwater Café），与拉胡尔·斯里瓦斯塔瓦（Rahul Srivastava）和马蒂亚斯·叶查诺夫（Matias Echanove）一起，我开始觉得有些不自在。两位都是印度激进的设计研究机构 URBZ 的创始人。* 与他们会面之前，我已在孟买待了一个多星期。为更好地领悟这座世界上最令人费解的城市，我从库拉巴（Colaba）半岛的最南端出发，徒步向北走过了数不清的郊区和街巷。

一路走来，所见所感让我不禁质疑起自己曾经对孟买的种种假设。一切景象都如此熟悉又如此陌生。带着同情的微笑和深深的善意，拉胡尔向我暗示，我所拟定的书名可能有些不妥，因为城市不一定有惠于你。还有，我对于城市的定义也可能过于简单了。此时此刻，在时尚别致的小咖啡厅阳台上，我们一边静听着柔美平顺的印度流行电子乐，一边享用着欧洲风味的美食，生活美妙得无可挑

---

* URBZ 的成员大多是一些激进的设计与维权活动家。其宗旨是让使用者创设城市（User Generated Cities），并由此促进有关城市更新和改造的实验性研究项目和行动。——译注

剔。这不正是城市所擅长的吗？将世上最美好的东西汇集一堂。然而孟买却也在催人警醒：城市同时也是一个极端两极分化的场所。

咖啡厅之外，2012年的孟买正处于变革的激流中。漫步在拥挤而繁忙的街道，走过精美却业已破旧的殖民时期房屋，这些都是从前帝国的遗迹。与此同时，我也在游览着一座超现代化的都市。英国跨国电信巨头沃达丰集团的横幅广告牌以及印度宝莱坞电影城的海报，随处可见。

一座接一座崭新而宏伟的摩天大楼，在这座历史悠久的城市拔地而起，毫不理会脚下汹涌澎湃的日常喧嚣。旧的棉纺厂被拆除，取而代之的是光彩夺目的购物中心。头戴安全帽、身穿短裤衩的年轻工人将混凝土铲进吊篮，再将它们提升到远在城市风光之上的高空。走过几条寻常的街巷，我突然被一座摩天大楼27层高的框架所震撼。与竹质脚手架紧密相连的建筑物高高耸立，直插云霄（受到污染的）。看上去，其主体结构仅仅靠脚手架捆绑在一起，感觉就像电子游戏中巨大的俄罗斯方块，而不是繁荣的建筑工地。一座新近完工的60层摩天大楼刚荣升为这座城市的最高建筑，另一座新建筑已建完第一层，最终它高达90层。

一次散步中，我见到了世界上最昂贵的住宅——安迪利亚府邸（Anthilla），并为之震惊。这是印度大富翁阿尼尔·安巴尼（Anil Ambani）的私人豪宅，价值10亿美元，高达27层。除了足够的停车空间（可容纳160辆汽车的停车场以及3架直升机的停机坪），它拥有可供600名仆人居住的生活空间，还配备有一个游泳池、电影院以及一座舞厅。这座舞厅被小说名家肖卜哈·德（Shobhaa De）描述为"现代印度的奇迹之一"，足以让凡尔赛宫相形见绌。[1]另一边，作家阿伦达蒂·罗伊（Arundhati Roy）却将这栋住宅大楼视为印度资本主义幽灵的象征。它是温馨的家还是豪华的房子？它

图 26　安迪利亚府邸，世界上最贵的住宅

是新印度的神殿，还是其幽灵的仓库？……它体现了印度两极分化的终极一幕吗？中产阶级与上层阶级的差距已突破天际了吗？[2]

一天，我从玛哈拉卡斯（Mahallaxmi）火车站出来，途经多比加特露天洗衣场（Dhobhi Ghats）*。两千个混凝土围成的洗衣槽里漂浮着肥皂泡，从城市各处运来的衣物正在手工洗涤中。酒店的紫色毛巾迎着风飘扬，仿佛薰衣草开得漫山遍野。穿过毛巾的花海，又拐过雅各布大赛马场，我沿着毛拉纳·阿扎德路继续往南走，一边在街上闲逛，一边留意路旁的摊位。眼前的一切，宛如正在上演一

---

*　即著名的孟买千人洗衣场，建于 1890 年。

第七章　行走在达拉维

出出城市生活的戏剧：一家商店在卖"Leevee"牌牛仔裤；一个男人把卖的手表泡在水盆里，以证明其绝佳的防水性能；一家体育用品店将板球拍挂在摊位的遮阳篷边缘；劳力士咖啡厅正推出下午茶；路边一家一家的熟食铺子里不断地炸着馅饼和泡芙；鸡腿上抹着红红的辣椒，又在炭火上烤得焦黄，正等待着饥肠辘辘的食客。在这尘世的喧哗之中，一声声祈祷的呼唤，穿过砰砰的声响和交通的噪声，清晰地响起。

孟买的人流量非常大。它是世界上第四大城市，城区人口将近1300万。整个大都市的人口达2000万。它也是世界上人口最稠密的城市，平均每平方公里超过27000人。人口最密集的街区，每平方公里甚至超过10万人。相比之下，纽约是每平方公里10000人，伦敦是每平方公里4900人。1947年印度独立时，孟买的人口是400万。显然，如此的人口大爆炸仅仅发生于最近的几十年。这急剧增长的人口当中，有一半是在20世纪60年代和70年代来到孟买的。此后涌入孟买的人络绎不绝。为了找到栖身之所和工作，带着发财的梦想，每天大约有500个家庭离开农村奔向孟买。在不久的将来，孟买有望成为世界上人口最多的城市。

有一天，我前往另一个方向，从班德拉火车站出发，目的地是班德拉库尔勒综合园（BKC）。这个耀眼夺目的企业园区是孟买最新的重建项目，计划引入最新的跨国公司、银行和证券交易所。漫步在空旷的大街上，我看到林荫道两侧高大的办公楼清一色由钢铁与玻璃建造，其设计显然是商业园区所惯用的现代主义风格。这样的造型，从新加坡到赫尔辛基或休斯敦，比比皆是。此等新自由主义"非空间"，或者说现代企业的荒野，体现了孟买光明的一面，承载着印度人未来的新梦想。

班德拉库尔勒综合园交通便利，不远处便是新近重建的贾特拉帕蒂·希瓦吉（Chhatrapati Shivaji）国际机场。通过这座新机场，孟买得以与世界上的其他地区相连。作为印度最大的商业城市，孟买的最新梦想是将混乱而庞大的城市打造成一座航空城，一座以机场为中心的城市，让来自世界各地的商人能够畅行于自己的全球化市场，而不必与孟买的现实生活狭路相逢。正如经济学家约翰·卡萨达（John Kasarda）所言："该航空城通过城市的实体形式完美表现了全球化的逻辑。"[3]但在此等愿景中，人的位置何在？

至于雄心勃勃的梦想与现实之间的界限，只要你离开班德拉火车站，踏上前往班德拉库尔勒综合园的通道，立即就能心领神会。走出铁轨上方的车站大厅，直接就是一条高高架起的人行道（所谓"空中步道"）。之后，依然是漫长的有顶棚覆盖的高架人行道。身在高处，很快你就能发现，这条步道不仅避开了铁路线，还绕过了一个贫民窟。这个贫民窟距离繁忙的铁轨不过几米之遥，与综合园隔着一个垃圾堆两两相望。在这个被城市废弃的地段，一个贫困社区见缝插针般搭起了棚屋和摊位，建起了家园。孩子们就地玩耍，女人们站在门前闲聊，山羊咀嚼着残羹剩饭。这已是一个固定下来的社区，人们每天过着自己的生活。

空中步道继续延伸，越过一条主干道，通向另外一个更大的贫民窟。其中的棚屋更加牢固，有的用砖砌筑，有的竟高达三层，从高架道上甚至可以望见楼房顶层的房间。街道显然新近铺设了沥青路面，两旁有商铺、作坊和杂货店。如果说这些就是贫民窟，那也是一些根基已深、组织良好并且作风勤勉的贫民窟。它们与附近班德拉库尔勒综合园空旷的街道形成强烈的对比。显然，建造空中步道正是为了让班德拉火车站与综合园直接相通，而不必尴尬面对大片大片的贫民窟。用这样的方式建设城市，看起来很奇怪。

班德拉库尔勒综合园的开发和孟买航空城的梦想，让机场周边

第七章　行走在达拉维

图 27　在通往班德拉库尔勒综合园的空中步道上望见的景象

的房地产价值大增。巧的是，世界上最大的贫民窟之一达拉维也在近旁。从综合园起步，我沿着班德拉－锡安路（Bandra Sion Link Road）往南走，五分钟不到便来到这座亚洲人口最稠密的贫民窟的边缘。这个占地 590 英亩（2.4 平方公里多一点）的社区目前居住人口多达 100 万。

有关贫民窟的最早研究出现于 19 世纪 20 年代和 30 年代的英国。当时一些自由派改革家如埃德温·查德威克（Edwin Chadwick）指出，贫困与住房以及健康问题紧密相关。当时，伦敦是世界上最大的城市，尤其在 1800 年到 1840 年间，其规模几乎翻了一番，让首都古老的结构扩张到极限。1861 年，记者约翰·霍林斯赫德（John Hollingshead）参观了一个众所周知的贫民窟，发现：

小院子因潮湿和污垢看起来破败不堪。后院较低房屋狭窄的窗户上沾满了泥，很难照得进光线。厨房仿佛一个黑洞，里面塞满了数不清的污秽和垃圾。早在12个月前这种情况就已遭到督察员的批评。虽然前门和后门都敞开着通风，但整座房屋依然充满了恶臭，令人作呕。每当有房门打开时，恶臭便随着风一阵阵飘出。我发现有一套公寓住了一家六口，旁边的一套公寓挤住了五个人。[4]

　　19世纪的伦敦并不是唯一被逼到绝境的大都市。同一时期在巴黎，拿破仑三世委托奥斯曼男爵将破旧的中世纪房屋夷为平地，代之以让人耳目一新的林荫大道。此举当是大规模清除贫民窟的首例，却并没有真正消除贫困。这样做只不过是将贫困简单地转移到巴黎其他一些本就糟糕的街区，令其雪上加霜，进一步陷入绝望。彼时，穷人被当作垃圾，被视为改善工程的残余物，可以随意挪移。

　　这之后，类似的工程遍及欧洲，都是为了清除工业化所带来的多余人口。大多数情形下，贫民窟的出现是因为当地住房不足，供不应求。因此，这些贫穷社区的住房大多被分成许多小间，并以极低的价格出租。由于租金收入极为低薄，业主认为改善房产也不会带来任何收益，倒不如将就着，任其破败不堪。于是，希望很快离去，剩下的唯有疾病、贫穷和绝望。当时一些政治哲学家利用最新的科学指责穷人是基因退化，以种族的刻板印象给不幸之人贴上"异己"的标签。一些人还站在自以为是的道德高地对穷人妄加评判，让他们尽失身份与尊严。

　　19世纪80年代，年轻的记者雅各布·里斯（Jacob Riis）走访了曼哈顿下东区沃伦街的出租公寓。多年前，里斯从丹麦来到美国时，只带着从朋友处借来的40美元、一个小金盒以及一封写给丹麦领事的介绍信，并体验了贫民窟的生活。之后，他离开纽约去别处谋生，做过木工、农场工和制砖工等，过着贫困潦倒的生活，有时甚至睡在墓地，捡些随风落下的苹果糊口。重返纽约时，他是一名成功的推销员，却被无良的合伙人骗走所有利润和股票，又被打回原形。他只得再次搬到五点区（Five Points）贫民窟。后来，他致力于政治和新闻业，并在《纽约论坛报》谋得一份刑事案专访记者的工作。因此，他在桑树街（Mulberry）*设立了自己的办公室，开始记录身边的贫民窟生活。

里斯1889年出版的图文书《另一半人怎样生活》(How the Other Half Live)，描绘了五点区贫民窟的景象，揭示了纽约繁华背后恐怖的贫苦生活，呼吁大家行动起来努力改善贫民窟的恶劣环境。追根溯源，五点区一开始并不是像现在这般糟糕。它曾经是纽约曼哈顿上流社会的家园。然而随着时间的推移，富人纷纷搬走，出租的公寓楼越来越多，吸引了不同类型的居民。当地的业主对外来的流动劳工和移民更是横加剥削。为了赚到最多的利润，他们甚至让六个人挤住在一间房里。五点区的住房条件和生活标准迅速下降。正如里斯所言："过去让卫生专家感到绝望的1.5万套出租公寓现在已经膨胀到了3.7万套。超过120万人以此为家。"随着移民的不断增加，危机变得越来越严重。疾病频发于人口稠密的地区，不分种族、年龄或性别。

就臭名昭著的贫民窟角落——本德街区（Bend），里斯做了深刻的披露：

> 在一间长和宽都不足13英尺的房间里，挤着12个男女。两

---

* 位于曼哈顿"小意大利"的中心地带，名称源于街道曾经种植的桑树。——译注

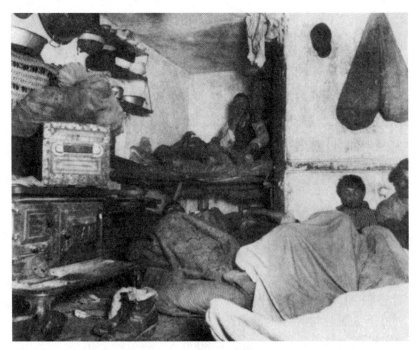

图28 雅各布·里斯《另一半人怎样生活》中展示的下东区移民旅馆的房间

三人睡架子床，其余的人直接睡在地上。当时刚过午夜，可能是为了让其他人或后来者能摸到自己的"床"，一盏煤油灯昏暗地亮着，气氛可怖。隔壁的客厅传来婴儿的哭闹声。半明半暗中，依稀可辨躺着三个人。这是我们半小时内在两栋相邻的大楼里找到的三套公寓之一。其余的两套公寓同样拥挤不堪。租客大多是男人，花上五美分睡一个床位。顶层几天前刚刚被查过的一间房相对空一些，只睡了四个人（两个男人、一个老妇和一个年轻的女孩）。房东动作麻利地开了门，还自豪地挥挥手，展示他因为守法而牺牲了自己的个人利益。[5]

对照里斯1888年拍摄的桑树街照片，行走在今日的达拉维，人们可以意识到，现今贫民窟面临的困境历史上也曾有过。无论不平等和贫困的历史根源是什么，结果都是相似的。不过，最显著的差别就是当今问题的规模。

2003 年，联合国人居署编写的《贫民窟的挑战：全球人类住区报告》，就 21 世纪城市所面临的重大问题提出新的议程。联合国早就预测：世界正处于快速城市化的阶段，到 2007 年城市化率将达到 50%。至于这种增长发生于何地，会是什么样子，对发达国家的观察家来说，可能不那么明显。为了应对人类即将面临的危机，联合国 2003 年的报告制定了相应的对策和规划。报告指出，2001 年，世界有 9.24 亿人居住在条件恶劣的贫民窟，几乎占城市人口的 1/3，并且这一数字还在不断增长中。

根据记者罗伯特·纽沃思（Robert Neuwirth）的计算，每年有 7000 万人到达世界各地的城市。换言之，迁入城市的人数是每周 140 万人，每天 20 万人，每小时 8000 人，每分钟 130 人。

然而，9.24 亿这个数字并没有展现问题的全部。1/3 这个中位数也掩盖了更为严峻的现实。具体来说，在西方，有 6% 的城市人口居住在贫民窟。在中亚和南亚，更有 58% 的城市人口目前生活于极端贫困中。在孟买，这个数字接近 62%（几乎占 2/3）。如果这还不够糟糕，根据计算，未来 30 年内，贫困人口的总数将增加一倍以上。到 2050 年，贫民窟居民的数量可能会超过 20 亿。

那么，我们该从何处着手？我们如何界定问题的本质——贫民窟的定义？其根源是腐败、软弱无能的政府，还是它自身的复杂性？贫民窟是普遍现象，抑或每个贫民窟的形成都有独特的缘由和历史？贫民窟是发展中城市必不可少的一部分，还是城市转型期的产物？解决方案在哪里？这是谁导致的问题，政客、慈善机构还是贫民窟居民？

为了衡量问题的严重程度，联合国 2003 年报告试图给贫民窟下一个定义。然而这项工作自一开始就面临语义上的困境。2002 年，联合国专家组会议提出了一个简单的五项标准定义，提供了广泛的参数。在专家组看来，每个贫民窟都是独一无二的，是一系列特定因素的产物，各自面临着不同的挑战，但所有贫民窟都不同程度存在同样的（五大）问题：安全用水不足、卫生设施和其他基础设施不足，住房建筑结构差，人口过密，居住权没有保障。

拉胡尔与马蒂亚斯都跟我说，他们不喜欢"贫民窟"这个说法，因为它是一个贬义词，将达拉维与历史上长期遭受污名化的地区混为一谈。的确，住在所谓贫民窟里的人很少称自己的家为贫民窟。比如在法国，它被称作"棚户区"（Bidonville）或"非常规街区"（Quartier Irreguliers）；在巴塞罗那，被称作"帐篷城"（Barraca）；在基多，被称作"老旧房子"（Conventillos）；在墨西哥，被称作"殖民地流行的非正规房屋"（Colonias Populares Informal Housing）；在利马，被称作"太阳房"（Solares）；在哈瓦那，被称作"带茅草屋顶的小木屋"（Bohios）；在德国，被称作"穷人区"（Elendsviertel）；在喀土穆，被称作"仆人居住的地方"（Shammasa）；在贝鲁特，被称作"镀锡铁皮的房子"（tanake）；在开罗，被称作"随意搭建的房子"（Aashwa'i）。在巴西，"棚屋或棚户区"（favela）是一个用得最多的称呼，但也有人叫它莫罗（morro）、叩迪扣（cortico）或交流地（communidade）等。在伊斯坦布尔，那些已成为公民政治中心的贫民窟被称作"窝棚区"（gecekondus）。同样，在孟买，从没人跟我提到贫民窟这个词，而是各种不同的称呼，诸如"留宿街头居民"（Pavement Dwellers）、"楼房居民"（Chawls）或"特色房居民"（Chalis）。在印度的其他地方，例如加尔各答，它被称作"公用水龙头限量用水居民"

（bustees）。在马尼拉，不同的贫民窟各有更为具体的称谓，"破旧糟糕材料盖成的庇护所"（iskwater）、"带有明显的气味的地区"、"比下水道还窄的街道"（estero）、"一次只容一人通过的小巷"（eskinita）、"经常被洪水淹没的地段"（dagat-dagatan），等等。[6] 我们能从这些五花八门的标签中找出通用的定义吗？

也许地理位置能够提供一个较为简洁的定义。很多贫民窟位于大都市的边缘地带。就属性而言，有些是主流社区不屑的地段，有些虽隶属市政府的居住用地但官方基本不闻不问，有些则属于所有权尚未厘清之列。至于靠近市中心的贫民窟，都是些富人已经搬离或者并不想要的地段。于是穷人就跑过去见缝插针，就地安家，好让自己的居住成本更低些，离工作地点更近些。总之，贫民窟通常都位于城市基础设施不足的地段，缺水、少电、交通不便。达拉维最早兴起于20世纪60年代—80年代，正值都市急剧扩张的时期。它建立在被遗弃的土地上，尽管这些土地隶属于各种机构、州政府、地方政府和私人业主。

1971年至1981年十年间，孟买总共增加了220万人，增长比例为43%。到1985年，整座城市820万人口中，大约有一半居住在临时住所甚至露宿街头。新移民基本来自印度各地，包括马哈拉施特拉邦、北方邦、泰米尔纳德邦和卡纳塔克邦。其中很多人因为债务、灾难或者干旱不得已离开自己的故土，长途跋涉之后，最终落脚孟买。初到者的临时住所主要是些小棚子或者简易平房。其总数高达7.5万栋，多以塑料薄膜或瓦片作为屋顶简单地遮风挡雨。初到者的收入也极低。拿1978年来说，当时历经千辛万苦来到达拉维的人，月平均工资只有459卢比。

漫步达拉维，我看到了联合国人居署所定义的贫民窟的不同面貌，也发现了一些始料未及的场景。在重工业区，我发现了创意和回收产业。从统计上说，这至少让孟买成为世界上最环保的超大城市。在一个社区中心，我还看到一群年轻的穆斯林女性正在学习英语，她们希望能在当地的呼叫中心找到好工作。每当我抬头仰望天空，总能瞭到手机信号塔。在地处中心的90英尺大道上，我发现沿街不少的商店和摊位都在出售最新款智能手机。

所有这些都在提醒我，贫民窟已经成为这座城市的一部分，而不是他者。研究贫民窟的文献，常常将寮屋营地和临时庇护所视为另类，与城市的其他部分无关。然而，纵观历史，贫民窟与城市有着相同的故事。也许贫民窟造成的最大危害，不是将人们与城市隔离开，而是让他们成为"看不见的人"。

社会学家珍妮丝·帕尔曼（Janice Perlman）曾经对巴西贫民窟三代居民展开调查，询问什么是成功生活、生活是否会变得更好等问题。1969年所调查的第一代人中，只有24%认为境遇还不错。2001年，当再次被问到同样的问题时，46%的人显得更乐观。他们的下一代也较乐观，63%的人认为自己的生活状况得到了改善。同时，他们的孙辈中有73%的人认为自己的生活得到了改善。

但是这个结果却掩盖了一个令人沮丧的事实。生活固然变得更好，然而归属感，或者换个说法，让自己成为一名"绅士"（某个大人物）的念头，却依然是一个遥远而无法企及的梦想。贫民窟的生活剥夺了其间居民的城市权。正如一位社区领导人所坦承，尽管多年来他一直在为争取贫民窟居民的权利进行斗争，最终却并没有圆梦："我曾经想着自己终有一天会成为一名绅士，可经过那么多年的努力，到头来却一事无成两鬓斑。"[7] 显然，贫民窟不仅仅是一个居住的场所，它还固化了其中居民的社会地位。

发生于南非约翰内斯堡郊外一个贫民窟的故事更为清楚地表明，要想成为一个有身份的人难于登天。这个名为迪普斯鲁特

（Diepsloot）的贫民窟，紧挨着约翰内斯堡最边缘的威廉·尼科尔高速公路，远离商业区、高尔夫球场以及郊区富人的封闭式社区。它兴起于种族隔离时代的最后时日，是21世纪的一个新兴定居点。当时，为了改善那些于20世纪90年代在城市周边发展起来的贫民窟，约翰内斯堡市政当局对泽芬方丹（Zevenfontein）社区实施了新的居住法规。凡是没有合法身份证件的人，都得不到"疏解密集人口"动迁项目的住房补偿，只得被迫搬走。

许多人最终落脚于这个没有政府补贴，却也为政府所认可的"非正规定居点"——迪普斯鲁特。对此，当地的土地主们试图阻止，有人甚至还发出威胁："如果他们搬到这里，我将每个季节开枪扫射10到15人。我才不怕呢。"[8] 纵然如此，非洲人国民大会党（ANC）于1994年赢得第一次民主选举时，许多人重新燃起希望。大家都以为新政府将履行其对房屋、就业、服务和教育的承诺，改善迪普斯鲁特的局面。

不料，危机却进一步恶化。自2001年起，有关改善迪普斯鲁特的项目不再被列入政府的优先事务，尽管从亚历山大城贫民窟搬迁到迪普斯鲁特的人源源不断。到2007年，迪普斯鲁特的居民人数已经接近20万，而且每年依然有30000多人不断涌入。至此，无论政府如何计划和实施有关的住房建设，都无法满足不断增长的需求。结果，迪普斯鲁特的失业率上升到50%以上，近75%的居民生活在贫困线以下。此外，当地生活设施也极端匮乏。垃圾处理系统比原定计划晚上至少五年。每条街道都有"露天污水沟"。2009年，紧缺资源分配不公带来的紧张局势和妒恨，最终演变成一连串的部落骚乱。然而，面对发生的一切，非洲人国民大会党的地方政府代表却一如既往地大唱赞歌。对迪普斯鲁特的问题有深入研究的记者安东·哈伯（Anton Harber）无奈地表示："每次采访领导之后，我都会遍走这个区段。他们嘴皮上所取得的进展与现实之间的鸿沟，实在让我深感震惊。"[9]

如果说这步田地还不算糟糕，又有新的问题来雪上加霜。哈伯的报道告诉我们，因为当地野生动物所面临的困境，迪普斯鲁特的重建行动格外地艰难。当时，受有关部门的委托，专家们对迪普斯鲁特的住房开发如何影响了周边的生态环境展开了研究，并提交了一份报告。报告指出，迪普斯鲁特住房开发的部分地段属于土生巨型牛蛙的繁殖地，而巨型牛蛙属于应该得到保护的动物。该报告旋即激发了环保主义者和科学家的强烈抗议，从而引起了广泛的辩论。是让牛蛙搬走，还是停止迪普斯鲁特的住房开发？讽刺的是，为了给郊区新兴的中产阶级社区让路，这片湿地的一大部分不久前已遭到大面积损毁。然而，一宣布贫民窟的重建将毁坏牛蛙繁殖地，谴责声达到了高潮。最终的决定是保护牛蛙，住房开发必须绕过牛蛙的繁殖湿地。

"贫民窟"这个词让我们认为那是一个理应被拆除的地方。然而，我们应该试着重新思考贫民窟的定义，以及它到底应该是个什么样子。为此，我们需要让城市中那些被隐蔽、被遗忘的地方变得可见。我们需要认识到，贫民窟与城市一样，它不仅仅是建筑物、小棚子和基础设施的集合体。我们还必须记住居住于其中的人。他们千里迢迢而来，怀着对美好生活的憧憬，以自己的专业知识以及所从事的职业，在混乱而受限的环境里繁衍壮大。这些人既是城市的一部分，也是城市得以成功的源泉。因此，为了解决贫民窟的问题，我们必须先解决一个艰难并且更为普世的问题，即人人都该享有城市权。

在达拉维的边缘，道路上挤满了卡车，成队的工人正在卸货。城市的垃圾似乎都被拖进了从大路通向达拉维的一条条狭窄的小

图 29 达拉维外，城市所有垃圾都被运来这里

巷，有破烂的机器、装满了塑料瓶的编织袋和汽车零件。这些都是孟买的垃圾，分类之后被运到达拉维进行回收利用。导游带着我穿过泥泞的街道时，用手指了指那些通向工厂和仓库的幽暗出入口。

街区依然拥有一个生意兴隆的皮革市场。虽然皮革的处理工作已不在此间，但游人可以观看皮革裁剪和缝制，到莫汉达斯·甘地路买皮包或皮夹克，价格只有旅游商业街区戈拉巴大道（Colaba Causeway）的三分之一。另一间屋子里，一段长长的真丝织物被拉伸之后，用别针固定在一张长桌上。长桌的两边，两个穿着背心戴着帽子的男人以极快的速度压住染色块，制作出精美的图案。动作精准无误，毫不犹豫。附近，一扇敞开的大门后可以看见一只火炉，一个裸露着上身的男子，戴着护目镜和手套，正在搅拌用啤酒罐和汽水罐熔化而成的铝，所有罐子都是四处游荡的垃圾回收队从城市各处收集而来的。接着，熔化的金属被倒入一个模具，形成一根根金属棒。金属棒随后被运到几条小巷之外的另一家工厂。在那里，一根根金属棒再次被熔化并模压成一台台机器。附近的一个车间，正是用这些机器来分解回收的塑料。

在一间仓库里，我看到一袋白色的塑料笔帽，跟我当年上学时用的很类似。我无法计算出要多少的笔帽才能装满这么大的一袋子。可以想见，它们差不多从孟买每一个孩童的文具盒里搜集而来。现在，每个笔帽经过清洗，准备送入粉碎机。另一间仓库里存放着餐馆使用过的大型食用油罐，等着用沸水清洗如新后再卖给食用油制造商。还有成堆的油漆罐正在烤箱中清洗，火焰烧掉旧油漆之后，它们就可以重新投入使用。大包大包的废纸一一分类后，捆扎在一起准备运走。还有一个区域，里面住的人不久前才从泰米尔纳德邦（Tamil Nadu）过来。大多是制陶工，一住下，便在屋外就地建起扁平的矩形窑炉，烧制陶器。周边房屋的门面全都被烟灰给熏得乌黑。

从这个街区出来后，我们去了另一个街区。街上的人们继续忙碌着。一家面包店，专门制作各种小吃和奶油泡芙，这些食品之后会被送至印度各地，甚至印度之外更远的地方。这里还有木匠和雕刻工。他们制作的繁复精美的木工制品随即被送到市中心最好的商店出售。其他的一些地段，女人们坐在阴凉处，随手拽下一小块面团，在平板上搓揉出一张张印度薄饼。然后，她们将薄饼放在像伞一样张开的柳条架上晾晒。一些用作交通干道的小巷子，热闹非凡。有蔬菜小摊，闪亮的红番茄堆在上面，像小山一样；有手机棚；有肉摊子，切好的肉条挂在钩子上出售；有果汁摊，榨汁机在榨甘蔗汁，摊主在一旁将菠萝去皮后，与切成片的甜瓜和木瓜一起出售。

艾哈迈达巴德环境规划与技术中心的一份报告指出，达拉维拥有5000家工厂企业单位，分别生产服装、陶器、皮革和钢铁制品。另外还有15000个只有一个车间的小手工作坊。总之，达拉维的工业非比寻常，每年可带来近5亿美元的财政收入。

这一切证明了非正规经济的重要性。非正规经济也就是纽沃思所言的"D体系"*。它很少得到政府、经济学家以及商界领袖的认可，却是诸如达拉维之类发展中地区的核心。根据纽沃思的定义，D体系是"独创、即兴、自主创业或者说自己动手干的经济（简记为DIY经济）……在没有账本、未经注册、不受监管的状况下劳作，所得的报酬以现金支付，所以常常会有逃税漏税的行为发生"[10]。

据估计，世界范围内目前大约有18亿人口属于D体系。到2020年，D体系的人数将占全球所有劳动力的三分之二。如果将非正规经济所创造的总收入加到一起，相当于世界上第二大经济体的国内生产总值。考虑到D体系如此巨大的规模，如果还将达拉维这样的地方排除在国家的经济系统之外，绝对是不明智的。正如纽沃思所言，对世界上很多人来说，D体系是唯一可取的谋生手段："要是对D体系没有一个清醒的认知，却奢谈发展、增长、可持续性和全球化，其结果必将是枉费心机。"[11]事实上，孟买65%的人口都是通过D体系维生的。如果还继续装聋作哑，假装这个市场不存在，认为其重要性不及附近的班德拉库尔勒综合园的业务，是极其可笑的。

达拉维之类的聚居区是D体系发展至关重要的场所或基础。它

---

* D体系源于法语单词"débrouillard"，意思是自立的或善于创造发明的人。最初兴起于非洲和加勒比地区的后殖民时代，特指街头经济（l'économie de la débrouillardise）。
——译注

们是过渡之地，或者如加拿大记者道格·桑德斯（Doug Saunders）所言是"落脚城市"，是从农村进入都市的地方。非正规经济为那些无法融入城市经济的新移民提供了容身之所，也是这些人获得经济稳定和公民身份的最佳手段。桑德斯指出："落脚城市或者说过渡之地，可能是下一波经济与文化繁荣的诞生地，也可能是下一波重大暴力冲突的爆发点。究竟走上哪条路，取决于我们是否能够关注到以及是否愿意参与。"[12]

桑德斯所言的两大趋向为厘清达拉维与孟买之间令人揪心的关系提供了一些洞见。自20世纪60年代以来，印度人就多次尝试解决达拉维的问题，希望找到改善贫民窟的方案，还希望处理好与棚户区居民有关的人文议题。政府的一系列动议、政策乃至暴力行为都与一个人的生活和奋斗交织在一起。这个人便是约金·阿普塔姆（Jockin Arputham）。阿普塔姆出生于班加罗尔郊外的科拉尔（Kolar）金矿区，与孟买相距甚远。至于他与政府之间的较量，则反映了对待贫民窟的两种不同态度：一种是自上而下，为的是摆脱令人尴尬、有碍观瞻的居住街区；一种是自下而上，以人为中心，为的是改善贫民窟居民的生活。

作为一个富有的工程师之子，阿普塔姆有着舒适的童年生活："我们有一座100英亩的农场，一辆英国汽车（阿斯顿·马丁）。因为家境优渥，我上学时有个男仆专为我背书包。"[13]可是后来，由于他的父亲开始酗酒，全家陷入困境。他16岁时被迫离家，跑到班加罗尔学木匠。1963年，一位叔叔劝他说，孟买才是一个有志青年应该去生活的地方。于是他搬到孟买，却发现他的亲戚们都住在铁路边的棚屋里，靠走私挣扎求生。更糟的是，阿普塔姆不久就沦落到无家可归，流落街头。直到12年后的1975年结婚时，他才再次睡进有屋顶的房子。

20世纪50年代乃至60年代，印度政府对贫民窟的处理可谓简单粗暴。孟买大多数贫民所住地段原本都属于官方。这些地段治安状况不佳，官员们很容易接受贿赂，对非法占领土地的现象睁一只眼闭一只眼。虽说政府时不时也在尝试着改变自己的不作为，然而当国家或市政府准备拆除贫民窟、将擅自占地者赶出城市时，就会发生暴力冲突。尽管国家对因农村项目而搬迁的人员有严格的法律规定进行安置，却没有相关的政策来安置城市中那些流离失所的人，结果问题变得更加复杂。当一个人被迫流浪时，其原有的家庭、工作以及社会关系网也都跟着被连根拔起。

20世纪70年代，事情有所转变。此时印度政府终于意识到，如果拆除贫民窟，就需要相应的安置政策，为此，政府成立了贫民窟改善委员会，尝试向那些既定的贫困街区提供必要的生活设施。为了把事情落到实处，政府还需要摸清楚问题的严重程度。于是，政府展开了对贫民窟数量的系统性统计。调查发现，孟买有280万居民分散居住在1680处非正规地点。政府必须决定哪些人有权（或无权）获得服务。最终，居住在中央政府或私人土地上的居民全都被排除在外。其余有资格者则得到一张带照片的通行证。1983年，政府又做了一次类似的核查。结果显示有430万人目前居住在城市周边1930个临时聚居区。至此，政府方才明白事态的严重性，从而迈出了直面问题的第一步。

与此同时，阿普塔姆仍流落于贾纳塔（Janata）的街头。贾纳塔是孟买东郊红树林沼泽地带附近的一个聚居区。某个下午，与一群流浪儿童聊完之后，阿普塔姆决定成立一个社区合唱团。这个提议非常受欢迎，几年之内就吸引了数百人报名参加和一大群兴致勃勃的观众。合唱团后来发展成一所街头学校，第一个月就吸引了3000多名学生。到了季风季节，阿普塔姆不得不找一间棚屋来上课。后来，因为那间棚屋太小不够用，大伙儿又在空地上搭建了一间。

当时，聚居区的一个问题是没有清洁工收集垃圾，社区的边缘地带垃圾堆积成山，腐烂发臭，随时有传播疾病的风险。一个星期天，阿普塔姆组织了一次野餐会，让每个学生背上一公斤的垃圾，并将其倾倒在市中心的市政府办公大楼前。这个行动立即得到市政府的回应。随之，社区与市政当局之间展开了有关定期收集垃圾的谈判。阿普塔姆所召集的每周活动持续进行。某个周末大家一起打扫社区的公共厕所，下个周末收集公共场所的垃圾，如此等等。阿普塔姆所发起的活动不久便引起本地塔塔社会服务学院和法国非政府组织"国际民众服务组织"的关注，它们为活动提供了资金以及组织方面的指导。

在与当局不断的抗争中，阿普塔姆逐渐成为当地社区的一名领袖。不过他为民请愿的决心在1967年经受了一次严峻的考验。彼时，当地的雇主巴巴原子能委员会（Bhabha Atomic Commission）做出决定，要在贾纳塔开发建造新建筑。在市政当局的全方位支持下，巴巴原子能委员会开始驱逐贾纳塔的居民（因为他们被定义为擅自占地者），这让后者不得不站出来为自己辩护。为了用法律捍卫自己的权利，他们必须证明自己所居住的贾纳塔已不再是一个临时聚居区。为此，他们在图书馆查找资料，走访了很多年长的居民和无数"帕西老爹"（Parsi Babas），最终证明贾纳塔属于当地政府而非巴巴原子能委员会，因此这个委员会在贾纳塔的任何开发活动都是非法的。

这一事件在当时非常轰动，以至于许多知名人士都加入了支持贾纳塔的活动。阿普塔姆迅速开始在各处贫民窟之间奔走，帮助它们应对各自的困境。据他自己的计算，在20世纪70年代，他至少被捕入狱 60 次，但这未能阻止他的抗争。有时候，一些专家和外国活动家也会前来援助，但常常受到冷遇："所有这些人，这些专家，都以为自己是来教导我们的，但其实我们已经拥有了行之有效的斗争技巧。"[14]

1976 年，英迪拉·甘地政府实施了《紧急状态法》，同年 5 月，当局关闭了贾纳塔聚居区。阿普塔姆被捕，三次被带到法官跟前，却也三次得到释放。法院拒绝接受警方的指控。但是，阿普塔姆还是身不由己地被迫协助当局驱逐贾纳塔居民。45 天之后，贾纳塔聚居区被彻底拆除。随后，警方要求阿普塔姆离开印度。接下来的 18 个月里，他被迫流亡国外。

20 世纪 80 年代，在世界银行的资助下，新一轮贫民窟重建热潮掀起。与此同时，印度最高法院裁定："将一个人驱逐出街头宿营地或贫民窟，必然会导致其生计被剥夺……进而导致其生命被剥夺。"因此，一个人只要能够证明自己自 1976 年以来一直居住在孟买，他就有资格获得住房。也因此，所有世界银行资助的贫民窟重建项目都不得不顾及两个层面：拆除与重新安置住房。

新的重建计划被称为孟买城市发展工程。世界银行的投资主要分为两大领域：一、贫民窟升级改造计划；二、低收入居民安置计划。前者旨在促进成立住房合作协会，并承诺在"能够收回成本"的前提下提供服务和基础设施。最终，达拉维的边缘地带和其他的定居点新建了不少公寓楼，让 8.8 万个家庭有房可住。这些家庭申请到手的改善住房贷款可以用来购买或维护房产的租赁权。后者旨在为低收入的贫困居民提供住房津贴，但不会改善其居住条件或增加居住面积。

尽管许多人都从上述两大项目中受益，但它们并没有考虑到真正处于底层、最绝望的人们的需求。世界银行期望自己的投资能够得到回报，因此被认定没有资格获得补偿的居民数以千计，包括极度贫困的、1976年之后抵达的，以及定居在私人或非政府土地上的家庭，其生活条件没有得到任何改善。

不过，政客们也逐渐意识到，自己手中的权力将取决于穷人。毕竟，孟买很多的富人都懒得去投票，因为他们的财富足以让自己的家庭不需要依靠国家所提供的服务。因此，通过向赤贫者许下诺言所获得的支持率，有助于在选举中获胜，否则将会败选。如此一来，穷人也借机提出自己的诉求。

英迪拉·甘地1977年大选败北之后，阿普塔姆终于回到印度。此前，他一直流亡于日本、菲律宾以及韩国。借此，他倒也与世界上其他的一些社区运动活动家取得了广泛的联系。回国后的阿普塔姆意识到，街头群众与非政府组织之间，以及街头群众与政治人物之间存在着巨大的隔阂。这让他做出决定，两者之间不应该继续相互对抗，而需要找到对话的渠道："没有钱的时候，我只能无期限地典当自己的打字机……但正是在这些艰苦的岁月里，我看到改变抗争方式的必要性。从前我总是在鼓动大家，打破这打破那，完全是一个好战分子，却没有给人民带来任何物质上的利益。我甚至无法建造一间公共厕所。我也没有问过政府他们是否能够为我们建造厕所。"[15]

然而，对话必须基于一种新的认知。只有贫民窟的居民才最了解他们自己的需求："如果我们自己都不知道自己想要什么，其他很多人如非政府组织和负责大型项目的大人物们，就会乐此不疲地跑过来对我们指手画脚。"[16]

在新一轮的抗争中，印度全国贫民窟居民联合会（National Slum Dwellers Federation）播下的种子发芽壮大。1984年，该联合会与另外两家地方团体（SPARC和Mahila Milan）携手合作，组成

图 30 约金·阿普塔姆,印度全国贫民窟居民联合会主席

新的联盟。SPARC 的全称是"区域资源中心促进会",由希拉·帕特尔(Sheela Patel)发起,1984 年成立于孟买的贫困社区拜库拉(Byculla)。它的成立,是因为帕特尔发现,自己所在的街区需要一个随意而且安全的场所,让女性居民能够见面和交流思想。Mahila Milan 在印地语中意指"女人在一起",是一个由居住在街头的女性居民自发组成的团体。总之,孟买的贫民窟居民终于有了能够代表自己的组织和社团,他们也终于有机会参与能够影响自身命运的决策活动。

过去几十年惨痛的经验教训,让今日印度政府在尝试着重建贫民窟时受益匪浅。但是,将孟买打造成航空城的新构想却给达拉维带来新的压力,诸如这个地区土地的价值呈指数增长、对新型基础设施的需求,以及政府对改善达拉维的长期承诺。

2003 年,为了确立孟买"世界大都会"的地位,由一群活跃的商人组成的团体"孟买优先",委托麦肯锡咨询公司撰写一份报告。报告最终设定了六大关键性投资领域,其中之一便是超大规模的房地产市场,并以此作为启动经济繁荣的手段。一位批评家后来评论道:"就仿佛建筑商的游说报告,所有的提案都在高叫着私有化、公司化,建造、建造、建造。"需要指出的是,麦肯锡咨询公司报告还特别提议:开发以前废弃的土地,放宽对沿海地区房屋建造的限制,向市场开放贫民窟的重建权。

2004年,达拉维的整体重建计划移交给开发商默克什·梅塔(Murkesh Metha)。梅塔脑中有一个30亿美元的开发蓝图。后来他向《洛杉矶时报》道出了自己的兴奋之情:"你提到它的地理位置,真是棒极了。在孟买,也只有这唯一的地段,可供我用推土机推平500英亩土地,然后在上面重新设计。"[17]

2007年6月1日,招标公告发往全球各地的建筑商,邀请他们提交重建达拉维的新方案。贫民窟的居民将入住新建的一大批七层高的公寓楼,每套公寓的面积大约为225平方英尺,内部配备水电等现代化设施。住进这样的公寓,新住户每月只用支付大约300卢比(约合3.6美元)的租金(为开发商带来近1080万美元的收入)。总之,在老房拆迁后留下的4000万平方英尺的土地上,达拉维将被重建为一个"崭新的美丽郊区"。除了住宅,它还规划有公园、学校和购物中心,为不断壮大的孟买中产阶级带来幸福的生活。

但到了2009年,问题浮出水面。一些承包商以项目缺乏明确性和工期延误为由退出了项目。与此同时,一个专家委员会谴责这项重建计划是"蓄意抢占土地"。至于达拉维究竟有多少人需要重新安置住房,也是一个复杂的问题。事实上,甚至连达拉维本身究竟有多少人口都很难厘清。

此刻，阿普塔姆与区域资源中心促进会联合发起一项运动，要求政府对达拉维这个居住区进行适当的调查。同时，他们发布了一封公开信，标题是"提出合作还是许诺冲突"，呼吁承认达拉维贫民窟居民的地位，让他们拥有参与规划的权利。达拉维居民的立场也很明确：要么让我们参与决策，要么就别想动我们。

在公开信发出五年后，我来到达拉维，一切都没有变化。在我抵达的前一周，这里刚刚举行过地方选举。为了赢得选票，参选的政党一致许愿说，一旦当选，将更加慷慨地提供有史以来最高的住房面积指数（FSI），承诺每一户家庭的住房面积至少达到300平方英尺。接下来的一周，报纸上有一篇文章声称政府将立即着手达拉维的重建工作。但是，我与之交谈过的人士中，没有人认为事情会在不久的将来有任何起色。有传言说开发商默克什·梅塔可能会被要求退出达拉维的重建。整个项目将重新由政府掌控。

与此同时，每天都有新的移民络绎不绝地涌入孟买。纵然这里的儿童死亡率为世界之最，纵然这里五岁以下的儿童中有6.3%可能面临着死亡，纵然这里有超过120万人每天的收入不足20卢比（30便士或50美分），纵然这里每年有1000多人因为居住在靠近铁轨的地段而丧生，他们依然希望成为这个落脚城市的一分子。

该做些什么呢？将"贫民窟"从我们的城市词汇中彻底删除会改变城市的现状吗？透过许多新的视角，我们是否可以找到一些东西让我们能够以不同的方式看待这些定居点，从而让我们有信心说城市对人类大有益？我和拉胡尔、马蒂亚斯坐在班德拉的咸水咖啡厅时，正是希望能听到这样的讨论。可他们不认为这是个好话题。他们质疑我对"城市"的定义，认为我的理想过于西方化，不一定适合孟买多样复杂的城市经验。他们还告诉我，那些坐在咖啡厅、委员会会议室或政府部门的人，是不可能让贫民窟有任何改变或改善的。事实上，他们认为讨论这样的议题没有任何意义或者说这个议题本身就站不住脚，指出问题的本质在于："我们需要讨论的应该是如何重建达拉维，而不是它是否应该重建。"[18]

对于这种看似出乎意料的观点，拉胡尔和马蒂亚斯解释说，简·雅各布斯的理念不仅适用于哈德逊街，同样也适用于达拉维。就像简·雅各布斯面对罗伯特·摩西的大工程奋起捍卫自己的家园一样，人们有理由相信，达拉维同等重要、复杂并且充满活力。应该谴责的是地方当局，他们没有能够解决达拉维的卫生和健康问题，但解决方案并不是摧毁这个地方。拉胡尔和马蒂亚斯一致认为，每一项重建规划都不像它表面看上去的那样。政客和开发商嘴上说他们正在帮助达拉维，其实是想要把达拉维给卖了，让达拉维腾出地盘，为建造购物中心和带空调的商务区让路。因此，政府的贫民窟改造计划其实都是市场操作，并没有关注社区的真正需求。

20世纪90年代，秘鲁经济学家埃尔南多·德索托（Hernando de Soto）提出，贫民窟居民的城市权与他们是否有机会进入正规市场有关。如果穷人能够与城市的其他地区进行交易，他们很快就能融入社会。德索托建议，政府应该向所有贫民窟的居民颁发土地权证书（即使这些人的居住地被归类为所谓非正规房产）。这种简单的橡皮印章，可以让已经发生的事情合法化，将带来"数万亿美元的收入，而且所有这些钱都可以随时投入使用……转化为实际资本"[19]。

讽刺的是，此类政策早就被拉丁美洲的许多左翼政党和印度共产党所采用，结果却与德索托的承诺背道而驰。的确，拥有产权的贫民窟居民可以通过出售或抵押从房产中获利。然而，政府在颁发所谓房产所有权的大礼时却附带了一些条款。这些条款很可能会危及贫民窟居民的生计乃至整个社区。拿到房产权的贫民还得被迫缴税，登记自己的收入，完全被当作正规市场中的成熟一员。因此，这不是向贫民窟居民提供城市权，而是一张让城市入侵贫民窟的请柬。最终，这只会进一步加剧贫困和不平等。为什么会有人把这样的东西装扮成最珍贵的礼物赠予最穷之人呢？

诚然，政府直面贫民窟问题的做法值得称道和鼓励，但解决方案不能仅是自上而下，也不是让城市中最脆弱的群体完全被市场裹挟。解决贫民窟的办法不是强迫其中的居民与市场接轨。最了解贫民窟需要什么的人是贫民窟的居民自己。对达拉维这样的贫民居住区，最佳方案不是大规模的拆除和重建，而是应该以贫民窟的升级改造代替推土机，让改善工程从内部做起。

贫民窟大多兴起于被废弃的地段。达拉维就位于一条臭气熏天的河沟附近，其中一座有毒的皮革厂早已声名狼藉。巴西的许多棚户区建于有安全隐患的山坡上，常常因为暴风雨造成的滑坡而饱受摧残。在孟加拉国的达喀尔，一些贫民窟沿河而建，每年都面临着洪水的威胁。而正是由于自然环境恶劣而危险，没有其他人愿意居住，才有可能建立起非正式居住区。贫民窟本质上是地质和地理的双重受害者。在市政基础设施方面，贫民窟也是输家。它们距离便利的交通地带都很远。无论是政府还是公用事业服务部门，都看不到在贫民窟发展市政设施的价值或利润，因此贫民窟的水、电和卫生设施的建设进展缓慢。

贫民窟街区靠着零散的服务艰难度日。电力通常是从城市电网中盗用的。为了接通屋外的电源，大街小巷的上空交错着各种各样的电缆或电线。就像约金·阿普塔姆对贾纳塔的描述：人们总有办法非法安装水龙头与附近供水系统连接以获得饮用水。如果不这么做，居民们便只能从黑帮们每天开进社区的水车买水，价格通常是市政供水的四倍。此外，缺乏适当的下水道和厕所也会导致严重的

图 31　达拉维街头的日常生活

健康问题。

20 世纪 70 年代，孟买借贷了近 2 亿美元用于改善城市的下水道系统，但所有的新建工程都与达拉维没有任何关系。由于种种原因，官方一直不愿为最需要的社区提供厕所和水。对土地所有者而言，提供服务是对贫民窟居民拥有土地权的默认。对国际机构和非政府组织而言，他们希望建造自带厕所的新型住宅，修建街区的公共厕所从来就没有被纳入议程。至于各级政府，他们也不愿意发起建造厕所的倡议，因为那样就意味着他们必须与贫民窟居民坐下来谈判。结果，因为公共厕所严重不够用，整个社区的居民被迫排大队上厕所，而且往往还需要付费，这些厕所既简陋又肮脏，通常都由当地黑帮控制。

区域资源中心促进会负责人希拉·帕特尔报告说，来促进会的妇女最需要的便是水和洗手间。非政府组织关于建造自带厕所住宅的理想固然崇高，在街区建造管理良好的公共卫生设施却更具现实意义，也更容易实现。当时的估计是，孟买有100万人需要使用公共厕所，而整个孟买却只有3433座公共厕所，并且其中80%运作不良。为此区域资源中心促进会提出一项计划，由世界银行出资建造320座公共厕所，随后由双方联合管理和维护。在此背景下，世界银行坚持应该有一个面向全印度的招标流程，让投机商有机会参与项目。因此，该项目进展得极不顺利，直到1998年才重新启动。

与此同时，区域资源中心促进会与一些政府机构、非政府组织和社区通力合作，在孟买北部的浦那街区建造一批公共厕所。接下来的两年里，孟买投入建造公共厕所的资金创下史上新高，以此巩固了不同社团良好的合作关系。正如帕特尔所说："我们的计划有助于改善市政府与公民社会之间的关系。非政府组织和社区不再是'客户'或'乞讨者'，而成为合作伙伴。"[20] 截至2001年，总共建成400座公共厕所，带有10000个坑位。与社区的合作还影响了公共厕所的设计方案：居民需要排队使用坑位的情况得到了关注，厕所的门设计成双向摆动；为避免堵塞，每个坑位都连接下水道的主干道；只需半桶水即可冲净。此外，还建造了儿童专用厕所。这一切也证明，享有清洁用水是一个居民固有的城市权，与土地权无关。要求建造公共厕所不是要获得土地权，而是要求成为公民社会的一分子。

2007年,"城市时代大会"（Urban Age Conference）邀请作家苏克塔·梅塔（Suketa Mehta）担任一个竞赛的评委,选出能够改变孟买生活条件的最佳项目。同为评委的还有前华盛顿特区市长、宝莱坞女演员、激进活动家希巴那·阿兹米（Shebana Azmi）。共有74个项目参赛,分别来自世界银行、非政府组织、个人以及社区团体。根据梅塔的回忆,最终获奖的是一个不起眼的小项目。

> 我们收到了上百份参赛项目计划书,只有一份是用当地的马拉地语（Marathi）手写的。这是一个当地居民的自建项目。此前,该社区的数百位居民只能共用一个状况令人作呕的公共厕所。因为它属于每个人,结果就变成一个无人管的地方……于是他们一群人提出一个解决方案:在带有厕所的建筑物顶部增建两间房屋,并将其作为社区的教育中心。他们在厕所的四周种植了花草,在社区教育中心开设了简单的英语和计算机课程,使之成为街区的社交中心。如此一来,如果要去社区中心,就必须经过厕所,因此人人都意识到自己有义务搞好厕所的清洁卫生。[21]

在改善贫民窟活动中,区域资源中心促进会这样的团体能够起到核心作用,并不令人意外。因为这个团体的成员不仅来自社区底层的活动家,还是一群妇女。就在希拉·帕特尔张罗着成立区域资源中心促进会的同时,促进会的活动场地也成为其姊妹机构"女人在一起"的聚会之所。后者是一个将贫民区的储蓄用户联合到一起的松散民间组织。

大多数贫民窟居民和街头居民从未想过要将钱存储到正规的银行里。但约金·阿普塔姆认为,在贫民窟成立一个储蓄协会,尤其是妇女储蓄协会,对贫民窟实现自助和拥有抱负非常重要。他指出，如果自己有储蓄，"就不用总是求着政客们来改善我们的生活条件、经济条件或住房条件。我们可以做自己想做的事，实现自己想要做的事。储蓄可以让一个人自己武装自己"[22]。因此，所有加入街头居民联合会的贫民窟街区，都被鼓励在自己的街区建立一个微型银行。每个家庭可以按照自己的能力存款，比如说按每天 2 卢比往这个微型银行里存钱。所有参加储蓄的家庭能够以每月 2% 或每年 24% 的利率申请到紧急贷款。结果是惊人的，正如拜库拉街区的储蓄组织在其官方网站上宣传的那样：

> 我们，"女人在一起"——拜库拉街区的女人和男人，迫不得已在孟买的人行道上搭建房屋，这是出于需要而非基于选择。孟买需要我们的劳动力，但它希望我们的劳务薪酬尽可能低廉。因此，我们必须在尽可能靠近工作的地方建起自己的家，以挣取足够的钱养活自己和孩子……
>
> 我们知道自己已经做了很多。我们认识到，穿什么衣服，住在哪里，都无关紧要。内心的东西才是最重要的。我们很幸运。我们得到了帮助，学会了改变自己的想法，克服了内心的恐惧，学会了与政客、警察或者口粮管控官员们坐在谈判桌前平等对话。
>
> 我们明白，文化水平差异不是障碍。为了解决我们所面临的共同问题，宗教、种族、种姓或性别之间的差异不应该成为阻止大家走到一起的障碍。然而最重要的是，我们已经明白，穷人也能够掌控自己的生活并改变自己的命运。只是穷人很难独自去完成这些任务，他们需要帮助。但他们能做的远远多于你们中的一些人给予我们这个民间组织的赞誉。这便是我们想要告诉的，不仅针对印度，也针对其他南方地区。[23]

根据国际贫民窟居民协会的说法，妇女是促进发展的引擎。"女人在一起"这样的自发组织更是挑战性别歧视的有效工具。储蓄是自我完善和采取集体行动的第一步。它让妇女进入公共领域成为组织者和决策者，更为妇女提供了活动平台，让她们不再那么孤立。除了储蓄计划，这些妇女团体还制定了一项社会议程：反对性别虐待，开办反家庭暴力的讲座，与警察合作在贫民窟内建立社区工作站，并呼吁关闭非法酒吧，因为酒精与虐待妇女事件之间存在广泛的联系。

但凡讨论贫民窟而不讨论性别议题是不可能的。即使在设计公共厕所时，对女性隐私的考量也是必不可缺的。在公共厕所坑位太少且隐私不足的社区，许多妇女不得不等到天黑才去如厕。有时为了不排队，甚至要等到半夜。她们常常在白天不吃不喝，以免陷入急于上厕所而又不能上的尴尬境地。由于难以获得食物，以及怀孕和分娩可能带来的危险，城市女性的患病和死亡率也要比男性高。

然而，进入城市也为女性带来了最大的希望。2001年，全球妇女基金会负责人卡维塔·拉姆达斯（Kavita Ramdas）指出："在乡下村子里，妇女所能做的就是服从丈夫和亲戚、舂米和唱歌。而如果她搬到镇上，就可以找到工作，开创自己的事业，还可以让自己的孩子接受教育。"[24] 但不管如何，城市未来在努力解决不平等和贫困问题时，也必须处理好性别问题。与举办隆重的会议以及高调发布千禧年的目标和倡议相比，建造公共厕所和组织妇女储蓄协会或银行之类的行动，看上去毫不起眼，但都是由最需要帮助之人自发组织的自救活动。

另一个妇女自我救助的实例发生于1997年。当时，数千名居住在隶属铁路运输局土地上的居民被勒令搬迁。为此，区域资源中心促进会不仅协助当地居民成功组织了一次又一次的抗争活动,还与印度全国贫民窟居民联合会联手,与铁路局协商有关的搬迁事宜,协助成立住房联合会以帮助搬迁中流离失所的家庭。因此,原本可能会造成极大伤害和危险的强制性搬迁比预期多了更周到的考虑。在资格问题、搬迁时间以及低收入家庭的需求等议题上,当地的社区团体能够与铁路当局合作做出决定。随着新建公寓楼的落成,五万多户家庭顺利搬到曼库德郊区的新家,最终达成双赢。铁路部门能够比预期更早地启动他们的重建项目,社区居民则认为他们已经在动迁过程中发出了声音,自己的意见得到了尊重。

妇女在贫民窟中的作用可能是最重要的议题,同时也是潜在的解决方案。正如约金·阿普特姆在接受《福布斯》杂志采访时所言,在贫民窟,生活最艰难之人通常都是女性。

> 每当我们去一个定居点走访,我们一开始会与妇女们一起工作。我们向她们调查当地的棚屋数量、街区的边界、贫民窟存在多久等问题。我们还询问她们是什么时候来到此地,怎么来的,谁是这个街区土地的所有者,家里有些什么样的设施,是否有下水道和供水管道,以及诸如此类的许多其他问题。然后我们会召集会议。孟买有150个定居点没有公共厕所。我们便建议居民写信给市政委员,要求采取行动。去见市政委员,请他支持我们,和他一起去市政府要求建造公共厕所。去向政府提出要求。[25]

人们常常认为,不被看见的贫民窟居民已经完全脱离了主流社会,贫民窟的生活让人难以忍受,实属迫不得已的选择。然而达拉维是一个充满各式各样工业生产和家庭生活的社区。达拉维居民对于空间出乎本能的利用,独特而富于创意,一位记者感叹"这里有可能成为孟买最有效率和最有效益的地区"[26]。然而，我们应该保持清醒，在关注城市布局的同时关注社区的人文。

政府当下的计划是，将达拉维彻底拆除，由开发商在一张白纸上重新开发。他们承诺将妥善安置所有能够证明自己拥有住房资格的原居民，每个家庭将分配到一套面积不少于225平方英尺的公寓。但这样做会不会破坏原有社区精妙平衡的复杂性？

URBZ的拉胡尔和马蒂亚斯都认为，头等大事是考察社区每一户家庭和作坊的实际状况，但这一点在实际操作中却被忽略了。在研究URBZ自家办公室的建造历史时，拉胡尔和马蒂亚斯发现，这栋位于主干道莫汉达斯·甘地路的小房子，初建于25年前。当时，为了给贫民窟拆迁户拉斐尔一家提供住房补偿，地方政府搭建了这么一间小棚屋。后来：

> 它先后成为烟草摊、杂货店、礼品店、冰淇淋店、中餐外卖店以及手机店。15年前，拉胡尔和马蒂亚斯来到此地，将这间小棚屋改造为一座水泥与砖混的小楼，并加建了一间小厕所。三年后，原有的小楼又增盖了两层。如今，这栋建筑里驻扎着三家企业、四户家庭、几个流动工人、一个绣花作坊以及URBZ办公室。长方形办公室面积不大，墙壁和窗户都粉刷成白色。站在窗户边往外看，尽是些低矮房屋的屋顶，混杂着瓦楞水泥板、蓝色塑料板以及各色各样的瓷砖。[27]

如此景致的确很容易被看作过时、前工业化、毫无现代感。难道这就是政府要把它们都给拆掉的原因吗？事实上，未来的城市足够大，足可以同时容纳下正规的工厂和"手工作坊"，这种"手工作坊"就是在达拉维随处可见的非正规作坊。拉胡尔和马蒂亚斯继

图 32　URBZ 办公室

续说道：

> 也许，是时候直面现实了。尽管基础设施不足、人满为患，却有好多个非正规聚居区已经展现出一种趋势，表明它们能够很好地融入后工业环境。因此，它们所需要的其实并不是急不可待的重建，而是一种自下而上发展起来的良好模式，以"手工作坊"为核心。[28]

让非正规经济融进主流并不意味着要对贫民窟彻底重建。相反，一座城市需要更加开放地接纳其他类型的工作和生活方式。关于城市的未来，普通城市可以从贫民窟学到很多。

坐在班德拉咸水咖啡厅的阳台上，我们继续讨论着见面时的话题。拉胡尔和马蒂亚斯礼貌地试图向我传达的，正是这么一个简单的事实。他们并非不同意城市对人类大有益，他们只是认为应该改变一些有关城市的理念，诸如何为城市，城市如何运作，城市住着哪些人。尽管如此，我在会谈结束时问他们是否对未来充满希望，他们都自信地笑了。

第八章
智慧城市

  1853 年 5 月于纽约水库广场*开幕的万国工业博览会，掀起了一阵旅游热潮。超过 100 万的游客蜂拥而至，每人凭 50 美分一张的入场券进入水晶宫，尽情观赏丰富多样的展品，一览现代世界的最新成果。受 1851 年伦敦万国博览会的启发，展馆主厅由 1.5 万块玻璃和 1800 吨铸铁**建成，顶部是直径为 100 英尺、高出城市 123 英尺的圆顶。在曼哈顿的阳光下，这座宫殿晶莹剔透，熠熠生辉。附近是高达 315 英尺的拉廷天文台（Latting Observatory）。登上塔顶，甚至可以看到远方的斯塔滕岛和新泽西州。博览会以惊人的效果展示了现代城市的许多奇迹。

  一间大厅里，每天都是人山人海。参观者们围着一座平台指指点点。平台上矗立着一个乍一看像绞刑架的装置。工人拉紧卷扬机的缆绳，平台启动，带着发明人以利沙·奥蒂斯（Elisha Otis），外加几只大桶和沉重的箱子，渐渐升到人群头顶上方 9 米的高度。戏

---

* 即今天的布莱恩公园（Bryant Park）。——译注
** 这座水晶宫的主体为钢铁和玻璃，但地板和天花板都是易燃的木质。1857 年 10 月 5 日的一场大火，将整座建筑化为乌有。——译注

剧性的暂停之后，一名助手用斧头砍断卷扬机的缆绳。围观的众人不由得屏住呼吸，以为工程师会摔到地上。可平台仅仅下降了几英寸就停止不动地稳悬在空中，因为它被一个新型装置给控制住了。这个装置便是奥蒂斯发明的、已经获得专利的"安全升降机"。它带有一个锯齿状安全闸或者说制动爪。在紧急状况下，安全闸能够立即卡住平台两侧的锯齿状提升轴，让平台牢牢地固定在原地，不再继续下坠。听着台下的窃窃私语，奥蒂斯对着受惊的观众大声宣布："一切安全，先生们，一切安全。"就这样，这一令人惊叹不已的示范性实验开启了城市历史上又一个新时代。

奥蒂斯的故事有力证明了创意与城市之间的紧密联系。1811年，奥蒂斯出生于美国佛蒙特州哈利法克斯的一个农场。19岁离家时，他手里没有任何资格证书。此后，他在多种不同行业摸爬滚打，在纽约州的特洛伊当过建筑工人，在格林河建过磨坊，还制造过马车和货车，但似乎都没有干出什么名堂。一场大病后，他搬到奥尔巴尼，就近在廷利贝斯特德工厂（Tingley Bedstead Factory）找到工作，当上一名机械师和铁路扳道工。正是在那里，他发明了棘轮装置。如果滑轮系统坏了，棘轮装置可以将平台固定在适当的位置，让车间在起吊重型机械时不会发生安全故障。此后，奥蒂斯成立了自己的车间。随着几笔订单的涌入，他坚定信心扎根在东海岸，而没有随大流加入加利福尼亚淘金之旅。但直到1854年，他才迎来真正的机遇。当时，会展策划人 P. T. 巴纳姆（Barnum）向奥蒂斯支付了 100 美元，邀请他在纽约万国博览会上展示自己的最新发明。

升降机这东西其实并不新鲜，早在古罗马时代起就开始使用，但奥蒂斯所做的是确保它的安全。博览会之后的一年内，四面八方的订单纷至沓来，让奥蒂斯忙得不亦乐乎。1854 年，他赚了 2975

图 33　奥蒂斯进行表演的想象图

美元,第二年就实现了利润翻番。不过,直到 1857 年,奥蒂斯发明的电梯才终于被安装到"纽约市最大的瓷器商店",也就是布鲁姆街与百老汇大道交界处的豪沃特大厦(E. V. Haugh-wout)。至此,奥蒂斯电梯总算是第一次用于运载乘客。随之,奥蒂斯与他的两个儿子查尔斯和诺顿成立了自家的公司。经过不断改进,他们不久推出了运行平稳的蒸汽动力升降机,升降速度达到每秒 0.2 米。如今,世界上最快的电梯在台北的 101 大楼,运行速度为每分钟 1010 米,不到 39 秒的工夫即可上升到 101 层。

以利沙·奥蒂斯于 1862 年去世,不过奥蒂斯电梯公司继续发展壮大。到 1870 年,他们公司已经生产了 2000 台蒸汽动力安全升降装置,并投入运行。据估计,同年安装在百老汇罗德与泰勒百货公司的电梯,在开业的头三天就送迎了 1 万名购物者上下五层楼。

1884年，奥蒂斯电梯公司又在欧洲开设了分公司。埃菲尔铁塔、伦敦地铁站、格拉斯哥港口、克里姆林宫甚至巴尔莫勒尔城堡的电梯，都出自奥蒂斯电梯公司。如今在纽约，搭乘奥蒂斯电梯的人比乘坐任何其他公共交通工具的人都要多。

在奥蒂斯发明电梯之前，建筑物的高度鲜少超过五层，仿佛全世界都听从了恺撒大帝的敕令——规定在公元1世纪的罗马帝国任何建筑物都不得超过70罗马尺*（后来尼禄皇帝降低到50罗马尺），也没人想过建造高耸入云的建筑会是什么样子。只有在也门的首都萨那，一些传统的泥砖塔楼晃晃悠悠地达到八九层之高。

这一切在19世纪70年代发生了变化。当时，除了奥蒂斯发明的电梯，还出现了比砖、石更为坚固的钢架结构。电梯与钢材的结合，让建筑师终于有能力实现建造新型城市的梦想。于是，十层高的家庭保险公司大厦于1885年在芝加哥落成，被誉为世界第一座摩天大楼。设计它的建筑师威廉·勒·巴隆·詹尼（William Le Baron Jenny）甚至发出豪言壮语："我们正在建造一座可以与巴别塔试比高的建筑。"接着，熨斗大厦于1902年在纽约开业，里面装有一台奥蒂斯蒸汽驱动电梯，在12层高的大楼上上下下。不到十年，新建的伍尔沃斯大厦（Woolworth Building）高达57层，为当时之最。但这个高度很快被1930年建造的77层克莱斯勒大厦超过。目前，世界上最高的建筑是迪拜的哈利法塔，高达160层。

奥蒂斯电梯等新技术为我们提供了改造城市的工具。显然，科技改变了城市的运作方式，也改变了城市的建设方式。它甚至还决定着城市的最大规模、谁居住其中，以及城市人力资本的情况。恩格斯对19世纪40年代的工业城市曼彻斯特有如下生动的描述：

---

* 1罗马尺＝29厘米。——译注

"蒸汽动力、机器的应用以及劳动分工带来的劳工人数的削减,导致了工人生存状况的恶化。要想摆脱这个困境,无产阶级必须充分认识到上述因素,并且还要以同样的姿态全力以赴。"[1]恩格斯此说堪称一份关于蒸汽机城市的诊断书:煤炭时代的工业化大都市,让工人进入工厂后被迫沦为机械零件。

以类似的方式,世界大战之后开启了一个汽车技术驱动的时代,由此催生出一种新型的城市,以史无前例的规模向外围扩张,延续了维多利亚时代最初由火车和有轨电车开创的趋势。城市走向分裂。已经成为公共场所的市中心,与尽享天伦之乐的郊区相对而立。城市还进一步被划分为商业区、工业区和商业园等。各大区域间有四通八达的沥青路相连,人们用不着去体验城市。这便是勒·柯布西耶和罗伯特·摩西梦想中的城市:一部高效并且理性运作的机器。而今,我们依然生活在此种愿景所带来的后患之中:空寂无人的街道、拥堵不畅的交通、臃肿和疏离的社区。

工厂与火车改变了工业时代,当今的城市则正在被手机重塑。互联网、计算机和无处不在的大数据改变了我们的生活场所和工作方式,现代技术也为城市研究提供了新的思路。装在口袋里的电话如何改善世界?如今我们习以为常的短信、社交网络、卫星导航等又是怎样改变数百万人的生活?我们正站在一个新的都市时代的起点。在这个时代,技术可以创造智慧城市,信息可以调控大都市。也许,这个最新的技术时代能够让城市发挥出真正的潜力。

在尼日利亚的一些地区,手机被称为"奥纳里"(oku na iri),意思是"烧钱的火"。纵然费钱,这种简单的设备却对非洲的发展中国家产生了巨大影响。[2]自2000年以来,整个非洲大陆移动通信技术发展迅猛。1999年,只有2%的人口有能力拥有手机。到2010年,这一比例上升到28%。手机在非洲的普及速度是世界其他地方的两倍，并以每年大约 45% 的速度增长。在撒哈拉以南的非洲，每千人只有不到一条固定电话线，对许多人来说，选择手机也是迫不得已，并非不喜欢座机。事实上，对有些人来说，这是他们生平头一次接触电话。发展立见成效：

> 在马里，廷巴克图的居民可以打电话给住在首都巴马科或法国的亲戚；在加纳，塔马莱斯的农民可以通过发送短信，摸清 100 多公里之外首都阿克拉的物价，比如玉米和番茄多少钱一斤；在尼日尔，劳工们可以致电在贝宁的熟人寻找工作机会，而不必花上 40 美元的差旅费亲自跑一趟；在马拉维，艾滋病病毒感染者以及艾滋病患者每天都能收到按时服药的短信提示。[3]

1999 年，移动通信技术在非洲大陆的人口覆盖率大约为 10%，这些人大部分居住于北非国家以及南非的一些主要城市。到 2008 年，这一比例增加到 60% 以上（北非为 95%，撒哈拉以南地区为 60%）。移动通信技术在非洲所覆盖的总面积达到 1120 万平方公里，相当于美国与阿根廷两个国家面积的总和。先是从一些大城市的市中心开始覆盖，旋即迅速扩展到周边辽阔的农村地区，将村庄与其附近的中心市场以及更远的其他地区连接起来。比方说，在乌干达的乡村，研究人员发现，即使在一些没有通电的地方，许多人的手机都充满了电，而且在过去两天内都使用过。如此之大的变革让卢旺达总统保罗·卡加梅（Paul Kagame）不禁感慨道："短短十年的工夫，曾经是奢侈品和特权象征的手机，如今已成为非洲人的生活必需品。"[4] 事实证明，手机对经济的增长产生了积极影响。一项针对 21 个经合组织国家的研究表明，电信普及率每提高 10%，生产力就相应提高 1.5%。

这种生产力的提高表现为许多不同的形式。首先，电话业务本身就创造了一个手机市场及一个代理商网络，从官方网点到非正规经济体，手机卡出售商店和维修点的数量都快速增加。其次，电信行业的发展也为普通工人带来新的机遇，因为联网可以节省金钱并降低运输成本，特别是可以节省寻找工作的金钱和时间。再就是，电信技术的发展让市场信息的传递更为便捷，有助于随时调控产品的价格。而在公司内部，市场信息还可以用来协调供应链、避免货物短缺或库存过多。在某些市场，此等优势更为显著，比如在尼日尔的谷物市场，联网能令一年内的利润提高近29%。

至于手机如何从一种身份象征转变为重要的经济工具，肯尼亚便是最鲜明的例子。1999年，肯尼亚最大的移动通信运营商萨法里公司（Safaricom）做出预测，到2020年，该国手机用户的总数将达到300万。然而事实上，截至2009年，仅萨法里公司一家的手机用户就已达1400万。起初，移动电话的迅速普及是为了改善旧时的办事方式。当时，许多公司的座机电话平均一年可能有36天断线，常常一断就是一两天，而且安装一台座机可能要等上一百多天，外加一大笔贿赂。因此，改用手机是一件合算的事。因为手机在初入市场时价格不菲，所以最早使用它的都是富人，或者受过教育以及有体面工作的人，作为办公的技术工具。到了2009年，手机价格的下降以及较为廉价"计时付费"套餐的出现，让1700万人（占总人口的47%）有能力拥有私人手机。

相比手机业务在肯尼亚的快速普及，宽带互联网和网上银行业务却远远落后。1999年，肯尼亚的互联网用户不到5万人，以每月大约300人的速度增长。到2011年，这一数字已接近900万，但其中只有8.5万用户可以使用宽带。事实上，大约99%的互联网流量来自移动设备，因此萨法里公司牢牢控制着肯尼亚92%的通信业务市场。

肯尼亚的网上银行业务也十分有限。总体而言，在非洲的东部和南部，只有不到30%的人口有正式的银行账户（从南非的63%到坦桑尼亚的9%不等）。与非洲其他地区一样，在肯尼亚如何获得银行服务是主要问题。2006年，肯尼亚全国只有860家银行分行和600台自动取款机。因此，普通人很少通过银行进行转账，而是花上一笔费用在邮局或西联汇款柜台以汇款的方式转账。有时候，人们甚至冒着被盗的风险，动用公交车或出租车司机直接运送现金。

为了解决这些问题，一项重大的创新业务在肯尼亚获得指数级增长，这便是手机银行，即通过手机转账。2006年，在英国国际发展部的赞助下，沃达丰公司由纳克·休斯（Nick Hughes）和苏西·洛妮（Susie Lonie）领导的伦敦团队开发出名为"M-Pesa"的移动货币平台（M代表"移动"，Pesa代表斯瓦希里语"货币"），可以通过移动网络进行转账、支付账单、存款和取款等金融业务。随后，M-Pesa经由萨法里公司在肯尼亚投入运营，操作十分简单，无须支付费用便可注册、存款。注册后，各项应用都很便捷。用户先是从手机的主菜单点击启动，通过身份验证之后，便可以在一系列的服务选项中任意选择。如需要汇款，用户只需确认收款人的电话号码和汇款金额，即可完成交易。

M-Pesa不仅提供了新的银行服务渠道，还促进了实体经济的发展。与零散分布的银行网点相比，萨法里公司迄今为止授权提供M-Pesa的网点超过2.3万个，从涂有鲜绿色网络徽标的专用摊位到超市、手机店、加油站和其他银行，既好找又快捷。

另一点值得注意的是经由M-Pesa交易的资金总额。2010年，每月传输的资金总额为3.2亿美元，约占肯尼亚GDP的10%，还有6.5亿美元的存款和取款。仅此一年，就有75家公司将自己的财务支付系统迁移至M-Pesa，包括拥有百万客户的肯尼亚电力公司巨头。如今，这家电力公司20%的客户通过M-Pesa进行金融交易。

不过，M-Pesa用户账上的平均余额仅为2.30美元。只有1%的账户持有人拥有13美元以上的余额。虽然M-Pesa处理了大量交易，但这些交易通常都是小数额资金。因此，M-Pesa不仅方便，还为"无银行账户"的人提供了银行业务，这些人以前是无法使用储蓄和存款设施的。尤值一提的是，很多人都在使用M-Pesa往家里汇款。M-Pesa让外出打工的人可以顺利地把钱从城市汇到乡下的老家，在动荡不定的经济中提供了安全保障。它让穷人能够便捷地存储和管理自己的钱财，也促进了金融普惠，对一些人而言，M-Pesa是他们接触城市经济的第一个平台。

图34　M-Pesa的广告

如今，即使那些最贫困之人也有机会上网。2011年8月，联合国宣布一项新计划，向全球上10亿的贫困人口（每天的生活费不足1美元）提供电信服务。这项被称作"莫维图"（Movirtu）的计划，让那些贫穷的社区能够共享一部手机。每个人都会得到一个自己专用的电话号码，用共享手机拨打和接听私人电话。因此，社区成员可以集体凑钱购买一部手机，同时又能保护个人的隐私安全。

人们通常认为，高新技术会对城市构成威胁。畅销书作家、未来学家阿尔文·托夫勒（Alvin Toffler）就认为，技术能够让一个人与天下所有的地方相通，因此人人都可以居住在远离城市的"电子小屋"，通过网络远程工作。如果我们不必再拥挤地生活在一起，为什么还要忍受各种城市问题呢？

然而奇怪的是，正因为有了手机、互联网、网页2.0这些新技术，现如今我们比以往任何时候都更有可能接受城市的复杂性和密集性。尽管新技术使信息交流变得更加容易，却不能抑制一个人与他人保持亲近的渴望。此外，随着通信费用的降低，人与人之间面对面的接触反而更显珍贵。由此可见，技术并没有取代那些让城市自成一格的东西（诸如创造力、社区凝聚、多样性），反而增加了我们联系的复杂性和深度。

2011年一项有关推特用户的研究显示，尽管使用该社交网络工具的人遍布全球，但推特用户主要还是集中于都市和本地。这项研究对超过50万条推文的地理位置进行了精心计算，结果表明虽然社交媒体非常擅长维持弱联系，但它同样也被用于增强而不是取代现实世界中的人际交往。[5]事实上，新技术让我们更乐于社交，更渴望现实中较为紧密的人际关系，而不是相反。

这个事实看上去似乎有悖常识，但它确实让城市作为一处人与人聚集的场所变得更为重要。不过这也自有其他后果。社交媒体既能够激发一场革命,也可能引发一场骚乱或加剧酷政的暴力行为。宽带不是万能的灵丹妙药,它不会自动地改变世界。以下发生于伦敦、开罗和内罗毕的三个事例,向我们展示了社交媒体如何以不同方式改变城市。

2011年8月6日晚间,伦敦北部托特纳姆发生骚乱之时,相关信息立即在推特上广为传播。第二天上午,有人在黑莓信息服务网络上发布了一条信息:"开始行动,离开你的院子,与你的黑人弟兄联系。该死的,带上你的小推车、货车和铁锤!"这条信息得到多人转发,传遍了整个网络。尽管只有使用黑莓手机并拥有个人身份识别码的用户才能收到这条信息,但这条信息却吹响了发起暴力行动的冲锋号。接下来的三天,网络成为线下暴民的神经系统,将街头闹事者与打砸抢者联为一体,他们在网上共享图像,使得各自的暴力行动相互协调、彼此呼应。[6]

六个月之前,也就是2011年2月8日,开罗的解放广场挤满了抗议示威的人群。与此同时,人们以"1月25日""解放广场""埃及"(#jan25、#tahrir、#egypt)为主题在推特上组群结伙,掀起了一波又一波的信息浪潮。自1月14日突尼斯总统本·阿里在广大民众的抗议中被迫下台以来,埃及民众就在社群媒体上讨论和组织针对本国穆巴拉克政权的抗议活动。最终他们选定1月25日星期二这天举行抗议,并在脸书上发布各种号召性帖文。阿斯玛·马富兹(Asmaa Mahfouz)在自己的网页发布了一段视频,呼吁所有的人加入示威者行列:"我,一个女孩,要去解放广场,我将坚定地守在那里……"[7] 她的这份挑战书像病毒一样迅速传播。

其他一些地方,如谷歌迪拜办事处营销部的负责人威尔·古纳姆(Wael Ghonim),一回到家就打开脸书主页"我们都是萨伊德"

协调抗议活动。这个主页由古纳姆创建，以纪念一年前被警察殴打致死的亚历山大城年轻人哈立德·萨伊德。示威游行的超大规模令埃及政府惊恐万分，以至于第二天他们就下令关闭了互联网。2月27日，古纳姆被捕。接下来的十二天里（一直到穆巴拉克政府最终倒台），古纳姆再也没有露面。在获得自由后的采访中，古纳姆以个人名义致言脸书首席执行官马克·扎克伯格，感谢他在推翻穆巴拉克政权方面所发挥的作用。

2月11日（星期五）上午，解放广场上气氛十分紧张。当天夜间，埃及武装部队最高委员会发布了第二次公报，但没人能真正明白公报到底想传递怎样的信息。晨祷之后，解放广场上抗议的民众越聚越多。凌晨5点20分，住在附近的阿什拉夫·哈利利（Ashraf Khalili）发布了一条推文："我仍然能从阳台上听到解放广场上的鼓声以及人群的呐喊，大家都在叫着'不怕、不怕'。"[8] 接下来的整整一天，社群媒体始终在发挥着作用：鼓励抗议的民众保持旺盛的斗志，组织和协调向电视台以及总统府挺进的游行队伍；四处传播信息和新闻；等等。当然，也有不少谣言在网络上流传，但很快就被删除。甚至还有人花时间幽上一默，苏丹·阿尔·卡塞米（Sultan Al Qasssemi）就开玩笑说："你知道吗？遇上麻烦了，开罗的伊拉克使馆正在敦促伊拉克人回家。"[9]

傍晚6点2分，阿姆·艾尔·贝莱迪（Amr El Beleidy）宣布："奥马尔·苏莱曼将发表讲话！"20秒之后，他又更新道："奥马尔·苏莱曼宣布，穆巴拉克已经下台。"仅仅2秒之后，门纳·阿姆（Menna Amr）做出回应："该死！"接下来的几分钟内，社群网络上一片欢呼声。马纳尔·莫森（Manar Mohsen）写道："是谁让这一切终于发生？是我们！是人民！大家做到了！没有开枪，没有暴力，而是依靠原则和毅力。真主保佑每一个人！"[10]

第八章 智慧城市

再来看三年前的肯尼亚。抗议的人群也是纷纷涌上街头。2007年12月，一场竞争激烈的总统选举之后，当时在任的总统姆瓦伊·齐贝吉（Mwai Kibaki）宣布获胜，遭到反对派领导人及其支持者的反对，全国各地相继爆发小规模骚乱。一众反对派和官方观察家都在指责齐贝吉贪污腐败、操纵选举。尽管如此，齐贝吉依旧在三天后宣誓就职，并借着他的新年贺词敦促和平。但和平转瞬即逝。英国广播公司第二天报道说，他们的记者在肯尼亚基苏木太平间发现40具抗议者的尸体。后来，"油管"上出现了警察开枪射击手无寸铁的抗议者的照片。同时有传言说，大约30人被赶进了一座小教堂，紧接着这座教堂遭人纵火。

截至1月2日，暴乱造成的死亡人数升至300人，并得到国际关注。但这却导致更多的相互指责，冲突双方的调解彻底告败，抗议者与警察之间在街头持续发生暴力冲突。到1月28日，死亡人数已升至800人。

此刻，原本从约翰内斯堡回到肯尼亚参加总统选举投票的奥里·奥科拉（Ory Okollah）无奈地被困家中，与孩子和笔记本电脑为伴。即使家中储备的物资已消耗殆尽，她仍坚持在博客上发表关于肯尼亚政治局势的话题。直到发现自己的人身安全受到威胁，她才返回南非。在南非，她发布了最新消息，并在博客上探讨使用谷歌地图的卫星成像收集"众包"*信息的可能。几天之内，她就收到其他博客作者和工程师的回应，包括埃里克·赫斯曼（Erik Hersman）、大卫·科比亚（David Kobia）和朱莉安娜·罗蒂奇（Juliana Rotich）。几周后，几人联合创建了Ushahidi（斯瓦希里语

---

* "众包"指一个公司或机构将之前由员工执行的工作任务，以自由自愿的形式外包给非特定的（而且通常是大型的）大众志愿者的做法。——译注

"见证人"的意思）网站。先是收集汇总从四面八方通过文本或电话发来的暴力冲突报告，然后将这些信息标注到谷歌地图上，由此绘制出一份有关暴力冲突的互动式地图。

与伦敦的骚乱者和开罗的抗议者一样，Ushahidi同样利用网络收集和传递实时信息。不同之处在于，Ushahidi在地图上标出发生冲突的具体位置，既为抗议者提供帮助，也充当了事件的见证人。联合国人权委员会于当年肯尼亚危机解决后的2月访问肯尼亚时得出结论："加强问责制和结束有罪不罚现象，将是解决根本问题和防止冲突进一步爆发的关键。"[11] Ushahidi尽管只是一个由几位热心博主自行创立的非政府组织，但它提供了一个可用于任何类型危机事件的软件平台。

自2008年以来，该平台已经得到改进，任何人都可从网站免费下载工具并使用。在利比里亚、摩洛哥、尼日利亚、埃及、坦桑尼亚、巴西、苏丹和菲律宾，Ushahidi被用于收集选举数据。此外，这款众包式地图绘制软件已被广泛应用于各种场合。例如"危机网站"应用这个平台来监督对于人权的侵犯。"被围困的妇女"也使用这个平台收集叙利亚骚乱期间妇女遭遇暴行和性暴力的数据。

众包式地图绘制软件的应用实例不胜枚举。在中国台湾，"愤怒的地图"（Angry Map）软件记录不良行为，希望以点名和激发羞耻的方式促进公众的文明。在意大利米兰，网站"不可能或可能的生活"（[Im]possible）致力于搜寻废弃建筑物，并希望将它们与旧建筑再利用等项目结合。在美国纽约，众包式地图绘制软件直接推动了"纽约城的未来从现在开始"计划（Future Now NYC）的实施。这个计划旨在收集当地学童关于社区改善的奇思妙想，如种植更多的树木、建造更多的足球场、创建"远离枪支"青少年俱乐部，等等。与此同时，纽约市立大学研究生新闻学院也在收集数

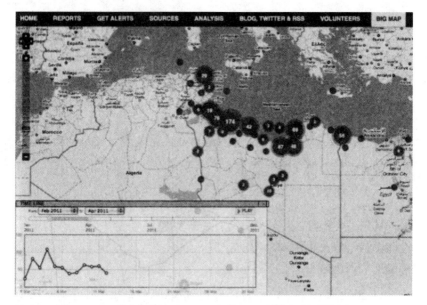

图 35　一个使用 Ushahidi 软件的网站标注了 2011 年利比亚骚乱期间相关报道的地点

据,为格林堡的布鲁克林街区绘制一份险情地图。他们将当地的交通事故和街头失窃案件的信息标注到地图上,告知用户尽可能避开危险的地点。

　　Ushahidi 网站平台最卓越的用途体现于扶危救困。尤其当基础设施在自然灾害中遭受严重破坏之际,Ushahidi 关于灾情的实时实地信息,对参与紧急救援服务的非政府组织至关重要。2010 年 1 月 12 日,海地的首府太子港遭遇毁灭性地震。数小时之内,这座城市变成一片废墟:医院倒塌,基础设施大面积被毁。广播电台因为缺电或停播而变得寂静无声,街道上遍地瓦砾,寸步难行。

　　损害的程度无法估量,失踪或死亡人数以及骨肉分离的家庭不计其数。不到 12 小时,一个专用的 Ushahidi 网站启动了,最早通报了太子港机场的灾情。接着,它又发布了麦克肯达尔街 19 号德尔马斯商场的一栋建筑物倒塌以及国家宫遭毁的消息。第二天上午,它又报道该市西北部的一家医院尚能运营,人员配备齐全。贝莱尔街区(Bel Air)*则有居民多次呼吁急需食物。很快便有人通过Ushahidi网站求助,寻找失散的亲人、朋友、家人和医生。所有这些信息经过分类之后全部标记到地图上,包括所在的地理位置、时间和特定需求。

与此同时,技术人员、制图达人和非政府组织也都各尽其能地在寻找有效的实地救援方式。地震发生之前,太子港原本就是一座混乱的城市。几乎没人想到要为市中心以外的贫民窟、棚户区和非正规街道绘制地图。后者已超出官员的职责范畴,还有些街区则处于不断变化状态,因此很难有一份地图能够恰如其分地表现出最新状态。然而在这个绝望的时刻,为了能够及时向需要紧急救援的地段提供援助,精确的地图必不可少。于是,借助于开放街道地图数据库(Openstreetmap),大批志愿者一遍遍地查看"谷歌地球"的卫星图片,最终搜寻出那些受损的主街、次级街道、建筑物和难民营。[12] 因为平台所提供的受灾位置和数据精准而及时,48小时不到,奋战于世界各地的志愿者有效地改变了地面援助人员的抢救行动。

我常常陪着儿子坐在沙发上环游世界。我们的旅程通常从自己的家开始。先是找到我们家所在的街道,然后找到我们的房子。由此开始想象,卫星正在对我们扫描。接着我们决定好想要去的目的地,这次是金字塔。随着图像的收缩,我们的街道变成交叉阴影线中的一个小点,城市的图像占据了整个屏幕。接着看到的是大不列颠的轮廓。周边一片汪洋,上空云层密布。此刻,摄像头好像顿住了,暂停在太空。然后它开始向右下方倾斜,向着地球的东南方,穿过欧洲,越过山脉,沿着长长的意大利国土,掠

---

* 这是太子港的一处贫民社区。——译注

过地中海，直到屏幕上棕色一片，尘土飞扬。再后来，到处都是灼热的红色，我们已经到达北非。随着旅行的继续，摄像头的聚焦开始向内放大，以黄色小星星作为标志的开罗逐渐扩展为一幅城市地图。我们的目的地吉萨到了，就在大都市的边缘，在沙漠与郊区相遇的地方。

好，就是这儿。起初，几乎看不见卡夫拉金字塔。筑造它的石头与周围的景观并无二致，都是清一色的赤褐色。仅其东面一侧的阴影告诉我们，这是一个巨大的建筑结构。为获得更好的视觉图像，我儿子连连点击，然后用手指在景点周围放大。他一边观看，一边向我讲述自己最近在学校古埃及课中学到的点点滴滴。在卡夫拉山谷神庙附近，他找到了狮身人面像，兴奋得几乎失语。他告诉我斯芬克斯之谜的故事，以及俄狄浦斯如何战胜神话中的怪物。随后，他在金字塔群东部的墓园徘徊，试图找到皇后陵墓群。

稍后，我独自打开谷歌地球（软件），从吉萨金字塔群的古迹出发，去寻找解放广场。由于搜索工具找不到这个广场，我试着通过城市的平面图摸索它可能在的位置。开罗是如此广阔而纷乱，即便从空中鸟瞰，也很难分辨出何处才是城市的中心。好在地图上标有与维基百科相链接的微型图标，所以我能够找到有关布拉克街区、科普特博物馆、地铁站以及10月6日大桥的信息。10月6日大桥是为纪念1993年的赎罪日战争而建的。在它的东侧，我找到埃及博物馆，最后终于找到解放广场。不过在屏幕上，已几乎看不到2011年2月抗议集会的任何迹象了。

我还查看了一些近期新闻报道中的其他城市及其相关地段。譬如2011年3月在地震中遭到损毁的福岛核电站，还有内罗毕郊外的库比拉（Kabira）贫民窟，其间的棚屋密密麻麻，几乎看不清那些蜿蜒的街道和小巷如何穿过一个个街区。末了，我点击了纽约的高线公园。带着惊奇，我试着找出翠绿色的蛇形通道如何游走于城市中的不同地段。

谷歌地球软件不仅为我们带来欢乐与遐思，还可以改变世界。自 2008 年以来，国际环保组织"清洁世界"（Clean Up The World）用它醒目地标示出某些特别危急的地点，以展示"世界清洁地球日"（International Clean Up Weekend）活动的影响力。它还被用在其他地方，如追踪南极冰盖的流失以及亚马孙雨林的退化，评估公海上最大的漏油事件[13]，考察一座城市（如休斯敦和凤凰城等）所能达到的扩张规模，等等。

谷歌地球已经对城市化产生了意想不到的影响。在迪拜，一些岛屿的设计为的就是从空中鸟瞰。棕榈岛是一座人造岛屿，通过卫星或飞机可以看到，其间各个岛屿仿佛棕榈叶一般延伸到海湾。在其他地方，方便实用的航空图像甚至改变了城市的运作方式。在雅

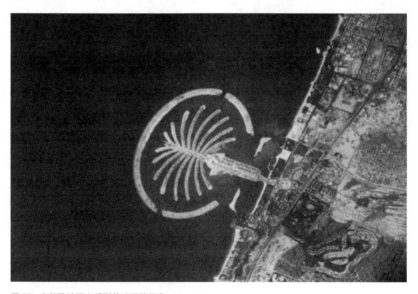

图 36　在谷歌地图上看到的迪拜棕榈岛

第八章　智慧城市　　241

典，欧元危机爆发后，希腊政府便使用谷歌地球来检查谁家的后花园中带有游泳池（富裕的象征），继而据此核查他们的报税单。结果竟导致城市中的某些花园被遮盖了起来。2012年奥运会期间，在阿迪达斯公司的赞助下，伦敦周边的公园建造了许多被称作"阿迪之区"（Adizones）的大型户外运动区。各运动区内配置有健身、舞蹈、体操等体育设施。从空中俯视，这些项目清晰地勾勒出2012年奥运会会徽的图形。[14]

最终，在这趟笔记本电脑环游世界之旅即将结束的时候，我输入了一个尚不存在的城市名称"松岛"。随即，我被带到韩国首尔以西的一片空地。那是黄海之滨通过填海而来的人造陆地。其上将建造一座世界最先进的技术城。早在设计之初，网络技术就被当作城市建设的重点，通过引入硅谷软件巨头思科的智慧和互联软件系统（Smart＋Connected），实现技术、建筑、人与都市生活的无缝结合。

这就是新一代的大都市——智慧城市。它的建造将遵循信息时代的新规则。换言之，它是一座互联的城市，通过实时信息监控和调节城市。城市中所有的建筑物、物体、交通信号灯，既是传感器又是激活器。换言之，智慧城市不再是各个场所的静态集合，而是一台"露天计算机"。它是一个有感觉的地方，可以对信息加以收集、更改并做出反馈。用麻省理工学院"感性城市实验室"（SENSEable City Lab）副主任阿萨夫·比德曼（Assaf Biderman）的话来说，智能技术可以让"城市更人性化"。[15]

可技术怎么可能让我们的城市更"人性化"？倘若有人对这种新技术乌托邦主义持怀疑态度，显然可以理解。问题是，这种新技术与勒·柯布西耶的"汽车乌托邦"梦想是不是一回事？有什么样的事是机器做得到而人却做不到的呢？

智慧城市第一个引人注目的变化，是万物互联。1977年，第一套手机网络NTT创设于日本。自那时起，手机和网络迅速遍布全球。到2002年，全球已经建立10亿个链接，并将在未来的8年内增加到50亿。世界上有70多亿人口，即使有些人拥有两部手机，这个庞大的数字似乎也有些出人意料。显然，它所涵盖的，远不止人与人之间通过手机进行的通话和短信联系。在过去的几年里，除了人与人之间的联系，机器与机器之间的连接大量出现。需要拨号才能上网的台式电脑先是被宽带取代，如今又被无线宽带、3G、平板电脑技术以及其他的移动计算机技术设备取代。与此同时，云计算更是扩展了事物之间的互联，让用户可以方便地从任何一个地方远程访问自己的数据。

　　然而，现如今我们连接的不仅仅是手机和电脑，人类也很快就会生活在"物联网"中，互联网将进入人类的真实生活，从一个人身边所有事物中收集数据，从而使我们生活的每一个方面都相互关联。每当有人使用公共交通系统，其相关的数据就会被收集。我们的私家车可以通过网络连接车辆维修厂，一旦出现故障，便能自动通报。街上的交通信号灯以及路标将带有传感器以检测拥堵和交通流量。智能建筑将调节室内的温度或照明。从银行到注重安全的所有场所，都将安装面部识别软件。

　　于是城市不仅成为场所与人的集合，还是一个有生命的互联网络。建筑物、交通信号装置、标牌、用户、车辆都可以实时沟通。听起来就仿佛科幻小说。但这里既没有《2001太空漫游》里"哈尔"（HAL）那样的超级电脑操控城市，也不是弗里茨·朗（Fritz Lang）所描绘的后工业世界反乌托邦式大都会。智慧城市利用技术收集海量信息，然后用这些信息改变事物的运作方式。新的技术是知会现实的手段，而非取代现实。根据加利福尼亚未来研究所研究员安东尼·汤森（Anthony Townsend）的说法，它所创造的是一种"混合型都市"。[16]

　　松岛是一座自上而下建造的新城。20世纪90年代，在全球经济衰退的浪潮中，韩国遭受沉重打击。它被迫接受国际货币基金组织的扶持，也就不得不接受某些附加条款，包括向国际贸易和外国投资人开放当地的投资市场。但当时韩国的民营企业对外商投资的兴趣不大。为了吸引物流、金融服务和IT信息技术等新兴行业，韩国政府只得建起一系列自由企业区。恰在此时，仁川国际机场附近正在实施一项填海造地工程。该工程建造了三座小岛，其中一座便是松岛。起初，建造松岛的大部分项目由韩国本土的大宇集团（Daewoo）承包，意在将这座小岛建成一个媲美硅谷的"媒体城"。但不久大宇集团陷入财务困境，只得放弃。仁川市政当局于是联系到韩裔美国商人杰伊·金（Jay Kim）。杰伊·金不仅拥有运作大型基建项目的经验，而且在美国拥有良好的人脉关系。通过位于加利福尼亚州帕萨迪纳的办公室，杰伊·金向美国主要开发商发出邀请。

　　接下来的几年里，在杰伊·金的撮合下，一个团队成立了，其中包括盖尔和温特沃斯（Gale and Wentworth）投资公司的约翰·海因斯三世（John B. Hynes Ⅲ）、盖尔国际投资公司董事长斯坦·盖尔（Stan Gale）、韩国钢铁巨头浦项钢铁公司（POSCO）、顶尖的城市建筑师科恩·皮德森·福克斯（Kohn Pederson Fox）。斯坦·盖尔反应迅速，很快就与仁川市政部门展开谈判。福克斯提交了一份如今称为松岛国际商务城的规划方案。到2002年，总体规划业已完成。整个商务城包括一个拥有10万人口的居住区以及一个可容纳30万人办公的商务区。它被分为办公区（5000万平方英尺）、住宅区（3000万平方英尺）、商业零售区（1000万平方英尺）以及酒店区（500 万平方英尺）。

此外，松岛还将建造一个会议中心、一座由杰克·尼克劳斯（Jack Nicklaus）设计的高尔夫球场、一个以标志性摩天大楼为主体的大型购物中心、若干座学校、一座中央公园以及其他的水上设施。所有的建造将全部依据可持续性的最高标准。此外，还将建造一座全长 7.6 英里、横跨黄海与仁川的大桥，将松岛与国际机场相连。正如一本营销手册所言，松岛不仅集世界上最好的东西于一体，而且让它们变得更好：

> 运河以威尼斯大运河为原型。天际线仿照香港设计。文化中心模仿悉尼歌剧院。居住区中的小型公园则模仿佐治亚州的萨凡纳公园。这里的公园大道和中央公园与纽约的同名，同样集都市精美与园林休闲于一体。最后，位于城市主干道的政府行政大楼，则借鉴了巴黎凯旋门的造型。[17]

然而，相比"亚洲拉斯维加斯"这个名号，松岛更有吸引力的是城市的核心技术。截至 2012 年 1 月，松岛已经有 2.2 万名居民。预计最终将有 6.5 万人落户于此。此外还将有 30 万名通勤者。他们将借助地面交通工具或附近的仁川机场来松岛开展各种生意和业务。摩天大楼、公共空间与花园、令人惊艳的广场等工程奇迹，让一个大胆而充满自信的大都市形象呼之欲出。整座城市的建造都将符合 LEED（能源与环境设计先锋）认证标准*。因此，松岛成为预期中最符合可持续发展标准的城市之一。但真正令人印象深刻的，

---

* 能源与环境设计先锋的绿色建筑评估体系，由美国绿色建筑协会发起，从可持续场地、水资源使用效率、室内环境质量和能源使用四个方面评价建筑绿色标准。

第八章 智慧城市　　245

是作为物联网城市背后那些看不见的联系。换言之，松岛新城不仅仅指其中的人或建筑物，甚至不仅仅指道路、水、废物、运输和能源的基础设施，更是指信息和服务无所不在的全方位式生活（U. Life）*。诚如盖尔国际公司执行总裁汤姆·默科特（Tom Murcott）所言："支持性技术需要从一开始就纳入总体规划以及初始设计和开发，而不只是用作后来的跟进式操作。"[18]

全方位式生活将高新技术置于城市建设的核心。自 2008 年以来，盖尔国际公司一直与思科携手合作，竭力将松岛建设成一座智慧型大都市，围绕一个充当松岛"脑干"的核心控制系统运行。[19]摄像头随时通报街道的人流信息，人行道上的路灯将据此做出相应调整，变亮或转暗。所有汽车的车牌上都贴有"射频识别标签"，由此观察路面的交通状况，以及时应对拥堵。安装在建筑物和道路的监控器将随时报告当下的交通情况，以避免造成工程的浪费或车辆运行的不必要延误。天气预报实时播送，城市电网可以在天气突然变冷之时为用电需求的激增做好准备。其他时候，智能能源网络可以实时监控能源的使用和流量，预测未来的能源需求并寻求效率。同样，城市还将配备一套处理用水和废弃物的智能网络。

每一户家庭也将变得更加智能化：每套公寓都将配备触摸板，以随意调控室温、照明以及跟踪能源的使用情况。智能建筑将有助于城市的可持续发展：屋顶花园将种满植物以降低"热岛"效应，减少雨水排泄量。整座城市的街道上将看不到垃圾收集箱，因为所有的垃圾都会被吸进一个集中式废物处理系统。

由于借鉴了世界各地最优秀的建筑实例，松岛有望成为世界首善之地。它比之前的任何一座城市都更智能，包括对交通拥堵的疏

---

* "U"是英文"Ubiquitous"的第一个字母，意思是"普遍存在、无所不在的"。——译注

解、能源的高效使用、智能建筑以及完备的监控和安保设施等，保障了都市日常生活的平稳顺畅。对许多人来说，这座依据总体规划从零建起的、即时的、超级智慧的城市，提供了未来城市的愿景，也是高科技乌托邦的最新版本。诸如此类的城市将遍及亚洲。

在寻找新的都市秩序方面，松岛并非个例。芬兰埃里克森建筑事务所（Eriksson）提出的北京门头沟生态谷规划方案，意在为智慧城市提供一个样板，告诉人们未来的城市将会怎样。在中国南方，自成体系的中新广州知识城亦在规划之中。在阿布扎比郊外，由福斯特建筑事务所设计的马斯达尔同样雄心万丈，号称将成为地球上最智慧的零碳城市。不过，某些新型城市听起来更像是电子商场的走廊，而非大都市区。十年前建于橡胶种植园之上的布城（Putrajaya）和赛城（Cyberjaya），便是马来西亚多媒体超级走廊的一部分。

但智慧城市的愿景也引发了许多问题和担忧。当整座城市都在运行某一类型的软件，而某个人却试图尝试另一类型的软件时，会发生什么？这个人会被淘汰出局吗？如果你想开发自己的代码对城市的某些软件加以改编，你最终会被当作黑客遭到起诉吗？如果一座城市的运营需要通过他人的软件进行操作，那么这座城市的主人又将是谁？一座城市的数字基础设施受到保护与限制之际，它能否继续发展和变化？正如安东尼·汤森所警告的那样："如果一家公司脱颖而出，那么城市的基础设施最终很可能被这家公司垄断，而寡头公司的利益与城市及其居民的利益并不一致。"[20]

谈论智慧城市可以赚到大把的钞票。于是，理论家宣扬智慧城市的美好愿景，建筑师带上自己的创新设计，管理顾问推销自己的解决方案，各大软件公司开发运行新世界的专有代码。参与制造和营销智慧城市是一桩大生意。一众大型企业，像IBM、思科、西门子、埃森哲（Accenture）、麦肯锡以及布兹·艾伦（Booz Allen）等，全都加入有关智慧城市的大辩论。辩论的内容从智能电网、新型建筑的设计和建造，到开发工具以建造高效、可持续以及互联的大都市，各显神通。这些大公司还纷纷与各地的市政部门取得联系，兜售端到端解决方案以及完整的一条龙服务。看来，一众人全都在期望，以一种高压推销的方式加快普通城市迈进21世纪的步伐。

《你的城市有多智慧》是IBM商业价值研究院撰写的一份报告。它不仅提供了一套分析和评估方法（用于衡量城市的智慧互联程度），还提供了一份实现智慧城市的路线图：

* 制订城市的长期战略方针和短期目标；
* 优先选择并投资一些具有最大影响力的系统；
* 实现跨系统集成，以改善市民的生活体验和效率；
* 优化城市的服务和运营；
* 发现让城市增长和优化的机遇。[21]

在由同一团队撰写的相应文件《智慧城市的愿景》中，研究人员更详细地介绍了一座城市如何实现"智慧"。显然，从大企业的角度来看，变革必须自上而下进行："城市管理者应该制定一个完整的城市规划框架。"[22]

但是，对IBM公司此等"要革命不要进化"的号召，需要三思。[23] 激情的言辞听上去新颖独特，但我们需要警惕未来数字时代的"奥斯曼男爵"们。也许，我们更应该思考一个自下而上的解决方案，让智慧城市在某种程度上同时也是一座"开源"城市，让信息和知识能够自由传播而非独家享用，其开发者是信息用户自己而不是那些只想兜售产品的人。智慧型"开源"城市有能力随着时代和需求的变化及时作出调整与转型。它既能对市政厅或市场作出反应，也能及时应对街道上发生的事件。

也许最适合于改良现有城市的方式是自下而上的技术开发。诚然，今日城市需要运用最新的技术让自己更加高效并且可持续发展。但这样做并不是将原有的结构夷为平地之后从零建起。技术可用于融合，并产生巨大影响，就像M-Pesa软件在肯尼亚为数百万没有账户的民众提供史无前例的银行服务。技术还特别擅长收集和汇总数据。由此可见，智慧城市的优势不仅在于它能够将大型的市政项目系统化，还在于它能够允许更多开源代码的持续参与，否则将很有可能再次证明人类并没有从历史中吸取教训。数字鸿沟的双方（网络时代的罗伯特·摩西与简·雅各布斯）将会像1961年那样爆发冲突。

因为自下而上的"信息结构"本质上不会是"端对端解决方案"，它将结合诸多设备和平台，从电子道路标牌、手机、GPS，到自行车以及地图。毫无疑问，它将展示有关大都市的一些最富于创意和革新的思想，开辟出新型的城市导航方式，让都市生活变得更为轻松和多样化。它将融合新与旧，让实体城市与数字网络相互交织。它所提供的既是信息也是让城市变革的工具。

波士顿郊外麻省理工学院的感性城市实验室，是探索智慧城市之潜力的顶尖研究中心之一。2009年，该实验室负责人、建筑师兼土木工程师卡洛·拉蒂（Carlo Ratti）提出一个新构想：为2012年伦敦奥运会创建一个"云台"。[24]这座悬浮在空中的透明观察台位于斯特拉特福德奥运会主场馆的上方，由一条从地面上升到空中的螺旋式匝道进入，匝道的长度大约为1公里。整个设计充满活力，"配有发光二极管（LED）信息系统，能够将奥运会的热点信息密集显示在重量很轻的信息屏幕上，便于观众浏览有关奥运公园及其附近的所有信息"。这个设计可以让普通市民身临其境，获得如同奥林匹克选手般的体验，让奥林匹克的传统精神以一种全新的面目再现。当然，它只是一个梦想，未必能够成真。但正是这种对城市与场所之间关系的重新思考，让卡洛·拉蒂兴奋不已，并激发了感性城市实验室的新探索。

城市是一个庞大的信息网络。但长久以来，在能产生重大影响的层面上收集数据一直非常困难。这一状况目前正在改变。智慧城市本身便是一个传感器。拉蒂在麻省理工学院的团队所从事的许多研究项目将有助于收集海量的信息资源，让我们更好地感悟城市——不是自以为是的想当然，而是基于城市中的实际体验和功能。感性城市实验室已经发明出一些用于收集数据的设备，其成果令人振奋。

"垃圾/追踪装置"便是他们发明的一种小型传感器。通过这一装置，人们可以找到废物运输链，搞清楚垃圾被扔掉之后所发生的故事。2009年，在纽约、西雅图和伦敦进行的一项实验中，实验人员将3000个电子标签张贴到不同类型的垃圾上，然后根据它们的运动轨迹绘制出垃圾运行路线图，由此揭示废物最终被运送到何处、它们所走过的行程有多远。这样的数据可以帮助有关部门审视垃圾回收利用政策的可持续性。

哥本哈根智能车轮（The Copenhagen Wheel）是拉蒂最富于创意的数据传感器之一。它嵌在一个红色塑料圆盘中，装在自行车的后轮上，于2009年首次在丹麦首都投入使用。这款装置相当于一个微型电动机，会在自行车移动时储存能量，以供骑车人需要一点额外的推力时使用。闪亮的红色塑料圆盘中还藏有精巧的传感器，为骑车人提供不同的帮助：通过应用程序与智能手机相连，便能够收集到骑车人健身的数据（比如距离、时间、卡路里）。它还可以帮助导航，报告城市道路的拥堵和污染程度，从而提前告诉骑车人前方的交通状况、道路状况以及最佳骑行路线。此外，骑车人还可以与附近的朋友或其他人分享这些信息。

感性城市实验室同时也在探索在整座城市范围内开展实验。目前正在运作的一个项目便是"实时新加坡"（LIVE Singapore）。它连接所有新加坡政府部门的数据，将创建一个包括城市中所有正在发生事件的实时数据库。而除了建造一个可以接收城市所有信息源的开放型数字平台，"实时新加坡"项目还将创建一个互动界面。这个界面可供政府官员、交通警察、普通市民通过不同的设备随时访问。如今，有关新加坡如何运作的信息收集已近完成。由此，项目组将绘制出一份等时地图，显示一天中不同时段在城市出行所需的时间，以及交通事故的发生地等信息和数据。此外，它还能够帮助有关部门改善整座城市对出租车的调配，测试重大事件（如新加坡一级方程式大奖赛等）对基础设施的损坏，通过测试手机的使用率揭示居民的生活方式，等等。

"实时新加坡"研究项目表明，在一些最不寻常的场所往往可以收集到最有价值的数据。旧金山湾区的埃里克·菲舍尔（Eric Fischer）自认是一名地图极客。他喜欢通过意想不到的大数据重新绘制城市地图。这些地图不仅是地理位置或街道平面图，还是展示人类活动足迹的地形地貌图。例如，在"地理标记"（Geotagger）系列地图中，菲舍尔通过大型照片共享网站 Flickr 所提供的标签信息，绘制出世界上许多著名城市的综合地图。于是，在伦敦的综合地图上，他标示出这座城市各大景点的出镜率。通过对这些数据的分析，菲舍尔还找出游客与当地人在游走城市时的不同。这种地图显示的不只是地理位置，而是活生生的、不断变化的人文景观，改变着我们观察和理解城市的方式。

无疑，实时数据能够增强城市的实力。换言之，智慧城市所

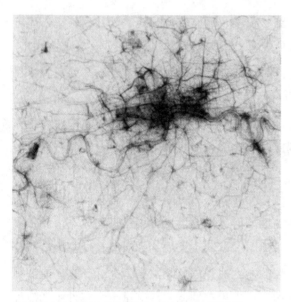

图 37　埃里克·菲舍尔制作的伦敦 Flickr 的地理标记地图

提供的数据可以帮助我们对城市做出更好的决策。它还可以创建出反馈回路，从而让城市的运营更为高效。当一个人开着车在城市街道上超速行驶时，路边红色圆环中写有数字 20 的限速标志，通常不足以令这个人立即去踩刹车。可是当一个人看到提示超速的数字信号在自己的驾驶面板上闪个不停，其驾驶行为大多会得到改善。这个非常简单的实例说明了实时信息的反馈如何影响了人的行为。如果我们能够将类似的反馈嵌入城市生活的方方面面，又会发生什么？

与哥本哈根的智能车轮类似，中国科技大学与微软的一些研究人员合作，在北京推出了出租车信息共享（T-Drive）计划。由于人口的快速增长，北京面临着道路拥挤、空气污染的问题。在汽车、卡车和手推车组成的交通大军中，出租车司机有 9 万名，往往是新近才来到首都，有些急躁也有些不善于沟通。对他们来说，无论是停下来一步不动还是在高速公路上飞驰，自己车上的计程表始终在运行。因此，一组研究人员决定与3.3万名驾驶员展开合作，将GPS监视器安装到出租车的仪表盘上，同时让这些监视器与云计算技术结合，以创建实时的智能交通服务。

通过对北京106579条道路（总长度超过4亿公里）拥堵情况的考察和分析，研究人员创建了涵盖7.9亿个节点的智能网格，由此勾勒出一幅覆盖全城的数字地图。随后，他们将数字地图与气象预报、公共交通信息合成汇总。最终的测试表明，新的智能交通网络能够让出租车的行驶效率改善60%—70%，亦能够大大提高出租车的行驶速度。

总之，智慧城市的建造需要通力合作，既需要由市政府把控的大型项目，需要大型软件公司的参与，同时也需要小型项目的介入。这些小型项目可能体现于你口袋里的3G手机，也可能见诸你汽车仪表盘上的卫星导航仪。然而，无论未来的城市网络如何智慧互联，其聪慧程度顶多也只能与使用它的人同等。信息本身并不是目的，它只是解决城市问题一种较好的手段而已。令人惊讶的是，对智慧城市的思考迫使我们重新考虑城市的其他方面：科术能否帮助我们解决交通拥堵的问题？智能建筑能否让未来的城市更加可持续？

第九章

城市交通

抵达摩洛哥马拉喀什的当晚,我和妻子带着两岁的儿子来到位于城市中心的吉玛广场(Jemaa el Fna)。这是非洲最大的公共广场,以五花八门的小吃摊和杂耍闻名于世。随着太阳渐渐地落到麦地那老城区的另一端,橙汁小贩们拉开架势摆好自己的摊位,缠绕在街头露天餐厅四周的彩灯也跟着忽闪忽闪地亮起来。大桶大桶的炖菜、热气腾腾的鲜汤、冒着油泡的烧烤架,全都准备就绪,迎接夜市。

广场也沸腾起来。双臂挂满货品的皮革商扯起嗓门高声叫卖;耍蛇人找好自己的据点,盘坐在地毯上,面前摆着个柳条筐子,引来成群的围观者,竞相猜测着里面到底装的什么;格纳瓦音乐的演奏者以催眠的苏菲节奏提供着独特的背景,与此同时说书人清清嗓子正式开讲。我们穿行于拥挤的人群,为各类小吃的香味所陶醉,时不时地停下来找一找方向,弄清楚所在方位,最终还是任由自己迷失于人流之中。

喝完热乎味美的哈利拉浓汤,又来上几杯鲜榨果汁,最后逗一逗巴巴里猴子和拔了毒牙的眼镜蛇,是时候离开夜夜如此的狂欢回酒店去了。走出广场后，我们找到停放出租车的主干道。这辆耐心等待我们的出租车远远地停在街道的另一侧。之前的三个多小时，我们相拥在广场上吃喝游玩轻松愉快。可是现在，横在眼前的街道却让人另有一番滋味在心头。我们向街道的两端来回张望，既没有看到交通信号灯，也没有发现能够让人安心过街的斑马线。

出租车就在路对面，而路上是车水马龙，川流不息。足足花了二十多分钟观察，看清楚身边的当地人在缓慢行驶的车辆中是怎样地灵巧穿行，我们才鼓起勇气投身车流。紧紧地抱着孩子，也顾不上理会汽车的喇叭声，我们拼命向挡住自己去路的驾车人示意，让车流停下。很快我们就明白了，在摩洛哥，汽车的喇叭声并不是用来示警的，而是一种通用的交流语言。如果需要对自己有个提醒的话，今晚这整段经历就是现成的：在家日日好，出门时时难。

那么，交通状况能够告诉我们一座城市哪些方面的信息呢？

说起来，交通拥堵是人类为争取在都市中自由出行而做的浮士德式交易。它也是城市中的主要污染源，并构成对环境的重大威胁。说起来美国的交通拥堵算不上世界最糟，然而，2005年的数据却表明，美国人平均每年浪费在交通拥堵上的时间超过38小时。交通拥堵会破坏一座城市的发展。据估计，纽约的交通让经商成本额外增加19亿美元，让生意夭折的损失多达46亿美元，时间与生产力的损失将近60亿美元。然而解决交通拥堵的措施并非人们想象的那般简单。具有讽刺意味的是，我们越希望自由畅行，就越容易陷入交通拥堵。

尼日利亚的拉各斯当属世界交通问题最严重的城市。近期的一份报告指出，拉各斯的交通拥堵堪称"一场完美风暴"，是由各种因素共同造成的，诸如城市规划水平低下，无法应对快速增长的城市人口（拉各斯被认为是世界上增长最快的特大城市），以及公共交通计划的不足等。道路质量差迫使汽车行驶缓慢,而缺乏人行道,没有停车规则,甚至连牲畜也跑到高速公路上,则是造成大规模交通拥堵的其他原因。交通事故频发,加上没有足够的服务设施以及时应对问题,最终,许多人感到再也无法继续在这座城市里生活和工作。

美国记者约书亚·哈默(Joshua Hammer)曾在拉各斯随车出行,他没想到40英里的路程竟然花了12个小时。最让他吃惊的是,在其中一次堵车中还突然听到一阵可怕的撞击声。然后他听到自己的司机喊道:"这些疯子,他们偷了我的车头灯!"原来,手持撬棍的毛贼竟然穿梭于车流之间,乘机抢劫被拥堵所困的司机们。"千万别下车啊!"司机对哈默发出忠告。[1]哈默还发现,一个国家的腐败程度与该国道路上交通事故的数量之间存在着直接关联。此外,司机本身也是问题所在。一家旅游网站报道:"大部分严重的交通事故,是由那些不肯遵守交通规则的驾车人引起的。"这些人任意超车抢道、逆向驶入单行道、在拥挤的区域停车,并且不遵守交通信号灯和停车场管理员的指引。

另一方面,交通拥堵也可能是一座城市成功的标志。在班加罗尔的某天,我离开旅馆前往一处自己不熟悉的街区开会。一坐上机动三轮车的后座,我不禁想起一句警语:"不是你陷入堵塞的车流,而是你自身就是车流。"作为一个身处陌生城市的异乡客,我不能向司机就行驶路线提出任何建议,也不知道还有什么别的捷径,更不可能下车步行,唯有被卡在路上动弹不得。如此的交通拥堵,是源于这座城市成为亚洲硅谷之后的迅速扩张。然而,作为昔日殖民地的首府,班加罗尔当初的规划旨在向退休的居民提供一座花园城市。如此格局很难应对人口增长的压力。城市中交通基础设施的运行能力也早就达到了极限。

班加罗尔的道路拥堵严重，以至于许多在此地工作的IT人士威胁说：如果当局再不采取行动改变现状，他们很快就会撤走。然而，尽管政府推出了道路税收方案并且也采取了拥堵控制措施来管理这500万辆汽车、卡车和摩托车，道路上的汽车数量依然是有增无减。市政当局不仅鼓励市民步行或乘坐公共交通，并于2011年宣布建设新的轻轨系统，有望每天为50万名通勤者提供交通服务。但对于工作繁忙的工程师而言，交通拥堵既浪费时间也造成生态灾难。为了方便他们轻松抵达电子城，当局在2010年通过了兴建一条高架公路的决议，让市中心与电子城之间的行驶时间缩短到15分钟。这只是一个针对特定少数人的解决方案，随着时间的推移，它很可能又将变得和原本要解决的情况一样拥堵。

拉各斯与班加罗尔分别向我们展现了城市拥堵现象的极端状况。人们通常认为，解决拥堵问题最直接的方法肯定是修建更多的道路，要不就得找到一种方法让车辆更高效地行驶。若想满足城中居民的这些需求，须得重新设计城市。问题是，尽管这一切听起来不失为明智之举，事实却并非想象的那般简单。

一座城市的历史往往由构成它的道路所书写。如今，通过发掘旅行者随意丢下的古钱币，考古学家们绘制出古罗马时代伦敦街道平面的大致轮廓。从空中鸟瞰你也能一目了然，古代伦敦的街道以鱼山（Fish Hill）脚下第一座伦敦桥为中心点，向四面八方辐射，进而通往古伦敦之外其他各处古罗马人定居点。由此可见，城市的扩张程度可以通过大路、街道以及小巷组成的网络来衡量。人们常常认为，城市是由道路构成的；但是，交通拥堵并不是汽车造成的。纵观历史，交通问题从来都是城市的难题。古罗马时期，恺撒大帝便颁布法律，禁止所有带轮子的交通工具于日间穿越市中心。此外，他还将巡夜人纳入交通警察队伍。正如我们所见，当代城市

图 38　班加罗尔天桥，从城市上空通向高科技区

几乎都是围绕汽车而建造的，而现在我们开始计算其代价了。下一步怎么办？是改变我们的城市还是改变我们的行为呢？

　　首先，我们需要了解交通这件事情本身。很大程度上说，交通可以定义为一种个人行为，坐在方向盘后面，与世隔绝，避免与他人接触。一旦路面上涌现出大批如此端坐于车里的驾车人，人人都自行其是，被迫相互作出反应。所有这些单个的元素集合起来，就会形成一股巨大的交通流，带有流动液体的普遍特征。由此可见，交通不是一个理性有序的问题，也不是一道汽车的数量与可用沥青路面之间的简单方程式。相反，它拥有与城市类同的复杂性特征。车流随着道路变宽而畅通，又由于道路相交时形成瓶颈而减速。交通信号灯或路标像关闭的水龙头一样让车流停下来，随即又打开，释放车流。在没有发出变道信号的情况下改变车道通常会干扰车流的运行状态，突然刹车会使车流向后波动。因此，有理由相信，如果我们减少停靠和流动的冲突，交通将会更为流畅。

也许，交通拥堵问题应该归咎于城市的形状？为了解决严重的交通问题，我们必须从零开始建设城市。在许多人眼里，网格道路系统的有序规整提供了理想的城市形状。这种有组织的、理性的系统拥有悠久的历史，比雅典或罗马还要早，可以追溯到出现于印度河谷的第一批城市。若干世纪之后，1811年的委员计划（Commissioner's Plan of 1981）奠定了纽约的网络街道系统。专家们在制定总体规划时，将筛网铺在图纸上画出规则状格网，以让城市井然有序。然而曼哈顿至今仍然饱受交通拥堵的困扰，显然单凭合理的街道规划不足以解决问题。拥堵属于复杂性问题，消除它也需要一个复杂的答案，而不是所谓合乎逻辑的答案。如果我们仅仅依靠城市本身来寻求高效的交通，也许从大方向上就彻底弄错了。

普鲁士城市柯尼斯堡（Königsberg）令人意外地在步行史上占有一席之地。19世纪初，据说当地的居民可以根据哲学家康德的现身来核对自己的怀表。康德每天下午5点整都会出门散步，从不误点。这些散步让他从深刻的哲学冥想中走出来，得以短暂地放松休整。70年前，柯尼斯堡的数学家莱昂哈德·欧拉（Leonhard Euler）也曾漫步街头，去解决一个全然不同的问题。那是1735年，欧拉所面临的挑战是：找出一条最便捷的路径，走遍柯尼斯堡城中河上所有的七座桥，而且每座桥只能走一次。为了找到解决方案，欧拉于苦思冥想中发明了一个全新的数学领域：图论。

欧拉的挑战后来演变成一个著名的思维实验，即旅行商问题（Travelling Salesman Problem）。为了最有效地利用时间并赚取最高利润，挨家挨户推销商品的商人必须在各个推销点之间找到最短和最快的路线。随着推销点的增加，潜在路线的数量呈指数级增加。举例来说，在两个推销点之间，路程的变化是简单的。然而，在四个推销点之间，选择将增加到24个。不用说，旅行商很快就会面对巨大数量的选择。比方说，在十个推销点之间找出最快的路线，意味着要筛查360万条潜在的路线。为了破解这道难题，一些科学家甚至动用超级计算机。2004年5月，一个数学家团队发现，要想在瑞典地图上24978个节点之间绘制出一条最短路径，即便让96台每秒钟能够计算28亿次的英特尔超强处理器（Intel Xeon 2.8Ghz）同时运行，也需要84.8年。[2]

不过，除了运用复杂的数学计算，还有一种方法也能够在诸多随机目的地之间找出一条最短路线，这便是利用蚂蚁寻路。普通的黑蚂蚁一直在寻找点与点之间的最短路径，但它们并不指望每只蚂蚁单独成事，而是依靠整个蚁群的通力合作。每当一只蚂蚁找到一条最短路径时，它就会在这条路线上留下信息，譬如气味。将所有留有气味的路径汇总分析之后，气味最强烈的即为最佳路径。1997年，马可·多哥（Marco Dorgo）和卢卡·玛丽亚·甘巴尔德拉（Luca Maria Gambardella）共同创建了一个虚拟的蚁群，旨在通过模拟蚂蚁寻路的方式，寻找出旅行商问题的解决方案。他们的实验还表明，最短的路线并不总是显而易见的，而且蚂蚁比计算机还要快。蚁群举集体之力进行的计算是任何个体规划者一生都无法企及的。

更不可思议的是，我们还可以利用黏菌设计出最佳的道路系统。2010年10月，一群墨西哥科学家与西英格兰大学非常规计算系的安德鲁·阿达玛兹基（Andrew Adamatzky）合作，提交了一份研究报告。报告的标题是："用黏菌模拟墨西哥的公路"，颇有些匪夷所思。他们设计的实验旨在"模拟或者重建墨西哥的交通网络"。这些科学家在培养皿中复制了墨西哥的公路系统。具体做法是，切出一块"墨西哥形状的琼脂（果冻），用燕麦片分别标记出墨西哥

19座主要城市的位置，并且在代表墨西哥城的燕麦片附近放上黏菌"。通过记录黏菌如何在培养皿中向燕麦片移动，如何在不同的燕麦片之间建立联系和路线，科学家们最终绘制出各大不同目的地之间最短以及最有效的路线。

后来，科学家们又使用分别代表澳大利亚、非洲、比利时、巴西、加拿大、中国、德国、伊比利亚半岛（西班牙和葡萄牙）、意大利以及马来西亚的类似样品重复同样的实验。其结果证明，在建立有效的交通网络方面，黏菌具有得天独厚的优势。它甚至胜过官方规划师的大脑。不过在人为的规划中，有些国家做得更好一些。比如在上述国家中，马来西亚、意大利以及加拿大的公路系统设计最为高效，已经接近黏菌模式。[3]

由此可见，当前的道路系统受到诸多因素的制约。它也因此显得比我们所设想的更慢、效率更低。然而我们无法抛弃眼前现有的道路系统另起炉灶。还有一些规划师认为，要想提高道路的安全性并减少交通拥堵，与其建设更多的道路或者新的道路系统，不如加强驾车人在行驶时的责任感。斯蒂芬·拉默（Stefan Lammer）与德克·赫伯林（Dirk Helbing）于2008年合作发表的一篇瑞士德语论文甚至提出，应该将交通控制系统从所有人为的操控中解放出来，让它自我调节。说白了，就是让交通信号灯自行决定何时变为绿色或红色。

比利时交通工程师汉斯·蒙德曼（Hans Monderman）甚至建议干脆完全取消交通信号灯。在2005年实施的一项被称为"共享空间"的实验中，蒙德曼拆掉了荷兰小镇马金加（Makkinga）中心广场上所有的交通信号灯和大部分路标。这里每天大约有2.2万辆汽车经过。《纽约时报》的一位记者与蒙德曼一起来到广场。让这位记者感叹不已的是："广场上所有与交通有关的标志全都给移走了，没有红绿灯，没有标志和道路标线，机动车道与人行道之间也没有分隔。这基本上是一个空荡荡的砖砌广场。"然而，蒙德曼穿过街道时，"故意不去查看来往的车流。但那些驾车人都自觉地调慢了车速。没人鸣喇叭，也没人向车窗外粗鲁喊叫"[4]。

蒙德曼这种冒险的主张有悖常理。通过在汽车与行人之间创造一个共享空间，风险不仅没有增高，反而降低了，因为蒙德曼所创造的情景迫使驾车人更加留意周边的环境。在马金加小镇的一个交叉路口，2005年之前的四年中总共发生了36起需要法庭裁决的交通事故，而实施"共享空间"之后的2006年至2008年间，只有两起类似的事故。显然，"共享空间"激发的责任感迫使上班族驾车人在驶过市中心时刻意放缓速度，但最终他们很可能反而会更快地抵达目的地。正如一位市民的反馈："我现在已经习惯了。把车开得更慢一点、更谨慎一点，不知不觉间反而能更快地在小镇穿行。"

2012年，伦敦的展览路被改造为"共享空间"后重新开放。这条宽阔的维多利亚式大街，从南肯辛顿一直通向海德公园。大街的两侧林立着一些著名的博物馆，包括自然历史博物馆、维多利亚与阿尔伯特博物馆、科学博物馆，还有帝国理工学院与皇家地理学会，等等。这里是伦敦的主要旅游区之一，吸引了大批国内外游客。他们携老扶幼来到此处，流连忘返。回头看看蒙德曼在马金加的实验，那是一座小镇，小镇上的驾车人有可能认识过路的行人，因而联系更为紧密。那么，类似的规则适用于大城市吗？

见证展览路这种最新的升级改造是一种令人不安的体验。自小我就是这条路上各大博物馆的常客。孩提时代，我就在自然历史博物馆感受到恐龙的神奇。在科学馆，我按下按钮启动引擎。在维多利亚与阿尔伯特博物馆，我惊叹于文艺复兴时期庭院的辉煌。如今我常常带着孩子们去那里，希望让他们体验到我曾经感受过的探索之乐。眼下，机动车道与人行道之间的分界石标不见了，只有一些不易分辨的浅色砖边。道路中央以及停车位的画线全都给抹掉了，取而代之的是不显眼的钢钉。纵横交错的砖块铺满道路，一直延展到昔日的人行道上。

走在这条曾经熟悉的路上，我心里远不如从前那般笃定。我更加留意车流，希望司机们在驶过时能注意到我和孩子们。我尽量不去想这会发生意外，但这就是重点。道路安全的关键在于确保每个人举动的安全，而不是靠大量的限制和屏障。

有关展览路实验结果的考察仍在进行中。在布莱顿新路实施的一项更为深入的类似研究中，92.9%的受访者认为"共享空间"对交通状况有所改进。许多人都认为这样的设计增强了使命感，有助于街道上的经商者树立主人翁意识，同时也增强了购物者在此消磨时光的意愿。结果，这条街上80%商铺的收入显著增加。[5] 由此可见，解决拥堵问题的方法不在于建造更多的道路，而在于让人们改变自己的行为方式。然而，"共享空间"看似可为交通拥堵提供解决方案，但它并不见得能减少道路上的汽车数量。

根据美国环境保护署的数据，交通运输是美国的第二大碳排放源。发电所产生的温室气体占总排放量的三分之一，交通运输占28%（其中私家车占34%，卡车、越野车以及小型货车占28%）。自20世纪90年代以来，交通所带来的碳排放量一直都在增加。碳排放增量中的近50%都来自车辆。在英国，汽车以及所有公路运输带来的污染大约占总污染的20%。在全球范围内，这一数字稍稍降低到了15%。不过，这种降低某种程度上是因为经济不景气导致的出口量下降。但不管怎样，大部分交通污染都发生于城市。而为了应对这个危机，其实我们每个人都能够做出一些贡献。

图39 伦敦展览路的"共享空间"

更为节能、更为绿色环保的汽车是否有助于减少碳排放？人类当前所拥有的技术肯定有能力做到。电动汽车或更清洁引擎的需求一旦有所增加，大型制造商们很快就会意识到这种新型汽车市场的魅力。问题是这样做并不能带来大家所期望的效果。自2008年以来，瑞典在购买绿色环保汽车方面一直处于世界领先地位，但汽车的碳排放量却在持续增加。显然，尽管新型节能汽车降低了碳排放，驾车人的用车时间却在增加。这背后的原因引起了一些争议。

一些人，如纽约作家大卫·欧文（David Owen），认为这便是"杰文斯悖论"的体现。杰文斯悖论以维多利亚时代的英国经济学家威廉·斯坦利·杰文斯（William Stanley Jevons）命名。杰文斯指出，随着新技术提高了能源的使用效率，人类很可能会使用更多的能源而不是更少。因此，纵然有更洁净的发动机减少碳排放，却也有更多的人去使用汽车。最终的结果很可能是路上的汽车依然太多，道路依然拥堵。也就是说，发动机技术的改善并不会减少路上的汽车数量。我们真正需要的是一种让人减少用车的策略。

在城市里开车，差不多人人都会面临的一个难题便是寻找免费的停车位。在布鲁克林公园坡社区（Park Slope），45%的交通流量来自绕街区行驶的汽车。中国的情况甚至更糟，传统城市无法应对汽车持有量的迅速增长。如今，在一些主要城市，停车位极其匮乏。据2011年初的数据推算，北京石景山区拥有11万辆汽车，其中1.1万辆没有停车位。重庆主城区停车位缺口为19万。由于每天约有400辆新车投入使用，这个缺口还在扩大。在西安，110万辆汽车只有60万个停车位。此外，私家车停车的费用可能占到全年开车费用的三分之一。因此，上海市政府于2012年出台新的规定，倡导先买停车位再买车。

中国城市停车难的问题比较突出。于是，政府要求所有新开发的住房项目都要考虑停车位的建设。[6] 污染和拥堵无疑给市民的生活带来困扰，城市的未来很大可能取决于停车设施的容量。中国城市目前的发展速度比历史上任何其他城市都快，如果不做好准备，可能会导致环境和经济蒙受损失。

为减少开车出行，提高停车费不失为一个好办法。停车位的不足以及市中心高昂的停车费，可以有效地遏制城市的交通拥堵。2009年，旧金山大都会运输局编制的一份限制停车的报告，便是参考了"停车政策研究权威"唐纳德·肖普（Donald Shoup）的理念。肖普在他的《免费停车的高昂代价》一书中告诉我们，所谓的免费停车其实并不免费。在繁忙的街区寻找免费停车位更是浪费能源。在肖普看来，既然停车位数量有限，就应该根据市场的需求对路边停车收费。此外，还需要在路边指示牌上标明何处可以停车，以便驾车人能够顺利找到停车位，而不必浪费时间四处寻找免费的停车位。报告最终还列出一些具体的建议，诸如延长停车时限、小汽车一次最多只允许停四小时。简言之，收取路边停车费可以减少拥堵和污染，让小汽车的行驶更为顺畅，还可以为城市带来一笔额外的财政收入。

旧金山的停车计划旨在让停车位的使用率在任何时段都达到85%，并实时更新停车位的情况，让驾车人能够方便地找到位置停车。诚然，这个计划对缓解拥堵肯定会起到一定的作用，但阻止一个人在城里开车的第一要素，是自驾的成本。相较而言，交通拥堵费更能击中要害。这样的政策最早于1975年在新加坡采用，是新加坡试图将自己打造成远东商业之都的首批政策。效果是显著的。在该政策实施之前的1975年6月，每天登记进城的汽车为32000辆。开始征收交通拥堵费后，很快就下降到7700辆。此后，很多城市（如罗马、斯德哥尔摩、米兰以及2003年的伦敦）纷纷效仿。

交通拥堵费政策于2007年首次在斯德哥尔摩实行。据计算，三年内，内城的交通流量减少了20%，交通拥堵减少了30%。伦敦是欧洲最拥堵的城市。英国十大交通拥堵点中，五个位于伦敦。更糟糕的是，伦敦大多数交通拥堵都发生于城市的交通干道，城市30%的交通拥堵集中于仅占城市街道网络5%的地段。2003年2月17日，在伦敦实施收取拥堵费的第一天，共有19万辆汽车进入拥堵区，汽车数量瞬间下降了25%。下降的速度和幅度都是断崖式的。

但随着时间的推移，这一政策的效果也不如当初那般突出了。尽管市中心汽车数量的减少降低了污染，但到2008年，伦敦的交通拥堵又恢复到2002年的僵局。据预测，未来的五年内，其拥堵程度还会再增加15%。因此，交通堵塞仍然是伦敦的老大难。城内车辆的行驶速度继续减缓。2011年的估计是，伦敦每年因交通拥堵造成的损失是2亿—4亿英镑。此外，空气污染也在恶化。据说，伦敦每年至少有4000人某种程度上死于城市中恶劣的空气。

显然，单靠收交通拥堵费并不能解决问题。尽管开车成本的上升可能会阻止一些人用车，但如果市民不能每天自由地出行、上班或回家，一座城市也就丧失了其应有的功能。作为阻止汽车上路的一种策略，交通拥堵费对穷人的影响甚于富人。这关乎到城市权的问题。此外，交通拥堵费政策是否有助于改善空气质量，仍然没有定论。在某些情形下，车流稀疏时甚至比交通拥堵时更糟。《绿色大都市》(*Green Metropolis*)一书的作者大卫·欧文便指出，交通拥堵对一座城市可能反而还是件好事。据他观察，"交通拥堵其实是有益的、环保的，如果拥堵令驾车人对开车望而生畏，那么其他的选项就会显得更为诱人，譬如数人拼车、乘坐公共汽车、坐火车、骑自行车，或者步行上下班。要不索性就住到城市公寓"[7]。那么，城市中怎样的车流量算恰到好处呢？

站在智利圣地亚哥巴士总站的经历令人难忘。一生中我头一遭见识到如此之多的公交车。每辆公交车的前窗都标有一个地名，告诉乘客它的终点站。这一辆沿着智利狭长的国土向南，以蓬塔阿雷纳斯为终点；那一辆向北穿过阿塔卡马沙漠和秘鲁，一直到大山的脚下，然后沿着海岸往西抵达沿海的港口和城市。当时，我刚到达这座城市第二天，还在努力了解这座城市。

但如果想弄明白拉丁美洲是如何运作的，就必须去看看公共汽车站。买好车票后，我来到咖啡厅，点了一杯咖啡以及这辈子吃过的第一份肉馅卷饼。小巧的卷饼里包裹着肉和土豆泥。等车的时候，我看见乘客排成的长队绕着巴士弯来扭去。他们各显神通，拼命把自己随身携带的货物、袋子乃至家畜全都塞进巴士储物箱。我的第一段旅程是前往蒙特港,全程 18 小时,却只占通往智利的最南端路程的三分之一,这让我意识到英国有多小。还有一次,我乘坐 12 小时的长途巴士前往南部的恩特尔拉各斯(Entre Lagos),巴士上甚至配有餐饮服务、女服务员和酒吧。

在一个大多数人都没有汽车的城市,高效的公共交通系统至关重要。事实上,交通问题几乎是世界上所有市长面对的最紧迫的任务。而这类项目的庞大规模令人难以置信。在 2010 年,根据估计,仅仅纽约地铁系统的耗电量就与布法罗整座城市的耗电量相当。在伦敦,平均每天的出行量至少为 2400 万人次。公交、地铁加上轻轨,一年总共运行 35 亿英里,大约是地球与太阳之间距离的 40 倍。[8] 出行也是我们的日常体验。我们每天早晨从家中前往工作地点上班,下班后又返回家中。此外,人们还会送孩子上学、确保自己按预约的时间及时到达医院,等等。我们将公共交通视作理所当然的出行方式,并且在出现延误或拥挤时心生怨愤。交通投诉是人们拨打纽约 311 电话服务热线的最主要原因。在 2012 年伦敦市长竞选期间,地铁票的票价竟然是关键议题之一。更为重要的是,公共交通可以改变一座城市。

在《人类的交通》一书中,贾瑞特·沃克(Jarrett Walker)提出质疑:在涉及交通政策时,我们是否认识到正确的优先顺序?在沃克看来,若要在人口稠密的城市运送大量的乘客,公共交通是迄今为止最为有效的方式。但并不是人人都能够做出明智的决定。一想到公共交通,我们常常将它视为次于自驾车的选项,总是会冒出许多的问题,例如"公交车能不能带我到自己想要去的地方","是希望它们更快还是更便宜","是希望更频繁的公交班次还是优先考虑高峰时段的班次","公共交通应该把重点放在穷人和无车族身上,还是为全体人提供服务"。沃克在人的意愿与现实的可能之间做出明确区分，并得出结论，公交系统的类型众多，可以让任何一座城市随意选择。但是，一座城市选择何种类型的公交车和铁路运输系统，不仅是一个纯粹的功能性或财务性问题，还关乎城市的定位。[9]

类似的讨论见诸巴西巴拉那省的首府库里蒂巴（Curitiba）。2001年，联合国教科文组织试图为遭受重创的阿富汗首都喀布尔寻找一个战后重建的样板，最终选中了库里蒂巴。这个选择绝非偶然。库里蒂巴的发展堪称一个奇妙的故事。截至20世纪60年代，这座城市的人口在短短十年间从18万跃升至36万。直到此时，其城市规划始终都是以汽车为主要参数。宽阔的林荫大道从市中心向四面八方辐射延伸。到了20世纪80年代，城市中心交通拥挤，城市上空浓烟弥漫。于是有人开始担心，都市化的高速发展将会让库里蒂巴的扩张达到难以控制的程度。因此，在制定新的总体规划时，有人提出新的哲学理念："城市不是问题，而是解决方案。"但最终提交的初步规划并没有参考这个新理念，而是希望拆除一些建于世纪之交的形态优雅的房屋，以拓宽市中心的主要道路。与此同时，库里蒂巴还设计了一座外形丑陋的立交桥横穿市中心。

这一规划遭到联邦大学建筑与规划学院教师海梅·勒纳（Jaime Lerner）异乎寻常的反对。勒纳认为"他们这是在摧毁库里蒂巴的历史"[10]。1988年，几乎是误打误撞，33岁的勒纳发现自己成了库里蒂巴的市长。他上任后的第一件事，便是改造城市的中央大道。但他不是设法控制穿过市中心大道的车流，而是将其改造成步行街。勒纳担心自己的计划会遭到激烈的反对，让工人们只用一个周末完成了整个行动。中央大道于周五晚间封闭、周一上午重新开放，这中间的48小时，工人们在大道两侧种植了一万株花卉。此前，针对这个改造，大道两侧的一些店家威胁说要对这两天造成的损失提起诉讼。但到了周一午餐时间，已有人请愿要求在城市的其他地段实施同样的改造，禁止汽车通行。

　　与此同时，勒纳非常清楚，未来城市的总体规划必须以公共交通为核心。因此，接下来的新工程，首先便设计了一套自市中心沿着五条主干道通向市郊的公交系统。其目的是连通城市中所有的街区。与之相对应，有关街区的建造必须依据分区法规，与附近的交通网络融为一体。比如在开发新建居住区时，首先必须建造公交车站。此外，为了确保市民不选择自驾而乐于使用公共交通工具，城市的公交系统必须高效、快速、设计合理。比如城市的快速公交车（BRT Express Buses）必须划定专用车道，与私家车分道行驶。

　　然而，最令人称奇的创新来自勒纳伫立于某个公交站凝神观望的片刻。当时他看着乘客花很长时间踏上公交车的台阶，然后在上车前还得花时间向司机付车费，于是在心里勾勒出一个替代方案，将公交站设计成一座管道形状的玻璃候车亭，位于与公共汽车车门等高的平台上。同时，他还设计了新的付款方式，乘客再也不必在公交车门边花时间买票。票价定为一价通用，最初约为 0.20 英镑。如此一来，每当有公共汽车靠近站台，乘客们可以从玻璃候车亭的五个候车门上下车（最多可让 300 名乘客在 15 秒内上下车）。公交车的班次也增加了，即便在高峰时段，人们也不用长时间等车了。

　　只要有可能，新系统的开发竭力鼓励用户和本地人参与，而不是必须引入专家和采用昂贵的创新技术。比如，当公交车制造商沃尔沃建议他们设计一套先进的系统让车辆与站台对齐时，一位经验丰富的公交车司机向交通开发委员会提议在站台的地面画上一条简单的油漆线便足矣。这一类的常识意味着交通网的建造不需要城市当局另行出资补助，而是自运营以来始终就能自负盈亏。尽管库里蒂巴是巴西私家小汽车拥有比例最高的城市，它的公交系统依然大

图40　勒纳设计的公交车站

大改变了市民的生活。1974年，全城每天使用公交系统的乘客人数只有2.5万。如今，这一数字已上升到200万。据估计，公交系统每年能够取代2700万次私家车的出行，让库里蒂巴的汽油消耗量比巴西其他城市低30%，空气污染程度也是全巴西最低的。随着城市在20世纪90年代的繁荣，为了应对郊区的发展，开始设计新的街区时就会考虑交通运输系统。

在哥伦比亚的首都波哥大，智能交通政策的社会影响更为明显。这一点得益于富有远见的市长安塔纳斯·莫库斯（Antanas Mockus）和恩里克·佩纳洛萨（Enrique Penalosa），两位都看到了利用公共交通确保所有人都能进入城市的重要性。莫库斯首次进入公众的视野，是因为某次与学生代表谈判时他不惜以露臀行为引起他们的注意，被迫辞去哥伦比亚国立大学的校长职务。不过，这种"符号暴力"行为倒激发他后来加入竞选市长的行列。不过他拒绝加入任何政党，而是坚持"四无原则"：无宣传、无政治、无政党、无平台（钱）。他呼吁道："在车上张贴'我爱波哥大'无益于解决波哥大的问题。相反，应该说'我讨厌它，但我会做些事情，让它得以改进'。"[11] 当时，波哥大正处于危机时刻，城市人口以每年 4.5% 的速度增长，已到了无法控制的地步，至少有 40% 的人口居住在市政管理的范围之外。这些人生活在贫困线以下，没有基本的市政服务（如清洁水、污水处理系统、公共交通系统、教育和卫生等）。市政府已是资不抵债。街道上到处是无法无天的行为，警察队伍腐败，平均每月有 250 起谋杀案，而 95% 的罪行未受惩处。莫库斯没有经费去改变这一切，所以他不得不劝说市民们反思自己的行为。

为了让城市实现自我管理，他于 1993 年发起一场非政治性的"公民文化"运动："公民文化的要点是学习正确地对待他人，避免错待或攻击他人。我们需要建立一个公民社会，以礼仪规范克服犬儒主义与冷漠无感。"[12] 与此同时，他以身作则，身着超人的服装以鼓励他人成为"超级公民"。他打印了 35 万张卡片，卡片上印着向上或向下竖起大拇指的图标。随即他派出有关人员，将这些卡片分发给街道上表现良好或不良的行人或驾驶员。他还招募 220 名演员走上街头，模仿和羞辱那些乱穿马路、扰乱社区或惹是生非的人。在圣诞节期间，因为过量饮酒导致暴力行为加剧，他实行一项交出枪支以换特赦的政策，并将回收的枪支熔铸成餐具。在交通运输方面，他投资了"无车日计划"（Ciclovia），每个星期天都划出 50 英里的市区道路禁止汽车通行，将道路留给骑自行车、踩滑板和步行的人。后来，"无车日计划"项目还扩展到贫困社区，并由此启动了一项免费自行车租赁计划，为城市中遭受严重孤立的群体提供一些融入城市的机会。

1998 年，借着在波哥大所取得的政绩，莫库斯参选哥伦比亚总统，不过最终他没有胜出。当地自由党领袖恩里克·佩纳洛萨继任市长。佩纳洛萨接手的波哥大处于社会转型期，而且前任市长莫库斯留下的7亿美元预算盈余使它拥有稳固的财务基础。因此，佩纳洛萨一面继续推进社会改革的进程，一面大力投资改进城市结构的项目。尤值一提的是，他将公共交通运输系统作为解决社会不平等的有效工具。正如他宣布的那样："城市交通是一个政治而非技术问题，技术方面非常简单。难的是对公交模式的选择，因为必须要考虑到谁能够从中受益。"[13]

佩纳洛萨坚信，现代化城市的重建应该考虑穷人和儿童的利益。因此，关于城市的公共空间以及市民们如何出行，需要一种全新的思路："我们所做的一切，都是为了增进平等，以最大程度地整合社会。通过这种方式我们也在建设民主……城市是有形的实体，人们上学或者去图书馆，所到之处都是实实在在的建筑物。他们行走在人行道上，使用公共交通和道路。如果城市的物质条件不良，城市的生活质量也必然糟糕。"[14]最终，这一切都被纳入《2000年首都地区的土地利用规划》，其重点是城市更新、建筑环境、可持续发展和低收入群体的住房建设。

于是，市政当局新建了不少的学校、公园和图书馆，还增设了100家能够接收五岁以下儿童的托儿所。所有贫民区也都通了自来水。此外，专为无家可归者开发了大规模的住房项目。与此同时，佩纳洛萨希望波哥大人重新思考自己的城市。对许多穷人来说，街道是生活的主要场所，因此他提出要从驾车人手里夺回街道，暗示汽车象征着不平等。

1991年至1995年，波哥大的汽车总数增加了75%。到1998年，私家车占据了城市道路空间的64%，但私家车的使用人数仅占城市人口的19%。为此佩纳洛萨提出，要对城市中大部分街道进行步行

图 41　骑自行车的佩纳洛萨

化改造,包括一条长达 17 公里的步行道(也是世界上最长的步行街)和一条长达 45 公里的绿道(这条道路当初被设计为 8 车道的高速公路)。同时他还颁布指令,禁止在人行道上停车,因为"在人行道上停放机动车是不平等的象征"。于是,他沿着街道安置了一系列混凝土界标。之后,他又对汽车使用实行进一步限制。比如提高汽油税、强制所有的通勤者每周至少两天将私家车留在家中。接着又开始安装私家车使用监测器,以监控高峰时段私家车的出行状态,并确保 40% 的私家车在高峰时段不得上路行驶。此外,他还宣布每年的一个星期四作为无车日。这一天,所有人都必须将车留在家中。

佩纳洛萨大力提倡以自行车取代汽车。口号是:"汽车令人疏离,自行车整合社会。"[15] 由此他对波哥大之前的"无车日计划"大加拓展,在原有基础上又增加了 300 公里长的自行车专用道,禁止汽车通行,让儿童能够安心地使用。此外,对原有的公共交通运输系统加以彻底的改造，以满足最需者之需求。

在勒纳设计的库里蒂巴快速公交系统的启发下，波哥大开发了千禧年快速公交（TransMilenio）。证明公交运输完全能够改善一座700万人口大城市的交通需求。直到2000年，波哥大的城市交通系统一直由私人公司组成的企业联盟把控。高昂的收费与运行中经常出状况的公交车数量之间始终存在着冲突。同样的路程，私家车行驶的平均时间为42.6分钟，公交车行驶的平均时间却多出50%，高达66.8分钟。依赖这种不可靠服务的穷人受到成本和时间上的双重损失。

波哥大千禧年快速公交系统是一项公私合营的大工程，最初只打算覆盖城市中两条主要的交通路线：加拉加斯大道（Avenida Caracas）以及80街（Calle 80）。线路的总长为42公里，旨在每小时上行和下行各运送35000名乘客，每位乘客的票价为0.85美元。起初投入运行的公交车为470辆，设有公交车行驶专用车道。每隔700米左右规划有一系列类似于库里蒂巴的高台车站。所有的高台车站都配有售票亭、登记打卡机、监控摄像头。后来，除了主干线，还增加了一系列方便郊区乘客到市区的接驳巴士，每隔300米左右设置一个停靠站，尤其在较贫困的街区。2006年之后，这一快速公交系统逐渐覆盖全市更多的城区，共包括九条独立线路。2011年，政府又开通了另外两条线路。

千禧年快速公交系统大大改善了波哥大的交通。如今，它以平均每小时29公里的速度，为4.5万人提供各个方向的出行服务。随着系统的发展，越来越多的人将汽车留在家中而改乘公交车，出行的时间已经大大缩短。尤值一提的是，快速公交系统在富人与穷人中都很受欢迎。总之，它已成为城市大融合的象征而不是耻辱的标记。76%的用户对它的评价是好或非常好。此外，它还减少空气污染,每年降低1000吨微粒排放。所节省的开支高达6.7亿美元。交通事故的死亡人数也下降了88%。

因为这些突出的表现,世界各地的交通运输专家都将拉丁美洲誉为交通运输创新的典范,希望能够吸取经验以改善未来城市的交通。在1995年出版的《希望:人类与野生世界》一书中,著名环保作家比尔·麦吉本(Bill McKibben)指出:库里蒂巴可作为一种新型城市生活的样板。英国建筑师罗杰斯勋爵(Lord Rogers)参观了波哥大之后,在1995年的赖斯年度广播讲座(Reith lectures)中呼吁,要将波哥大作为我们所有人借鉴的典范。2006年,美国国家快速公交运输研究所发布了一份报告,探讨能否在美国复制波哥大千禧年快速公交系统的成功,结论是虽然这个系统的好处显而易见,但鉴于美国公众对这些好处的普遍无知以及美国社会对无车族的污名化,类似的项目在美国很难实施。背后的事实却是,美国城市缺少勒纳和佩纳洛萨这样的市长,愿意证明社会变革与改善公共交通可以并行不悖。[16]

不过,当我们思考城市与交通之间的关系时,公共交通并不是唯一的解决之道。长期以来,步行的影响力被忽略,直到现在才有人意识到,步行其实也是决定城市幸福指数的关键要素之一。正如佩纳洛萨所言:"既然上帝让人类成为直立行走的动物或者说能够步行的人,那么像鱼要游泳,鸟要飞翔,鹿要疾跑一样,人类也应该需要步行。步行不仅是为了生存,也是为了快乐。"[17]

我对城市的兴趣最初就来自步行,有时会迷失方向,也没有目的地。后来,我开始明白都市的行事方式和节奏,在城市中找到一个叫家的安身之处。如今,抵达任何陌生的城市,步行仍然是我最喜欢的事情。在威尼斯这样的城市,散步也许是唯一可行的闲逛"工具"。将自驾车停靠在泊多瓦或其他的地段,然后坐上火车直抵位于威尼斯主岛的圣卢西亚火车站。一踏出这座火车站现代风格的凉廊，哇，美景已为你而备。夏日里，绵延而低缓的台阶上到处都是游客，正在朝着运河走去。眼前是波光荡漾的水面和热闹欢腾的水上巴士站。左侧，扑面而来的是赤足教堂（Church of the Scalzi）的巴洛克式奇迹，前方高高矗立的则是小圣西满堂（St Simone Piccolo）高贵的铜制穹顶。

走过石板铺就的广场，跨过运河，旋即深陷游人的海洋。城市中狭窄的小巷和人行道上，除了摩托车偶尔路过的嗡嗡声，别无其他的噪声。没有公共汽车，没有小汽车，也没有火车。威尼斯让我们明白，只有脚步丈量、眼睛发现才是探索一座大都市的最佳途径。也正是在这样的时刻，一个人才能感受到城市与人的互通互融。枯坐在封闭的驾驶室里，待在方向盘的后面，只能自隔于城市和他人。的确，在城市中行走，让城市更宜于步行，对个人的幸福感以及快乐社区的建立都有显著影响。

20世纪60年代末，当时正在伯克利大学任教的英国城市规划师唐纳德·阿普亚德（Donald Appleyard）主导了一场实验，对旧金山的三条街道加以比较。除了车流量不同，三条街道的其他层面都非常相似。根据车流量的高低，阿普亚德将每条街道划分为：低车流量街道（每天通行2000辆车）、中等车流量街道（每天通行8000辆车）、高车流量街道（每天要忍受1.6万辆汽车）。

实验的结果令人深思。阿普亚德发现，车流量对邻里街区和社区具有重大的影响。低车流量街道的居民比高车流量街道的居民每人平均多出3位朋友和至少6位熟人。低车流量街道的社区更为融洽，居民们更有可能在门前台阶上共度白天的时光。孩子们更可能在一起玩耍。随着车流量的增加，居民共为主人翁的意识迅速降低，也几乎没有什么共享的街头生活。这一切对老年人和青少年的生活影响更甚。因此,每次坐进你的小车,都应该思量一番:自己将行驶在别人的街道上,开车路过时会干扰他们的生活。

为了让民众愿意乘坐公共汽车,我们需要创建有效的公交系统。同理,为了让人能够在城市中步行,我们需要创建有吸引力的公共场所和街道。这些场所应该安全、吸睛、广受欢迎并且开放,让人愿意前往。然而我们不难理解为什么有人会觉得麻烦而不愿出门散步。当罗伯特·摩西这样的规划者将汽车作为城市设计的首要因素时,城市中就几乎没有什么能吸引悠闲漫步者了。结果是,1977年至1995年之间,美国人的步行量减少了40%。我们能做些什么呢?

好在事情比预期的要乐观,因为城市居民事实上比我们主观假设的更愿意使用人行道。正如《纽约杂志》的报道:"这座城市的结构迫使我们比美国任何其他城市的居民进行多得多的锻炼,这也与纽约人更为长寿有很强的关联。"是的,我们在城市中步行的路比自己想象的要多,譬如步行前往火车站或公共汽车站,去街角商店或健身房。城市布局紧凑也让我们更愿意选择步行,而不必连去附近办个事都得开车。[18] 客观来说,土生土长的纽约人不仅比大多数其他地方人步行更多,也走得更快。流行病学家埃莉诺·西蒙西克(Eleanor Simonsick)发现,较快的步伐是健康良好的一种表现。

事实上,生活在城市能够让我们更健康、更健壮。温哥华大学的劳伦斯·弗兰克(Lawrence Frank)在另一篇论文中,对比讨论了亚特兰大内城与其郊区的年轻居民之间的健康状况,发现由于城区居民不得不经常步行,而郊区居民在日常生活中更愿意以汽车代步,因而城区居民的平均体重比郊区居民轻10磅。当我们发现英国国民医疗服务总支出的近10%都用于对抗肥胖[19],鼓励大家多走路的说法就显得更有说服力了。增加运动有利于体重指数的降低，这也会对心脏病、糖尿病甚至癌症的发病率产生连锁反应。当然，二氧化碳排放量的减少也意味着我们的社区更清洁、更健康。

创建更多适宜步行的街道也会对居住区产生巨大的影响。伦敦交通局于2008年完成的一项研究显示，在适宜步行的街区，房产的价格可能会提升3万英镑。针对伦敦南部卡特街（Cut）的升级改造表明，拓宽人行道、改善照明和增加绿植使街道的整体价值有了显著的提升。步行便利性与零售业之间的关系也是如此：一条步行街不仅能吸引更多的游客，还会提高他们的消费意愿。

步行便利性还是衡量城市诸多不平等的基准之一。理查德·佛罗里达指出，便于步行的社区相比而言教育水平更高也更具创造力，"如同一块磁铁，吸引并留住最富于创造力的企业和技术精英人才，从而推动经济增长、提高房产的价值并创造更高的收入"[20]。相比之下，因为公园较少，路灯、人行道之类的便民设施数量不足且损坏较严重，较为贫穷的街区更加危险，犯罪率更高，也更加不宜步行。因此，如果步行的好处显而易见，那么荒谬的是连步行也成为富人的特权。也许我们应该对城市权的定义予以扩充，将能够享受开放且适宜步行的社区这一条也列入。

如同受到离心力的作用，今日城市的郊区正不断向外蔓延扩张。在这样的背景下，以适宜步行作为核心来设计城市，听起来像是不可能实现的幻想。我每天上班所乘坐的铁路线始建于19世纪70年代。如今它从伦敦最北端的郊区一直通往西区的中心，总长度超过35公里，让乘客能够在20分钟之内抵达首都最东端的金丝雀码头。我只是每天沿着它出行的40万乘客中的一员，所有乘客加起来，每年出行总数超过1.275亿次。十年前我住在内城时，步行到市中心上班只要25分钟。现如今如果从我家步行到市中心，至少需要两小时，显然是不可行的。我们需要思考创建适宜步行的社区，通过强大而高效的交通基础设施与城市其他各处顺畅相通。

那么如何在城市中创建出一些引人入胜的场所，而不是让大家受制于交通的困扰而无处可去？在罗伯特·塞维罗（Robert Cervero）和卡拉·科克尔曼（Kara Kockelman）看来，可以从3D中找到解决方案。所谓3D，指的是密度（density）、设计（design）以及多样性（diversity）。这告诫我们，单纯以汽车为中心而设计的城市，不仅限制了城市的结构和道路，更影响了市民的社交生活。在机动车盛行的城市，家庭住所与办公地点之间总是隔着一段漫长的高速公路。人们总是试图以最快的速度在两者之间匆匆穿行。速度优先于社交，导致当今城市几乎没有值得步行前往的地方。超市和购物中心都建在城外，传统的商业大街遭到扼杀，多姿多彩的本地特色小店变成千篇一律的品牌直销购物中心。人际关系越来越疏远，与银行出纳员的常规互动变成了与自动取款机的接触。所有这些，既不会留下美好的记忆，也不可能让人流连忘返，它们压根就不是个"地儿"。但人类终归还是有那么一丝机会，让街道还原为街道，让街道更宜于步行、更为公平。所幸，一些明智的城市也抓住了机遇。

说到令人心旷神怡的都市体验，恐怕没什么能比得上在11月秋高气爽的周日清晨漫步于塞纳河的南岸。这条道路建于20世纪50年代，最初是为改善巴黎市中心交通而建的高速公路，如今已被改造为人行步道。这里汇集着慢跑者、骑自行车的人，还有像我们一样的闲逛者。置身其中，感觉既奇妙又奢侈。从阿尔玛桥往杜勒丽花园方向一路走去，横穿城市中心长达2英里的滨河长廊，巴黎光彩夺目的各大景点尽收眼底，古老的市中心散发出别样的魅力。

2010年，时任巴黎市长贝特朗·德拉诺埃（Bertrand Delanoe）

向"令人难以忍受的汽车霸权"宣战。此前,德拉诺埃因在每个夏天都将类似的一段河堤路改造为城市的滨水步行道而声名远扬。[21] 德拉诺埃解释说,巴黎的高速公路上每天奔驰着7万辆汽车,正是它们"贡献"了巴黎总污染的三分之二。但该项目不仅在于控制碳排放量,"这是为了降低污染和汽车流量,给巴黎人创造更多的幸福机会。如果能够成功,我相信它将深刻地改变巴黎"[22]。

2012年8月,德拉诺埃进一步确认,沿着塞纳河南岸从奥赛博物馆到阿尔玛桥之间2.5公里的路段将永久成为步行街,并且计划新建公园、运动场、餐厅,甚至还有一个水上植物园。法国前总统乔治·蓬皮杜曾宣布"巴黎必须适应汽车"[23],如今这座城市正在回归步行者。既然在像巴黎这样欧洲最繁忙的都市中心都能够做到,那么在其他的地方都有可能实现。

图42 塞纳河边:巴黎广场,2010年

第九章 城市交通

第十章

城市更环保？

站在山顶，我简直不敢相信，自己脚下的这片土地居然是一座城市的中心！至少按官方的说法是这样。眼下，没有一丝风，温度高得与季节明显不符。升腾的水蒸气让周围的一切变得模糊。向北望去，越过一片原始状态的沼泽地，不远处有一条蜿蜒曲折的小溪，再往后便是密密实实的翠绿色林带。几乎看不到人类居住的痕迹，直到抬头远眺，我才瞧见曼哈顿市中心声名远扬的天际线。在一座座摩天大楼构成的都市风景中，新建的世贸大厦高耸入云。

我正站在清泉垃圾填埋场（Fresh Kills landfill）的北丘，14英里之外的城区与眼前似乎完全未被破坏的风景形成鲜明对比。这里以溪流和湿地命名，在20世纪50年代被认为是荒地而不是自然栖息地。然而，我脚下踩着的是1.5亿吨垃圾，一座50来年日积月累堆积而成的垃圾山。这些垃圾来自纽约市，经过收集、装船、转装卡车，最终倾倒于此。这里一度是世界上最大的垃圾填埋场，容纳着腐烂的食物、塑料袋、厨余残渣，还有包装材料、废弃的报纸、破损的物品……所有被纽约丢弃之物尽在此地。

对面是垃圾填埋场的西丘。"9·11"事件之后，双子塔倒塌后产生的 140 万吨垃圾（包括扭曲的金属、压碎的汽车以及成堆的瓦砾）全都运到了那里，以便身穿白色连体衣的政府工作人员来搜集材料作为证据，也让那些在袭击中失去亲人的家庭前来，希冀找到哪怕是极为微小的物件留作纪念。

现在，大自然似乎重新占领了这片土地。小溪边有一个鱼鹰巢，甚至有报道说草原狼在这里出没。我站在那里，对面西丘绿草如茵，繁花点缀，一只蝴蝶在花丛间飞舞。有人告诉我，其他水鸟、狐狸和秃鹰之类的动物都回来了。无须劳驾汽油驱动的割草机，只靠一群山羊啃食，就可以让遍地的青草保持在合适的高度。如果不是事先知情，我准会以为自己脚下是一片几十年来未加开垦的荒地，而不是一个为了恢复被破坏的景观在 2003 年才开始动工的大工程。唯一能提醒我身在何地的，是远方那些犹如奥兹国的翡翠城般的摩天大楼，还有安装在山丘之巅的一排排水龙头和管道，用于抽吸山丘下废弃物所产生的甲烷以及渗透液。

清泉垃圾填埋场于 1947 年首次启用。它也是罗伯特·摩西改造纽约的宏伟计划之一。本来它只是一处临时的垃圾填埋场，设定的使用时间不超过三年。基础设施和废物处置系统安装到位之后，这座填埋场所能接受的废物垃圾每天高达 2.9 万吨。加上它地处斯塔滕岛的偏僻角落，距离曼哈顿足够远，可以让人对垃圾问题眼不见心不烦。如此一来，当局便索性将它用作一座永久性垃圾填埋场。自那时起，斯塔滕岛上的居民不仅需要忍受难闻的气味、垃圾引来的海鸥群，还要承受充当五大行政区公用垃圾场的羞辱。每年都有岛民抱怨该岛在交易中受到了不公正的待遇。到 20 世纪 90 年代，曾为沼泽地的溪流两侧已经堆出了四座垃圾山。每天都有驳船出入其间，卸下的垃圾臭气熏天。与此同时，岛上的居民社区也在不断地成长壮大。居民们的住房向着垃圾场的围栏越建越近。最

图 43 站在清泉垃圾填埋场的北丘眺望,远处是曼哈顿

终，这座填埋场于1997年关闭，其周边则建起了一排排白色的郊区别墅群。

面对清泉垃圾填埋场这一类的场所，我们能做些什么？它就在那里，有毒，污染空气，没有绿色空间。一言以蔽之，堆积如山的垃圾会带来气候变化、废物泛滥、损害生活质量等一系列问题。凡此种种，毋庸置疑，亟须解决。不需要看到清泉垃圾填埋场里垃圾的图片，也无须联想到达拉维的回收工厂，更不必去繁忙的十字路口测量空气中有害气体的含量，我们就能知道此类场所对城市的日常生活有怎样的危害。据统计，即便在最清洁的城市，每年也有数百万人死于呼吸道疾病。如今，我们可以测量出每个街道拐角处的碳排放量，并估算出城市各街区所排放的数百万吨温室气体。表面看来，今日城市已不再像恩格斯笔下的曼彻斯特老城，充斥着阴森森的地狱工厂。然而这种表象恰恰掩盖了真正的危害性。不过，尽管如此，这个城市也可能是最有潜力解决这个时代最紧迫问题的地方。

经过改造，清泉垃圾填埋场最终变成了葱郁的公园，我在纽约之行中已经亲眼目睹。这是一个大规模政府项目取得成功的故事，也让人们以不同的方式思考这座城市。20世纪90年代中后期，排山倒海般的政治压力迫使纽约五大行政区各自处理垃圾，再不能将垃圾全都运送到斯塔滕岛。清泉垃圾填埋场最终关闭。随后，当局决定对清泉垃圾填埋场内的垃圾山进行封顶处理，并将整个填埋场改造成公园和自然保护区。然而，这项改造工程的进程会告诉我们，相关的操作有多么复杂。

改造工程的第一阶段由纽约城市规划部监管。2001年，该部门发起了一项国际景观设计竞赛。与此同时，处理地表以及确保废弃物安全封存的工作，由纽约环境卫生局负责。这项工作在环境卫生局内部又被分派到两个部门：保存维护部门与固化废弃物部门。两部门在具体的操作方法与工作成效上不尽相同*。此外，纽约环境卫生局还负责监督必须在现场进行的气体和渗透液处理工作。2011年，对气体的处理带来价值高达1200万美元的天然气，随后在当地市场出售。渗透液经过处理和清洁后，生产出清洁的淡水。至于垃圾山的地表，之前已经用不透水的塑料膜加以覆盖，如今又铺上一层最优质的土壤（比纽约中央公园的土壤还要好）。一切就绪之后，再让垃圾山静静地空置五年。最终，它被移交给纽约公园与娱乐部。至于公园与娱乐部的任务，则包括公园的种植和培育事务以及对生态环境的维护。

具体操作时，纽约公园与娱乐部必须遵守土壤使用和设计的严格规定，同时还必须制定相应措施，有效保护不久前方才培育起来的半自然环境。不渗透的防水层使地表无法渗漏，因此，不能再像对待常规的景观那样，而必须采用新的管理方式。雨水无法被地表吸收，意味着雨水的流失比其他地方更快。如此一来，就应该考虑径向流动，结果是得在地面开沟。此外，普拉特学院的一个团队启动了一项研究，以确定树根是否会刺穿防水层。在某些问题上，环境卫生局的两个部门时有争执，譬如应该允许草长多高，以及应在何处培育野花种子之类，这促使就地建了一个种子库。

2001年的竞赛吸引了五位世界上顶尖的景观设计师。最终，詹姆斯·科纳景观设计公司拔得头筹。这家公司由出生于曼彻斯特的詹姆斯·科纳负责运营。当时，詹姆斯·科纳是宾夕法尼亚大学的教授，其公司起初也只有三位设计师。清泉垃圾填埋场的面积是

---

* 保存维护部门的任务是直接填埋；固化废弃物部门的任务是先用水泥、沥青、玻璃、塑料等固化剂，将有毒有害废弃物进行固化处理，然后再进行填埋。——译注

中央公园的三倍，超过纽约历史上所有其他已建的公共项目。科纳于2003年制定了总体规划，然后与"有关的机构、利益相关者以及社区的民众"分享讨论。与此同时，他还展开了一系列有关环境影响的研究，并将之提交给相关的部门审查。简言之，科纳的规划在各个层面都堪称大胆，并放眼长远的未来，其时间跨度一直预设到2040年。同时，在工程实施的各个阶段，社区参与始终被列为优先事项。所有这些考量无疑会影响实现目标的进度，但是，参与项目的各方一致认定，这样做是值得的。

场地被划分为五大区域，南、北、东、西四座土丘，以及四座土丘之间、延伸于小溪与海潮滩涂两侧的"汇流区"。截至2006年，北丘与南丘的封盖工作已经完成。截至2011年，东丘的封盖工作尚在进行中。尽管东丘西部的边界处看起来像是杂草丛生的自然景观，但它仍然需要进一步处理。这些处理工程可望在未来的几年内动工。汇流区将成为四座土丘的中心，一个预期为即将到来的游客提供教育设施、服务处、咖啡厅和零售店的空间。相信在不久的将来，游客会蜂拥而至，欣赏纽约五大行政区内的自然风光。2012年，清泉公园管理局（Fresh Kills Park Conservancy）宣布成立。他们将负责整个园区的管理工作，并且已经进行了某些规划（如风力驱动的咖啡厅、零碳能源和绿色厕所等）。

然而，与所有大型政府项目一样，清泉公园项目也容易受到政治环境和预算的影响。原本的预算金额为2亿美元，但由于经济下滑，如今已被削减至1.12亿美元。不过，这一切并没有让项目裹足不前，相反项目的时间跨度被拉长，以求每个新的预算周期都能看到实质性变化。尽管存在官僚作风，也遇到各部门之间令人头疼的扯皮、争吵，值得庆幸的是，到目前为止，所有参与者都坚信，清泉公园将成为纽约未来的重要组成部分。显然，项目的意义远不止于一个赢得选举的拍照机会。那么这一类项目对城市的真正影响何在？

詹姆斯·科纳景观设计公司位于高线公园以北，公司的办公室也是由科纳设计的。步入其中，我立即就被它业精于勤的氛围所震撼。一排排座位上，年轻人正注视着苹果电脑的屏幕，悄然无声中充满着蓬勃生机，却又不失沉稳专注。塔蒂亚娜·乔里克（Tatiana Choulik）是从一开始就参与了清泉公园项目的建筑师。与她的交谈让我深有感悟。原来景观设计师的作用不仅在于推广和实现让土地回归荒野的理念，还应该更有作为。对此，她解释说，詹姆斯·科纳景观设计公司的目标是创造一种比荒地更有吸引力的景色（比如纽约高线公园），为城里人提供难得亲近大自然的轻松一刻。更为重要的是，这些场所需要具备社会包容性，并且可以持续稳定地发展。此种理念体现于科纳的"生命景观"（lifescape）概念："这是一个大规模的环境改造与更新的生态过程，不仅要恢复整个景区生态系统的活力和生物多样性，还要激发使用新公园的人们的精神与想象。"[1]

立足北丘，放眼四望，清泉公园项目中已经完工的园区令人称奇。我相信，城里人很快就会纷至沓来，畅享周边的自然风光和野生奇观。对于他们当中的某些人而言，这可能还是第一次真正的乡村体验。让我好奇的是，这般体验能不能促使他们在回家后反思一下自己的生活方式？当他们来此地游览，走在由自己所丢弃的垃圾堆积而成的山丘之上，是否会有所感悟，想一想自己以后将如何处置垃圾？我视线所及的废弃物处理厂，不过百米之遥。厂里仍然在处理那些曾经倾倒于斯塔滕岛的垃圾。还有一些驳船，正在将部分废弃物转运到北卡罗来纳州作进一步加工处理。河中运送垃圾的驳船会在某个时候销声匿迹吗？或许将来我们会做得更好，再也不用为运送垃圾这样的事伤透脑筋？说白了，城市其实就是一处环境犯罪的现场，作为城市中人，我们逃脱得掉这样的罪责吗？如果我们能够诚实地面对现实，那么扪心自问，清泉公园这样的大型项目，会不会只是一种实效寥寥的表面功夫？

如今，关于可持续发展城市的辩论如火如荼，从政府级国际会议（如2012年6月在里约热内卢举行的联合国可持续发展会议Rio＋20），到地方上的各种运动（如鼓励大家回收利用废弃物、使用堆肥等），让城市更为清洁的紧迫性已然是家喻户晓。然而，要想实现真正的变革，怎样做才是最有效的手段？政府间会议之类的昂贵活动，固然能够让地球上最有权势的人坐到一起，信誓旦旦地讨论解决方案。但如果不能影响到每个人的日常行为，它们几乎起不了什么作用。

与此同时，为了减少碳排放，市长们也在绞尽脑汁思考可否以及如何通过改善城市的结构和基础设施，比如制定新的住宅标准，寻求新的技术以减少公共交通带来的有害气体，制定废物管理策略，不仅鼓励普通市民以积极的态度处理垃圾，同时劝说他们改变生活中的某些习惯，比如重新思考自己的旅行、消费和生活方式。推动变革的另一头便是公众自己。因为担心短期利润至上的政策会损害长远的利益和安全，也担心放任自流的结果终将是悔之已晚，公众对变革的缓慢进程深感不满，对国家政策的盲点义愤填膺。

但如果我们能够更好地领悟并增强城市生活的优势，并就改善城市生活可持续性的方式达成共识，那么人类也许能生存下去。尽管听起来似乎有悖于常识，然而城市的确可以成为我们的诺亚方舟，而不是葬身之地。

要开始这个进程，首先我们得意识到：城市生活其实比我们通常所理解的要更为绿色。一直以来，很多环保思想家和活动家都认为，城市里人最多，由此带来最多的废物，消耗最多的能源，城市非自然之地，会招致生态灾难。他们还认为，城市的空气中弥漫着污染物，是疾病的温床。城市中没有水库，没有田地，而人类天生就需要水和食物，于是对生活必需品的补给就成为城市的紧箍咒。另外，在这些专家眼里，城市是一个肆意消费的中心，却从来也不曾反哺社会。

此外，城市里水泥丛林的图景，与大自然深处田园小舍的朴实形成鲜明对比。统计数字似乎也支持上述专家们的相关论点：城市人口占世界的比例略高于50%，占地球表面的比例不到3%，但城里人却消耗了世界全部能源的近80%。这样看，城市生活怎么可能会更为环保呢？

我在清泉公园坐上公共汽车，前往斯塔滕岛的渡轮码头。停靠在码头的渡轮将带我穿过水域直抵曼哈顿。在公交车上，我对自己说，此刻我仍然身处纽约的"中心"。这段车程的起点是宁静的半城半乡。而当我随着车向北行进，眼前掠过的房屋渐渐地就变成团团簇拥的式样。再过不久，街边的房屋不再有绿色的大院环绕，取而代之的是前花园。所谓前花园，仅能容下屋主停泊一辆小汽车外加一块小草坪。当我们的公共汽车到达渡轮码头时，郊区疏朗宽敞的建筑物已经完全为城市的街道所取代。各色商铺密密麻麻挤在一起，直接正对着繁忙的人行道。一排排公寓和各式各样的大楼直插天际。甫登渡轮，我径直走向船头。随着渡轮向曼哈顿步步逼近，我惊奇地一路观望，曼哈顿那种特有的生生不息总是让人难以忘怀。区区几公里的路程，我已经从宁静的城市边缘来到大都会的中心。步移景异，周边的景致变得越来越密集，绿色空间渐行渐远，映入眼帘的是混凝土、沥青和砖块。

然而，2009年，记者大卫·欧文却道出了一个惊人的事实：

住在纽约比住在郊区甚至乡间更加环保。欧文指出，与大多数专家的假定相反，当人与人彼此就近居住在一个适宜步行的环境中时，对环境资源的利用效率其实更高。尽管城市里能源消耗大、交通运输成本高，但城市生活仍然不失为一种相当明智的聚居方式。诚然，与美国任何面积相当的其他地区相比，纽约每平方英尺的面积所产生的温室气体、所消耗的能源、所产生的废弃物都要更多。但是，从人均的角度看，比起其他地区的人，纽约人利用能源的效率更高，碳排放以及产生的废弃物都更少。

2010年，全纽约的碳排放总量为5430万吨，其中大约75%来自建筑物，21%来自交通运输，3%来自固体废物，2%来自废水，0.1%来自路灯和交通信号。总的来说，96%的排放量来自化石燃料。纽约平均每个家庭每年的能源消耗量为4696千瓦时。这样的天文数字有些令人费解，它听起来也非常大，肯定比大多数欧洲城市的消耗量都要大，更别说与中国或印度的城市比。但如果与达拉斯这样布局松散的城市相比，这个数字就显得很小了。因为在达拉斯，平均每户家庭每年消耗的能源是16116千瓦时。同样，尽管纽约的排放量占美国所有温室气体的1%（单纯从数字看也是巨无霸），但如果考虑到纽约人占到美国总人口的2.7%，1%这个数字所反映的却是令人难以置信的高效节能。

要想对纽约高效的能源使用作出解释，就得回到杰弗里·韦斯特的城市新陈代谢模式。韦斯特指出，城市的规模扩大一倍时，其效率就会呈现出规模效应。也就是说，越来越多的人生活在大都市，人与人之间可以共享服务和资源。因此，当城市的人口数量翻倍时，其碳消耗量只需要增加85%（包括供暖、住房到加油站等一切的消耗），这就意味着节省了15%的能源。而随着大都市的发展，它会变得更节能，而不是更浪费。在一次采访中，杰弗里·韦斯特甚至说:"要想建立一个更环保、更持久的社会,秘诀就在于让我们的城市变得更大。我们需要更多的大都市。"[2]

当然,同样重要的是,你生活在一个怎样的城市。比方说,纽约与休斯敦就是两个截然不同的城市。纽约人每年平均排放 6.5 吨碳,而休斯敦所在地得克萨斯州的碳排放量高达惊人的 15.5 吨。为什么会有如此巨大的差异?首先,在曼哈顿,高楼层层叠叠,人们不得不彼此住得很近。而在得克萨斯州,城市的扩张不受限制,每个人都能够在郊区拥有自己独立的小别墅,屋外停着一辆高能耗越野车。

然而,即使同样在纽约或旧金山这样的城市,不同的地域对环境造成的影响也不一样。选择住到郊区或是享受城里的便利,需要付出成本。交通以及住房约占美国家庭能源消耗的 40%(约占世界所有碳排放量的 8%)。比较这两大开支,住在城里比住在郊区更节能。

总体而言,城市居民占用的空间更少。比如自第二次世界大战以来,美国家庭的平均住房面积增加了一倍,导致许许多多的房间或公寓经常是空在那里,但室内的暖气却一直开着,电灯一直亮着,电视机也处于待机状态。与之相反,旧金山公寓楼里的耗能却呈现下降的趋势,因为一栋公寓楼的取暖效率要比郊区独立屋高得多。根据 20 世纪 80 年代一项研究的计算,与 70 英里之外加利福尼亚州戴维斯市一栋同等规模的新建住宅相比,旧金山湾区一栋普通公寓楼所需要的供暖燃料要少 80%。这是因为楼里的每间公寓都在为两侧的公寓隔热和供暖。另外,各家暴露在外的面积也要小不少,因此通过窗户而散失的热量也就少一些。最后,如果以居住在建筑物里的人数来平均计算,公寓楼的屋顶所产生的"热岛"效应也要小很多。

其次，人与人聚集而居所形成的社区，可以促成简·雅各布斯所提倡的街道芭蕾。在纽约，只有54%的家庭拥有汽车。在曼哈顿，每户家庭每年只用掉90加仑汽油。相比之下，休斯敦是围绕汽车而建造的，超过1100英里的高速公路纵横交错、四通八达，便利地将郊区居民从田园诗般的乡村带到市中心。据统计，在休斯敦，有71.7%的人是独自驾车去上班，结果这些人每年可能要在交通堵塞中坐上58小时。为了清晰地展示居住在市中心与郊区的差别，经济学家艾德·格莱瑟和马修·卡恩（Matthew Kahn）对不同社区的取暖费和开车出行费进行了一番考察和计算。他们发现，单是出行用车和房屋保暖这两项，纽约郊区的居民平均每年都要比市中心住户多花289美元。[3]

住在城里的人不开车的原因也是显而易见的：在人口稠密的市区，一切都在你的家门口。你更有可能步行去便利店而不必钻进小汽车。再说，开车的费用也越来越高。近年来在美国和欧洲，18岁至29岁人群的汽车使用率都有所下降。2000—2009年，这一年龄段的平均汽车行驶里程下降了23%，年轻人中无驾驶执照的比例已经上升到26%。[4]随着自行车道和公共交通的改善，越来越多的人在进城时将汽车留在家中，有的甚至将私家车长期停放于专用停车场。此外，随着对更适宜步行城市的热情推广，人们也更喜欢在人行道上行走，汇入街道芭蕾之中。

然而这一切还远远不够。尽管城市生活有很多优势，但我们仍然在消耗过多的能源，排放的温室气体还是会妨碍环境的可持续发展。我们制造了太多的垃圾。我们的城市形成的"热岛"导致大气温度的升高，我们用来建造房屋和街道的材料（砖、钢、塑料、玻璃）效率低下。城市是消费中心，为获得最好的价格，世界各地的货物都运往那里。在物资匮乏之际，为了保证大都市的温饱与生存，人们从很远的地方运来水和粮食。

过去几个世纪以来我们对环境造成的破坏正在威胁着城市。马修·卡恩的研究表明，气候的变化将影响许多主要的城市，并带来非常严重的后果：随着极地冰盖的融化，第一批遭受冲击的将是沿海定居点。旧金山、伦敦、里约热内卢、纽约等城市都将受到影响，因为水面上涨会淹没地势较低的地区，而这些地区的居民通常都是贫穷的。像南加州的圣地亚哥会遭到尤其严重的打击：到2050年，海平面将上升约12—18英寸，气温将升高约4.5华氏度。与此同时，城市还在继续发展，对各类物资（如饮用水）的需求也将随之增加。问题是，一方面海平面在上升，另一方面科罗拉多河却将干涸。在炎热干燥的内陆地区，野火的威胁也在加剧。卡恩预测，随着圣地亚哥市民平均年龄的增长，这座城市的人口将日趋老龄化，水位上涨的威胁临近时，年轻人会有更多的机会逃离，因此最受冲击的将是社会最弱势的群体。

不过，卡恩告诉我们，想提前做好准备，也并非不可能。我们可以迁到新兴的、很少有洪水问题的阳光带城市。我们还可以建设一些防御涨潮的设施，虽然成本高昂却很值得。例如，1953年的一场洪水淹没了埃塞克斯的坎维岛，造成300多人死亡，为了应对这场洪水，大伦敦市政府修建了跨泰晤士河至伦敦以东的泰晤士河防洪闸。不妙的是，自1984年完工以来，抬升防洪闸的紧急情况频频出现：在20世纪80年代，只抬升过4次；在20世纪90年代，抬升次数上升到35次；在过去的十年里，这个数字又翻了一番，达到75次。更为令人担忧的是，工程师们现在估计，目前的防洪闸只能维持到2060年。为了应对不断加剧的洪水威胁，建造一座新防洪闸的计划已经提上了日程。

然而这一类前瞻性的举措实在太少。更多的时候，就像2005

年"卡特里娜"飓风狂扫新奥尔良那样，总是等到灾难发生之后才采取必要的预防措施。"卡特里娜"飓风还暴露了市政当局的另一大弊端，即大部分的保护和准备措施，仅仅面向较为富裕的社区。至于那些最弱势群体所居住的社区，则是任其自生自灭。因此，尽管环境灾害可能对整个社会造成毁灭性破坏，但造成破坏的程度差异是由社会的选择决定的。

那该怎么做呢？卡恩表示，市场将自我纠正并提供解决方案：创新的动力加上人的自我保护意识，将确保人类有能力应对气候变化所带来的困境，并取得最终的胜利。纵观漫长的人类发展史，莫不如此。对于灾害经济学的解读，卡恩提出："凡是不能杀死你的，终将使你变得更强大。"[5] 但这个论点难以令人信服，我们不能将地球的生存置于涓流效应*基础之上，而必须为未来制订更为具体的计划。

也许我们应该重新开始，从零起步建设我们的城市，像马斯达尔城那样？这座于沙漠中从零建起的城市，由阿布扎比未来能源公司（Abu Dhabi Future Energy Company）投资。设计人是著名建筑师诺曼·福斯特。福斯特年轻时深受美国设计师巴克敏斯特·富勒（Buckminster Fuller）的影响。富勒最著名的作品——短程线穹顶（geodesic dome），便是悉心保护城市的大手笔设计，堪称"以少博多"的光辉典范。在职业生涯中，福斯特一直在追求建筑的最高境界。借着香港的汇丰银行、伦敦圣玛丽埃克斯30号"小黄瓜"（大厦）、令人惊艳无比的北京首都国际机场3号航站楼等标志性建筑，他总是站在世界的最前沿，不仅致力于寻找实现可持续性的技

---

* 又译作"涓滴效应""渗漏效应""利益均沾论"等。"涓流效应"是新自由主义经济学中的一个重要概念，强调在一国经济发展过程中并不给予贫困阶层或弱势群体特别优待，而是通过经济增长扩大社会总财富，最终使穷人受益。——译注

图 44　马斯达尔施工图

图 45　建筑学家的零碳城市建筑模型

术方案，积极探索和使用新材料，还将眼光投向减少能源消耗的新设计，并一以贯之地追求新颖的建筑造型。

可以说，在马斯达尔，福斯特将可持续城市的理念发挥到了极致。为了弄清楚一个社区在如此恶劣的环境中怎样成长和繁荣，他考察和研究了传统阿拉伯建筑方法。与此同时，他继续引进自己终生追求的最新技术和材料。在他的规划中，整座城市建于一座23英尺高的台基之上，旨在利用沙漠上的微风，创造一套自然的冷却系统。尤为特别的是，福斯特提出一个极具未来主义色彩的构想，以个人快速公交（PRT）取代所有汽车。此等新型交通工具沿着城市地下层的轨道行驶，既让街道网格更为紧密，又有助于保持地表的阴凉清爽。

整个项目旨在尽可能实现零碳排放。位于城市中心45英尺高、外墙有特氟隆涂层的风塔，将实时显示社区正在使用的能源数量。正如马斯达尔研究所（成立于2012年，也是建于马斯达尔的首批建筑之一）所长弗雷德·莫文扎达（Fred Moavenzadah）所言，马斯达尔是一场关于未来智慧生态城市的大实验，但也考虑了人的需要。尽管目前所有的现场照片上都鲜见人影，但它将是5万名居民以及4万名通勤族的家园。不过通勤族带有空调的私家车只能停靠在城市的外围。一旦进城，他们将必须乘坐个人快速公交，让自己的生活方式更具可持续性。"我们正在体验一种新的生活方式……也教育他人……与居住在同等体积的普通建筑相比，我们所消耗的能量大约只有一半。这里没有碳排放，因为它都是可循环再生的。我们的耗水量较少，我们的废弃物也相对较少。"[6]

马斯达尔是新型生态城市的样板，昭示着都市生活的未来。具有讽刺意味的是，为这项实验买单的，却是距离不过几英里的阿布扎比油田。事实上，向建设马斯达尔提供资金的同时，这家能源公司还在阿曼、利比亚以及东南亚积极寻找开采新油田的合资伙伴。

中国也在投资建设生态城市。尽管经济的飞速发展对环境造成了一定的压力，但中国已是绿色技术的最大投资国。2007年，中国政府采购的太阳能热水器达到3500万台，超过世界其他地区的总和。中国人也将在风能领域引领潮流。迄今为止，中国已经拥有数十座生态城市或生态区。其中一些布置于北京、上海、重庆、贵阳、宁波、铜陵等城市的外围，一些位于河北、辽宁、山东以及江苏等地区。

经过三年的建设，中新天津生态城部分项目在2012年春季交付使用，且举办了规模盛大的庆祝活动。这座生态城紧挨着老工业城天津，选址盐碱荒地、废弃盐田等"生态禁地"，距离首都北京乘火车仅有一个小时的车程。天津早已闻名中外，被誉为中国创新和高科技产业的中心，吸引了很多的海外企业。空中客车、摩托罗拉以及洛克菲勒等大型企业都在这里设有子公司。一篇报道称，天津生态城的设计非常出色，"居民甚至不需要为实现绿色环保做特别的努力"[7]。

然而，正如建筑评论家奥斯汀·威廉姆斯所指出的那样，宣传与现实之间会存在巨大的鸿沟。天津生态城将公共交通置于可持续发展的核心，承诺90%的出行将使用公共交通工具。这座生态城市承诺，将每100万美元GDP的碳排放量减少到150吨。在十年的时间里，目标是每人每天最多消耗120升水，最终为每一位公民预留12平方米的绿地。这一切听起来令人印象深刻。当然，这些承诺，部分在伦敦这样的城市已经实现。在伦敦，90%的出行已经使用公共交通工具；伦敦每100万美元的GDP仅产生99吨碳；在没有任何管制的情况下，每一个伦敦人每天仅消耗120升水，平均每个公民所拥有的绿地面积是惊人的105平方米。[8]

但是，即便人类能够依靠规划者、工程师以及有远见的建筑师，在荒地或沙漠上从零开始设计并建造全新的生态城市，对世界上大多数国家而言，这样做却未必都切合实际。建设成本之高也令人望而却步。由于全球经济下滑，也由于某些项目不再具有经济意义，马斯达尔的建造经费不断遭到削减。如前所述，福斯特当初的设计方案是，将城市建于一座巨大的平台之上，以增强沙漠空气的流通，为整座城市降温。此外，建造一个地下层，以运营所有的基础设施和交通运输（包括引人注目的个人快速公交系统）。但是，当总经费从 220 亿美元减少到 160 亿美元时，这个方案被取消了。

城市绿化的最大障碍是城市中已经住了太多的人。那么怎样做才能让我们当前的居住地变得更为绿色，更好地走向未来？我们是否必须依赖工程师的方案，必须通过设计来开发更绿色环保的生活方式？在城市绿色基础设施的建设中，市长和政客们将发挥怎样的作用？最重要的是，我们自己需要做些什么，才能确保我们的生活方式足以改善身边的环境？

近年来一些气候变化峰会（如京都、哥本哈根、里约热内卢联合国可持续发展会议）表明，因为利益问题，各国之间在达成环保标准的讨论中互不信任。因此，站在应对气候变化最前沿的应该是城市，而不是国家。诸如发起项目倡议、制定切实可行的政策并确保政策的贯彻执行等事务，都需要城市的担当。然而，只有在基层市民的大力配合下，市政当局才能够实现如此重任。

为了应对气候变化的挑战，2005 年，世界上一些先进的城市联合成立了一家简称为 C40 联盟*的机构。其宗旨在于分享各自城市中有关气候治理的理念和政策，诸如如何最大限度地减少碳排放

---

* C40 联盟的全称为"城市气候领导联盟"（Cities Climate Leadership Group）。——译注

量,如何找到解决城市问题的方案,等等。如今,加入这一联盟的每一座城市都发布了改善碳排放的目标和计划。布宜诺斯艾利斯的目标是到2030年将碳排放量减少三分之一,芝加哥的目标是到2050年将碳排放量减少80%,马德里的目标是到2050年将碳排放量减少一半。东京则承诺到2020年将碳排放量减少25%。除了碳排放,C40联盟还强调了八大需要优先考量的领域:建筑、能源、照明、港口、可再生能源、运输、废物和水。

迄今为止,各方的反应各不相同。例如,旧金山已经开始规划建造一座世界上最大的城市太阳能发电站。挪威奥斯陆承诺在城市的街道安装1万盏智能路灯,以减少70%的能源消耗,降低1440吨的二氧化碳排放。南非的埃姆弗里(Emfuleni)正在全市范围内安装一套高效的用水系统,以降低供水网的压力,有效解决代价高昂的泄漏问题。这一切至少能够证明,无论国家政策如何,各市政当局已经意识到气候变化问题的紧迫性,并寻求有趣的解决方案。但是,每一座城市都面临着自己独特的挑战,并不存在一个万能的通用方案。

2007年,纽约市长迈克尔·布隆伯格发布了纽约计划(PlaNYC),承诺"为城市再增加100万居民做好准备,增强城市经济,应对气候变化,并提高所有纽约人的生活质量"[9]。参与这项计划的机构多达25家,以便为纽约五大行政区制定重点议程,涵盖纽约的方方面面,从住房、公园、水、废物处理、空气质量到如何在全球市场中保持竞争力。该计划启动时提出了127项倡议,到2009年,这些倡议已实现将近三分之二。

这项计划中的一些实例表明,绿色城市的梦想应该立足于现实,关键在于改造现有的城市结构而不是从零开始建造一座新城。如今,纽约已经建造或重新开发64000套住房,既保持了新建房屋与翻新改造和维护城市原有结构之间的平衡，又符合新的绿色建筑规范（能源使用、材料和排放限制）。此外，这些住房中有87%能够让居民方便地乘坐公共交通工具。政府还齐心协力建造了更多的公园，让超过25万的居民走上不到10分钟的路程就可以到达绿地；加种了50多万棵树；为了清理水道，专门设立了耗资21亿美元的"未来之水"项目。此外，政府还承诺到2017年将废物的回收利用量增加一倍，占到全部垃圾的30%，届时纽约的碳排放量也将减少30%。

交通运输至少占纽约碳排放总量的25%。为此，"纽约计划"不仅致力于提高公共交通的使用效率，鼓励人们使用地铁和公共汽车，还发出倡议，推动传统的黄色出租车使用绿色燃料，让车队30%的车使用生物燃料。1.8万辆漆成苹果绿色的出租车（即生物燃料出租车，Boro Taxis）被投放到曼哈顿以外的地区，为乘客提供服务。

与此同时，交通拥堵问题也提上了日程。2007年，布隆伯格市长首次宣布了交通拥堵收费计划。这一举措随即受到曼哈顿岛上各类团体、企业和居民的欢迎。除了撰写相关的报告，专家们还进行一些可行性测试。最终的提案是，对所有私家车一律征收8美元的交通拥堵费。此外，政府还绘制了一张地图，标示出工作日早6点至晚6点曼哈顿南部的拥堵收费区域。遗憾的是，在接下来的几年里，由于布鲁克林区、皇后区、布朗克斯区以及纽约州政府的反对，与纽约市政议会及州议会的谈判变得颇为复杂。最后，似乎连拥堵严重的纽约市都不太愿意对驾车人施加惩罚。

不过，这一提案并没有被完全搁置。2012年3月，纽约市交通运输部前首席副专员山姆·史瓦兹（Sam Schwartz）宣布他制订了另一项计划，将拥堵收费与环城交通收费系统整合到一起，采用了一个较为温和的名字——"纽约大都会更公平的交通方案"。不管怎样,史瓦兹的提案将大大减少交通流量,同时为负债累累的大都会运输署(Metropolitan Transportation Authority)每年带来12亿美元的收入,还能为3.5万当地人提供就业机会。虽说该提案的初衷在于解决交通拥堵问题,打破交通僵局,并没有着重强调可持续发展,却也形成了一股强大的动力,促使大家尽量少开车。此外,该提案还致力于更为有效地利用现有的基础设施,在交通拥堵最严重且有公共交通可用的地段,收取更高的交通拥堵费。媒体对此给予广泛的好评,因为它将从前完全由曼哈顿居民承受的负担,分摊一些给开车前来的访客。迄今为止,史瓦兹提案尚未完全被市政厅采用,却让人们看到了希望:收取交通拥堵费可以成为建设绿色城市的一种有效方法。

史瓦兹计划中一个较不寻常的提案,是建造一些便于自行车和行人安全通过的天桥,以进一步鼓励大家在城里骑自行车。截至2012年夏季,纽约自行车的数量比五年前翻了一番。要想鼓励市民们靠着两个轮子上下班,安全性是首要因素。统计数据显示,在2000年至2010年之间,自行车事故率下降了71%。这一切显然得益于新增的自行车车道。过去十年来,全市五大行政区新增了288英里专用车道,其中185英里是自行车专用道。[10]

然而,如果没有基层的环保活动家,以上之事恐怕是寸步难行。比如由环保活动家组成的"另类交通"(Transport Alternatives)小组,对推动市政厅解决道路、自行车道和安全问题实在是劳苦功高。自1973年成立以来,该小组便不断呼吁,将骑自行车作为促进城市可持续发展的最佳出行方式。由此还引发了其他一些讨论,诸如如何提高公共交通的运营效率、如何打造人人宜居的街道。正如其网站的表述,这绝不仅仅是骑自行车的问题。"我们所向往的最完美街道，应该是这样一种地方：空间宽敞，孩子们可以安全地玩耍。鉴于街道和人行道占到纽约市公共空间的80%，我们'另类交通'小组与一些社区通力协作，努力使各自的街道及公共空间能保证所有人的安全。"[11] 在他们看来，更绿色的社区也是一个更为令人愉悦、更充满人情味的居住环境。

自行车用量的增加，却也引发了意想不到的连锁反应。因为太多的人骑车进城，需要有存放自行车的地方，停车的设施于是就显得日渐匮乏。一些办公楼甚至也开始提供自行车存车处。对此，《纽约时报》报道说，"带有自行车存车处的楼房如今越来越成为房地产市场的卖点"[12]。根据LEED认证标准，在进行可持续性建筑的评估时，那些设有"自行车停车处"的项目将获得额外的奖励积分。为了人人都有地方安全停放自行车，除了已经订购的6000个新的自行车停放架，交通运输部专员还批示将那些多年弃置不用的停车收费表桩改作自行车停放架。

其实，还有一种选择，那就是不必记住你把自行车放在哪里，也不必担心自行车被偷。这便是共享单车计划。2011年9月，布隆伯格市长宣布启动"阿尔塔自行车计划"（Alta Bike Scheme），在纽约投放1万辆共享自行车。这个做法其实有着悠久的历史，始于1965年阿姆斯特丹的"白色自行车"倡议。如今，各大自行车出租公司已在165座城市展开类似的计划。其中，巴黎自2007年以来推行"单车自由"计划，伦敦于2010年推出"鲍里斯自行车"计划。在中国，杭州公共自行车系统已经成为世界上最庞大的共享单车计划，共投放6.1万辆共享自行车。纽约的"花旗共享单车"计划由花旗银行和万事达卡大力赞助，不过已有人对它的定价提出抱怨。

此刻，我站在纽约皇后区一栋六层高大楼的屋顶。曼哈顿的标

图 46　布鲁克林皇后区的街道

图 47　从布鲁克林远眺曼哈顿

志性天际线近在一英里之外，然而它又一次让我感到陌生。皇后区与曼哈顿隔水相望，乘坐 M 线地铁不到五分钟即可到达。我视线所及之处，一边是嘈杂忙乱的铁路货运站，一边是柏油路面和一些低矮的工业建筑。屋顶的边缘种着一排高大的向日葵，从建筑物的侧面窥视，这是唯一表明这里隐藏着什么的迹象。原来，布鲁克林屋顶农场（Brooklyn Grange）隐匿在这个闹市的中心。是的，走进我脚下办公楼看上去普普通通的接待室，坐上电梯到顶，便是占地 1 英亩的农场。

布鲁克林屋顶农场工程始于 2010 年。其时，农场主本·弗兰纳（Ben Flanner）已在布鲁克林的鹰街实施过屋顶农场的建造。听说皇后区这栋办公楼正在为了改善环境标准而开发绿色屋顶，弗兰纳连忙找到一群当地的餐馆老板和活动家，再拉上建筑师布罗姆利·卡尔达里（Bromley Caldari）和"睿智资本合伙人"投资基金，一起劝说这栋办公楼的业主与其开发绿色屋顶，不如打造一个可以盈利的屋顶农场。于是，在 2010 年春季的三周内，这栋办公楼的屋顶铺上了 120 万磅重的土壤。接着，便逐步开始了夏季作物的播种。

沿着一排排西红柿、甜菜、胡萝卜、草药、唐莴苣以及豆类作物漫步，我看到一组蜂箱。后来又发现了一间小鸡舍。一些鲜嫩的作物就近栽于空调风管的周边，以便能扛过整个冬季的寒冷。第一年，这座屋顶农场收获了 1.5 万磅水果和蔬菜。由于需求旺盛，备受欢迎，甚至都不需要跨水运送到曼哈顿，直接就售给了当地的餐馆和农贸市场。近期对地面和屋顶空气的一项调查发现，地面空气质量符合内城区的预期值，六层楼上的空气几乎是纯净的。

农场的经理名叫迈克尔·迈耶。他当初来纽约时本是从事广告业。因为童年时期曾经在祖父母的农场干过活，难忘这份美好的记忆,他改变初衷换了行当。如今,他大部分时间都忙碌在布鲁克林屋顶农场。那天他还告诉我,布鲁克林屋顶农场是一家私人企业,却拥有强大的社区基础。比如,这纵横排列的农作物里,有不少是当地儿童种植的。西红柿地中间的那张大桌子,便是用来给孩子们就地上课的。鉴于这家屋顶农场是如此成功,布鲁克林海军造船厂[*]也已开始推进同样的项目。

穿过一排排菜地,同时还能感受到身处城市中心,好不奇妙。我不禁陷入沉思,看起来如此简单明了的一件事,为什么过去的几十年里却无人做过尝试。事实上,直到最近,随着布鲁克林屋顶农场的成功,纽约的分区规划法规才准许实施类似的项目,以鼓励绿色发展。名为"绿色区域"(Zone Green)的新法规,允许人们在屋顶建造温室以及安装太阳能电池板、风力涡轮机。这些立法还促进了当地的花园建设和粮食作物的生产,总体上满足了城市改造的广泛需求,让我们身边的城市更为绿色环保。纽约市长办公室则期望,通过放松现有的限制,每年能节省8亿美元的能源费用。

然而,尽管"绿色区域"法规正给纽约带来变化,但是整座纽约市仍然有将近75%的碳排放来自建筑和房屋供暖。放眼望去,纽约到处都能见到起重吊车高高耸立,开发商正在拆除旧房,在废弃的工业用地打地基。这座城市正在不断转型之中,永远不会停止建设。平均起来,每年只有2%—3%的建筑能得到改善,要想升级全部建筑,则至少需要50年。问题是,我们等得起这么久吗?

那么,可否将这些允许屋顶绿化的规则,运用到房屋建造和维护中,从而促进更为有效的建筑实践?显然,我们已经拥有一定的

---

[*] 由于财政紧缩,该造船厂于1966年关闭。1967年美国海军将它出售给纽约市政府。1971年开始,纽约市政府将它逐步改建为工业园,保留有部分船坞设施及历史建筑。——译注

技术来改善各种类型的房屋建造。而这些用于创建智慧城市的新技术（请参阅第八章），同样能够用于监管能源的使用并提高能源的使用效率。比如智能建筑可以控制照明与采暖，并使用最新的材料来减少能量泄漏。为了推广新理念，应该将智能建筑作为智慧城市的必要组成部分。对此，一些大型企业诸如 IBM 和西门子公司都在加大各自的投资力度。

美国人之所以创设用于评估可持续性建筑的 LEED 认证标准，其初衷主要是为建造新房的地产商、需要改造现有房屋的富人提供新的技术标准（比如富人们为了提高其住宅在房地产市场上的价值，愿意也有财力购买昂贵的风力发电机和太阳能电池板）。另一方面，随着对这项认证标准的确立，亦为推进绿色建筑的新思维提供了一份路线图。它也是美国人第一次将"绿色"指标作为住宅的卖点，为房屋的底价增添了附加值。很多人也由此看好绿色建筑和设计。

然而 LEED 认证标准并没有实现培育绿色城市的承诺。绿色城市的真正操作空间，不在于如何建造新的建筑，而在于如何改造老建筑，并使之具有较好的可持续性。目前，纽约市超过 45% 的地表面积由建筑物覆盖。2000 年，市政当局宣布了税收优惠政策，以鼓励企业和房产业主改造自己的房产。自 2010 年以来，政府及其员工以身作则，从政府建筑和员工自家房屋开始，通过增加太阳能电池板和绿色屋顶来推进绿色城市计划。成果也颇为可观。比如在 2009 年至 2010 年间，纽约的碳排放量下降了 4.9%，总计近 17 万吨。

继 2007 年纽约可持续发展计划之后，2012 年 5 月，纽约市长办公室又推出"更绿色更伟大的纽约"规划。这新一轮大工程为城市原有建筑的改造工作设立了六大规划要点。正如斯科特·伯纳姆在阿姆斯特丹的工作表明的，绿色建筑的建造过程与材料以及建筑本身同等重要。因此，六大规划中的第一要点，便是确立纽约市的独特地位，要将纽约市的地方能源法规从纽约州的相应法规中分离出来。这样做将促使纽约市制定自己的进程和标准来建设绿色城市，从而有利于满足自己截然不同的需求，更好地应对挑战。

其次，规划报告指出，"如果不做测试，工程将无法得到管理"[13]。因此，要对纽约大批大批的办公室和大楼，每年都测试一次。但这个测试的过程必须尽可能简化。比如说用户可以根据自己的能源消耗账单在线填写检测申报表。据估计，照明至少占整个纽约能源消耗的20%。因此，可以通过安装次级仪表系统对用户进行跟踪，监测办公室在夜间开灯照明的总体情况、是否在白天不必要的情形下也照样开灯等。这类数据可以帮助各家公司查明自己是否存在能源浪费现象。因此，尽管不太可能仅仅通过置换灯泡来改变城市，但这样做肯定能够为改变城市而发挥作用！

报告还将能源审核机制列入规划的要点之一。计划每十年审查一次，以核查建筑物是否尽可能降低了排碳量。最后一项要点则强调：要共同努力发展绿色建筑经济。为此既要鼓励新的就业机会，还要保证有利于绿色项目的融资环境。据估计，该项目所推举的各类创新将会为纽约带来15800个与建筑相关的工作岗位。

"更绿色更伟大的纽约"规划还强调，绿色城市的建立与绿色社会的发展之间存在着紧密关联。显然，采用新的建筑标准并鼓励居民以新的方式工作和生活，对清洁环境、推动经济和社会的发展大有裨益。这样的思路让一些活动家的极端论点相形见绌。绿色联盟活动家朱莉·希尔（Julie Hill）认为："我们真正需要的是……在生活中抱残守缺。"[14]然而，纽约发生的事表明，我们需要看到这些变革的优势，感受它们带来的变化，这样我们才能出于自己的喜好选择最优的替代方案。

在一个意想不到的地方，我看到了类似的变革。那天参观完斯塔滕岛之后，我回到曼哈顿，前往东村（East Village）。这个曾经破败不堪的街区，而今以其前卫的艺术氛围而闻名。20世纪40年代，正是在这个街区，罗伯特·摩西拆掉了很多的贫民窟住房，并就地新建了一大批社会保障性住房，都是一些廉价的租赁式公寓楼。到了20世纪80年代，这些廉价公寓楼里的租客成为犯罪分子和毒品贩子的代名词。不过汤普金公园（Tompkin Park）四周的老街上，尚且坐落着一些勉强算得上高档的赤褐色砂石房屋。我的运气还不错，城市再生空间博物馆为我安排了导游，领我参观。这家博物馆是一个新近成立的团体，旨在庆祝字母城（Alphabet City）废弃建筑物的再生以及当地社区花园的创建。我的参观始于第9街与第10街之间的C大道155号C座楼。这栋建筑大概要算字母城最为人熟知的再生建筑了。里面还有一个小型剧院，以举办流行音乐会而闻名。

C座楼的对面有一个社区花园。步入其中，我顿时进入了都市天堂。在这样炎热的天气里，这是我到访过的所有城市中最美的地方之一。街道前面的一个缺口形成了一小块空地，阳光从树叶间洒下。这里之前应该是一排房子。花园被划分为不同的区域，各得其乐。其中的一处，一位女士正与孙子一起侍弄地里的蔬菜；另一处，两个男人坐在树荫里的长椅上，享受着和风轻拂。附近还有一间小屋，内有桌子、炉子和水壶，显然是园丁的小天地。辛苦劳作之后，他们可以在里面小憩。沿着碎砖砌成的小路信步，我找到一处静谧的角落，远远地躲开酷热，在这个世界上最繁忙的大都市里享受一份安宁。

纽约大约有640个公共花园，其中至少有60个位于东村人口

图 48 第九大道上的公共花园

稠密的街区。许多花园的建立得益于当地社区活动人士的推动。这些人慧眼识珠,看到了将荒废地产变成绿洲的价值。通常情况下,这些地块都是被征用或擅自占用,因为无人认领,其法律归属是在事后才确定的。2002 年,东村地区检察官埃利奥特·斯皮策(Elliot Spitzer)与市政府协商,要求市政当局承认这些花园的存在,并为集体所有权的安全提供一定程度的保障。目前,这些社区花园的管理工作主要由"绿拇指"项目负责。"绿拇指"项目于 20 世纪 70 年代创立,由环保活动家与市政当局合作促成,目的在于协助当局制定有关环境的标准并促进相关的教育。如今,纽约超过 80% 的社区花园都种植粮食作物，40%以上与当地的学校有合作关系。

途中，我参观了东8街的绿洲花园。这座花园始建于1981年，当时此地有几栋建筑因缺乏管理而倒塌，社区居民便在这片废弃的地基之上建造了一组种植床。在树木茂密的林间空地上，我看到三只绘着鲜亮图案的蜂箱。在毗邻的东7街，我发现了生态中心花园。这座花园始建于1990年，甚至比纽约市环卫部门开始回收废弃物的时间还要早。在此，我看到用于回收几乎所有种类废弃物的垃圾桶，简直是五花八门。脚下的人行道竟然是用回收的番茄酱瓶子和罐头盒子铺成的。显然，所有的社区花园都得到了当地居民的精心照料。那天我参观时，有的居民在自己的园地里静静地耕作，有的围坐在园子里聊天，并欢迎我加入，与我分享他们的自豪。令人震惊的是，这些花园不仅是由社区建造的，而且已经与社区融为一体。

* * *

下面我们将另一座城市斯德哥尔摩与纽约做个比照。两座城市皆依水而建。站在纽约的市中心做一次深呼吸，与站在斯德哥尔摩的市中心做同样的事，感受一定截然不同。在斯德哥尔摩城岛（Stadsholmen）的皇家宫殿前方眺望大海，空气是如此清新，景色是如此优美，让我有些不敢相信自己已经身处繁华的首都。在我左侧，国家博物馆坐落在港湾前方的公园绿地，海浪轻轻摇晃着港湾里的船只。在我右边，举世闻名的当代艺术博物馆——现代美术馆（Moderna Museet）位于船岛（Skeppsholmen）之上，曾经是军事学院和海军基地所在地，如今，博物馆的白色石头在阳光下熠熠生辉。如果有轮渡带我去附近的岛屿，我会乐意在清澈的海水里畅游。

斯德哥尔摩坐落于群岛之间，地理条件得天独厚。作为重要的港口，这座城市历经数百年的繁荣发展。自13世纪开始，先是充当汉萨同盟的补给站,后来又成为瑞典的文化与政治之都。到2009年,城市的居住人口大约有200万。城区的面积为6519平方公里。不过,在20世纪60年代,其周边海洋的污染其实相当严重,以至于政府禁止在城市周围的水域捕鱼和游泳。然而现在,当局已经开辟出二十四处官方认定的游泳海滩。经常有人在水中捕捉到鲑鱼,然后拿到市场上出售。此外,整座城市大约有1000座公园和绿地,占城市景观总面积的30%以上,确保95%的居民出门百米即可见草地。

拆掉所有的旧建筑并对基础设施的线路重新规划,在现实中是不可能的,也是不可取的。不过,在后工业时代的大都市,历史上工业中心的那些废弃工业建筑确实已失去继续存在的现实意义。很显然,这些建筑大都缺乏可持续性,接缝处以及窗户保温性不佳,容易流失大量的热能。街道以及高速公路(将通勤者引向郊区)的设计也都是以高油耗的汽车为核心考虑。那么,我们如何吸取城市原有的设计思想,加以改造以为新时代所用?我们如何在这种改造中将人们聚在一起,使公众参与其中,而不是强加于他们?斯德哥尔摩在保护城市遗产的同时也展现出迎接未来的雄心,实现了完美的平衡。

2010年,斯德哥尔摩被评为首个"欧洲绿色之都"。这一方面是对它过去多年来所做努力的认可,另一方面是对它有关未来的环境规划如"斯德哥尔摩2030愿景规划"的赞同。这一环境规划包括以下六大领域:改变交通政策,提高环保效率,重点是减少碳排放;推广绿色汽车和公共交通,并提供自行车道;减少在制造业和建筑业中使用有毒的化学物质;更为有效地利用能源、水和土地;改善废物管理;推广"健康的室内环境",即改善社会性住房,减少噪声污染。

虽然美国人均碳足迹为 22 吨，欧洲人均碳足迹仅为 10 吨，但斯德哥尔摩已将其碳排放量减少至人均 3.4 吨，并承诺于 2050 年实现无化石燃料。这一成就应当归功于对城市基础设施和公共交通的改善，以及自行车文化的普及发展。后者离不开"生态自行车"系统、自行车基础设施的广泛建立。比方说，在斯德哥尔摩的冬季，每天骑自行车的人数占全市总人口的 19%。这个数字在夏季则上升到 33%。

斯德哥尔摩还提高了供暖的能源效率。为此，市政府和富腾能源公司（Fortum）通力合作，在替代性能源领域投入了大量的资金，包括生物燃料、太阳能和水力发电（化石燃料仅在天气非常寒冷时方可使用）。此外，"区域供暖系统"为城市中 80% 的地段提

图 49 清澈的水、自行车和清洁的空气：绿色斯德哥尔摩的优势

供电力,也就是说,发电站也同时供暖,通过绝缘管道将热量输送到城市的大街小巷。这样的计划需要长期的投入以及巨额的启动资金,但是也将带来长久的利益。自 1990 年以来,斯德哥尔摩的温室气体排放量减少了 59.3 万吨。

除了绿色倡议和基础设施建设,政府还大力发展教育。斯德哥尔摩对自己作为创新之都充满信心,并深知随着城市的不断发展,其创新能力将会更为提升。因此,打造城市的未来需要从学校开始。除了大力发展交通枢纽、更清洁更开放的社区和新的购物区,市政当局还决定对西斯塔科学城、斯德哥尔摩公共图书馆和艺术与设计学院等加大投资力度,重点放在改造和重新利用原有的工业建筑,而不是在远离市中心的新郊区规划建造新的建筑。总之,斯德哥尔摩下定决心要让自己变得更为绿色,但不能以牺牲它在全球市场上的经济竞争力为代价。

这一切将会给这座城市带来怎样的变化?斯德哥尔摩的绿化会让市民觉得自己的生活更健康、更清洁吗?与当地的瑞典朋友交谈时,我发现许多变化都没有引起争议或抱怨。相反,这些变化是城市本身长期以来的个性孕育而生的,因为斯德哥尔摩一直都将社区的利益放在首位。只要认识到共享供暖不是吃亏的事,市民们怎么会不同意共享供暖的安排呢?这种级别的项目需要政府投入大量的精力和资源,但如果市民不像他们的领导人那样积极参与其中,最终功效将会微乎其微。

斯德哥尔摩等城市(与纽约等形成鲜明对比)让我们认识到,一座城市越平等、越互信,它建成绿色城市的可能性就越大。没有街头群众的参与,政府不可能制定出可持续性规划。要在信任度低下的情况下建成绿色城市,几乎是天方夜谭。如果你不相信邻居会做回收,你为什么还要回收废弃物呢?如果对富人与穷人标准不同，城市何以能变得绿色环保？这很容易左右一个人是否驾驶私家车的决定。高效的公共交通系统不仅能降低拥堵和污染，还能大大减少不平等现象。但人们对于使用公共交通也许还存有一些心理障碍，如担心效率低下，以及"坐公共汽车"带来的不体面感。为此，我们应该明白，让汽车远离街道或者减少不必要的出行，对社会和环境都有好处，不但能够减少碳排放量，改善空气质量，还可以改善社区内人与人之间的关系。正如我们在唐纳德·阿普亚德的实验中所见，对比"交通繁忙的街道与交通量很少的街道"，后者有助于加强社区联系。

与科林·比万（Colin Beavan）的交谈，让我再一次认清了上述事实。比万是住在曼哈顿的一位作家，他决心将自己的碳排放量减少到零。在一本风趣而写实的书籍以及同名纪录片《零冲击生活》(*No Impact Man*)*中，比万描述了自己践行绿色生活那一年的辛劳和欢乐。这是一次令人受益匪浅的经历，也是一次无所畏惧的披露。显然，要适应一种更可持续的生活，肯定会遇到困难并做出牺牲。而最终，绿色生活所带来的自由和益处是显而易见的。

很多时候，结果出人意料却又妙趣横生。起先，比万意识到自己再也不能点外卖了，因为外卖食品都是用纸盒包装的。更让他痛苦的是，由于塑料盘子和包装的原因，他再也不能随意在街上吃一块披萨。由于把自己变成了一个自行车狂，在城里的日常交通就成为一件难事。至少有一次，因为下雨，他不能带女儿去参加生日聚会。与远方的父母讨论度假计划也成为伦理与情感的雷区。

随着舍弃生活中不必要的东西，他开始记录日常生活中的点滴变化。他不再使用电梯。在一天之内，他遛狗三次，送女儿去幼儿

---

* 又译作《低碳生活》。——译注

园，办理其他日常琐事，如此算下来，他已经爬了124层楼，比帝国大厦还多9层。

他们在冬季关闭了供暖系统，只用蜡烛照明，尽可能多地回收废弃物，在防火通道旁边自造堆肥，在公用菜地种菜。几个月下来，比万一家开始发生变化。比万告诉我们，说到底，对改变的恐惧比改变这件事本身更可怕。有次他邀请一群朋友到公寓做客，大家一起举行一场断电的仪式。每个人都举着蜡烛做好准备，在电路被切断的前一刻，内心的恐惧远甚黑暗真正来临之时。"每个人都想知道，最难的是哪一桩。是不用包装纸，还是到哪儿都靠骑自行车或滑板车？是不用冰箱，还是不用别的什么？其实这些都不是。最难的是改变习惯。是强迫自己脱离旧习惯的轨道，学着过一种不同的生活。因为人的本能，总是希望一切回到常规，至少在一段时间内是这样。顺便说一句，我说的'一段时间'是指一个月，就是说改变习惯需要这么长的时间。"15

比万的经验表明，创建可持续发展的城市需要从家庭做起，随之向外推广。但这样说并不意味着城市应该关掉电源开关，陷入一片黑暗。事实上，比万夫妇的身体力行让自己明白了什么是必要的，什么是非必要的。"等式有两边：一边是要弄清楚什么是美好的生活，需要多少资源以及怎样的资源才能让我们快乐。另一边是要搞明白如何按照西方的标准，以可持续的方式向每个人提供同等水平（节能之后的）的资源。"16

这听起来很简单。可如何能既将如此理念推广到全球，又不必让每个人都像比万一家那样非得经历一段完全不用电的时光来警醒自己行动起来呢？值得庆幸的是，我们可以在日常生活中做出一些常识性的微小改变，这些改变会产生实际的影响。例如，针对"热舒适度"问题，联合国环境规划署就提供了许多简便易行的解决方案，比如在冬天穿上套头衫而不是开暖气，在夏天拉下百叶窗而不是开空调。联合国环境规划署还强调，很多商铺都觉得应该让店面敞开门，大量外泄的能量造成的损失，有时竟占全部供暖成本的50%。实际上有些商店会用鼓风机在门口吹热空气以防止能量的大量释放。可他们为什么不直接把门给关上呢？事情本来很简单。

自亲身体验低碳生活以来，比万不时受到某些时事评论员的抨击。《纽约客》的首席环保记者伊丽莎白·科尔伯特（Elizabeth Kolbert）就将比万的努力视为"生态噱头"。她认为，比万没有能力控制自己所居住的一整栋大楼的暖气系统，而且他写博客的房间（作家之屋）里是有电可用的，因此要想生活在城里却又不给环保带来任何负面的影响，无异于白日做梦。

这些反对意见都不得要领，徒劳无益。是的，不可能让整座城市都追随比万的实验，然而如果有人愿意尝试，看看他能够走多远也是很有趣的一件事，而且这也有可能鼓励其他人减少对能源的消耗。比万提醒了我们，居住在城市，我们每个人都有责任通过改变自己的行事方式来打造一个更环保的大都市。

比万在自己格林威治村公寓里的不插电生活体验，清泉公园里热火朝天的大规模工程，两者之间对比鲜明。然而，为了让城市准备好应对即将到来的环境挑战，这两者都是必要的。

第十一章
何以为家？

2011 年底，我和家人搬到了郊区。用我母亲的话说，这感觉就像在外流浪的一族终于回了家。我倒不那么确定。不过，我从小长大的地方，确实跟现在新家的环境差不多，远离城市的中心。现在，我又来了，踏上了同样的旅程，来到郊区，寻找一间额外的卧室和一小片花园。对于 21 世纪初期西方国家那些已经在城里安居乐业的人来说，这样做算是循规蹈矩吧。

我们的新居位于许多人所说的伦敦"近郊区"，这是 20 世纪头几十年兴起的环绕伦敦城区的发展圈。在这里，我们已经离市中心很远了，但是，往北看，排列整齐的街区一直铺展到远方的地平线。我们的房子建于 1907 年。当时，牧场草地变成了沥青路和体面的住宅。这些带有伊丽莎白时代气息的住宅，目标住户是那些能在 15 分钟内乘坐通勤火车到达圣潘克拉斯车站的中层专业人士。

我们买下的时候，房子还保持着原来的样子，但像这条街上许多其他房子的买主一样，我们对它进行了改造，以适应现代的品位。在老房子原有的标准化布局（沿街所有房屋的布局都一样）基础上，我们改变了房间的色调，添置了自己的家具。墙上挂的已是我们自己的相框。于是房子有了我们自己的特色。我们还拆掉了厨房与餐厅之间的隔墙，打造了一个大空间，让从前只是做饭和吃饭的地方变成了整栋房子的中心。如今，我们可以在这个大房间里一览花园的景色。至于室外原先的小厕所该如何处理，我们还没有想好。

这栋房子建成的年代，正是伦敦作为世界之都盛极转衰之时。在帝国的暮光里，人们回归家庭生活的热情日益增长。住宅是对抗城市问题的最后堡垒，是办公场所的对立面，是抵御世事纷扰的屏障，正如地铁福地（Metroland）的广告所描述的那样：

> 如果你必须与伦敦保持联系，伦敦就近在你的家门口，然而你家花园篱笆之外的小巷拐角处，却是一派纯粹的田园风光……地铁福地是英格兰最美之地，是大自然怀抱里健康、温馨的家园。[1]

然而今天，我家所在的街道与当年地铁福地公司所宣传的田园牧歌全然不符。广告里，爱德华七世时代的年轻女子正在修剪花草，一对对光艳照人的年轻夫妇正走在通往网球俱乐部的小路上。当然，如果说伦敦经历着时代变迁，那么它也只是世界各地城市正在经历变迁的一个小缩影。

按照美国都市主义学者艾伦·埃伦哈特（Alan Ehrenhalt）的说法，我举家搬往郊区是在逆流而行，因为目前世界正在经历着一场大逆转（Great Inversion）。与当年"白人群飞"现象相反，如今时兴的是从城市的外围郊区迁往市中心。随着市中心的重塑，如此大逆转将在未来几十年里对美国的城市产生巨大影响。穷人将从市中心被驱逐到贫穷的郊区，远离大都市的各种机会。

一些城市，人口回归市中心以及人口密度增加带来诸多好处的

图 50 伦敦北部的家园

现状,与休斯敦等城市郊区快速扩张的情况形成鲜明对比。两者之中,哪种才是最好的发展方向?如今,要在我们的日常生活与全球城市正在发生的巨大变化之间找到联系越来越难。怎样才能将自己的生活(诸如日常决策、日常生活体验)与地球上其他城市所发生的事件联系起来呢?我住到哪里才合适,我能做些什么?

面对庞大的都市,我们很容易迷失方向。过去 300 年的大部分时间里,我们一直认为,当我们谈论城市时,我们谈论的是一种源自古代欧洲模板的社会形式,比如库哈斯的罗马操作系统。然而,世界城市人口的平衡正在发生变化。决定城市未来形态的,不仅有城市规模的扩大,还有城市所处的地理位置。

1950 年,世界上人口超过 100 万的城市只有 83 座,而今多达

460座。60年前,世界上只有一座特大城市(mega-city)*,即人口超过1000万的城市。当时,纽约的总人口为1200万,伦敦的人口接近900万,第三大城市东京的人口为700万。近年来,特大城市的新增和发展可谓千年一遇的巨变。1985年,全球已有9座特大城市。这一数字在2004年上升至19。当前估计,全球大约有25座特大城市。到2025年,这一数字将攀升至36。重要的是,这些新发展起来的特大城市在哪里,发展速度有多快。以下是全球特大城市前十位的名单:

东京:3450万,每年增长0.6%;

广州:2580万,每年增长3.8%;

雅加达:2530万,每年增长3.2%;

首尔:2530万,每年增长1.25%;

上海:2530万,每年增长4.0%;

墨西哥城:2320万,每年增长1.7%;

德里:2300万,每年增长3.0%;

纽约:2150万,每年增长0.35%;

圣保罗:2080万,每年增长1.3%;

孟买:2080万,每年增长2.0%。[2]

这些特大城市的规模以及发展速度都对世界都市的发展产生了巨大的影响。正如我在孟买所见,在接下来的几十年里,随着城市化进程的步伐加快,一些世界级大都市将沦为世界级贫民窟。据估计,如今每秒会有2人进入城市,每天会有18万人进入城市。然而,正如上述数字所示,他们前往的城市不只是东京和纽约这样的老牌大都市,还有尚在萌芽的新城市。到2030年,非洲和亚洲的

---

* 又译作"巨型城市"。——译注

城市人口将增加一倍。如刚果民主共和国首都金沙萨的人口目前约为 875 万，到 2025 年，将上升至 1504 万。中国将继续城市化，在未来的 20 年里，将有超过 3.5 亿中国人住在城市。这个数字比美国人口的总和还要多。印度的奠基人圣雄甘地曾经声称，印度人的精神根植于乡村。然而，到 2030 年，印度将出现 68 座人口超过 100 万的城市、13 座人口超过 400 万的城市、6 座人口超过 1000 万的特大城市。首都新德里的人口将达到 4600 万，是澳大利亚总人口的两倍。

这些特大城市会带来怎样的体验？事实上，很多人早已有过多方面的感受。你只要去墨西哥城或者内罗毕看看，就能尝到超多人拥挤在一起的滋味。行走在孟买，就好比一场持续不断的战斗。人、汽车、出租车、机动三轮车、不同寻常的牛车到处都是。此外还有手推车，上面堆满包装盒、塞得满满的麻袋和木材，推着它能让人累断腰。在高峰时段乘坐火车，更是对城市居民求生毅力与谋生机智的大考验，因为平均有 4700 个人挤在载客量不到该数字四分之一的空间里。人们挂在车门上，时刻准备在车辆一抵达车站时赶紧跳下车。然后，又一拨人蜂拥而至，见缝插针拼命地往车厢里挤。正如作家苏克塔·梅塔敏锐观察到的那样，在孟买，人们总是在不断地调整着自己，挤一挤，再挤一挤，为下一位腾出点儿空间。在这样的交通条件下，步行可能是最好的出行方式。

挂在火车门上的那个瞬间不免让人顿悟，这个世界已经爆满。特大城市既可以看成日常管理效率不断提高的标志，又可当作世界人口过多的明证。1789 年，托马斯·马尔萨斯（Thomas Malthus）警告说，如果人类的数量达到 10 亿，人类社会将注定走向灭亡，因为"人口造成的无比巨大的压力，绝对会超过地球维持人类生计的能力"。[3] 1968 年，保罗·埃里希（Paul Ehrlich）在其颇具影响力的著作《人口爆炸》中发出同样的呼声。该书的第一版以这样的预言开篇："养活全人类的战斗已经结束。到了 20 世纪 70 年代，无论实施何种应急措施，仍然会有成千上万的人饿死。"[4] 甚至连盖亚理论之父詹姆斯·洛夫洛克也于 2009 年发出警告，人类面临着"由于饥荒和缺水而造成大规模死亡的可能，除非将世界人口减少到 10 亿或者 10 亿以下"[5]。

面对如此预言，城市也许是我们唯一的解决方案。1994 年，美国新闻记者 P. J. 奥罗克（P. J. O'Rourke）分析说，如果世界人口的居住密度全都像曼哈顿那样，那么"只需要与南斯拉夫差不多大小的地方，就可以容下地球上所有的人"[6]。这只占地球表面的不到 0.08%。如今，世界人口可能需要更多的活动空间。但即便如此，也只需要与尼加拉瓜差不多大小的地方即可。因此，在拥挤的空间里一起生活显然不是问题所在；我们如何生活，以及我们怎样才能生活在一起，才是问题的关键。

城市的繁忙与喧嚣有目共睹，因此我们常常指责城市过度拥挤。然而，也正是城市为所谓人口定时炸弹问题提供了解决方案。要想遏制当前让地球难以承受的人口增长率，城市化（从农村向城市的迁移）将是最重要的手段。据大多数估测，全球人口将持续增长到 2050 年，达到 90 亿左右，届时城市人口将占 70%。这意味着每 14—20 年世界人口将增长约 10 亿。全球人口将继续增长，到 2100 年达到 101 亿左右的峰值，之后开始下降。

这些估测基于多种因素，譬如当前的经济危机已经开始产生影响，因为人们在经济衰退期间生育的孩子越来越少。女性的城市化也在极大地影响着生育率。在发达国家，这反映为越来越多的职业女性直到晚年仍未婚或者未育。

2011 年，有报道说，爆红美剧《欲望都市》并未脱离现实。在纽约州，15岁以上的女性有34.8%从未结婚。但在纽约市，这一比例上升到41.7%。据统计，纽约市的单身女性比单身男性多出149219人。此外，纽约市女性也倾向于更晚结婚，并计划生育更少的孩子。

城市正在变得女性化——几乎在世界各地，女性与男性的比例都在发生变化。2010年，汉娜·罗森（Hannah Roisin）在《大西洋月刊》发表了具有开创性的文章《男性的终结》，展示了2008年的经济衰退如何改变工作场所，现如今在美国工作的女性比男性多。尽管针对董事会中缺少女性的抗议活动依然在继续，女性现在其实已经在大学和职业学校中占主导地位，每有两名男性获得学士学位，就有三名女性获得同等的学位。有人预计，未来十年里，在美国15个增长最为迅猛的工作类别中，除了两个类别外，其余的都将以女性为主。[7] 在有关未来城市的讨论中，女性在城市中的崛起也许是讨论最少的议题，但这一现象已不仅仅局限于发达国家。

在世界其他地区，获得工作、避孕服务以及更好的医疗保健等同样紧迫的需求，让城市中的女性能够作出她们在农村时无法作出的选择。迁入城市为女性移民提供了以前无法想象的机遇。2007年，联合国人口基金会发布的一份特别报告指出："在城市中成长，仍然是摆脱贫困的最佳途径。"[8]

如此优势从早期接受教育就已经昭显。在发展中国家，城市中10—14岁女孩的入学率比农村高出18.4%。这一比例在15—19岁女孩中上升到37.5%。对年轻女性而言，童婚成为获得权利的障碍，但这种现象在农村地区更为普遍，例如孟加拉国71%的年轻女性在18岁时就已结婚，而在城市中这一比例为31%。在亚的斯亚贝巴贫民窟进行的一项调查显示，年龄在10—19岁的年轻女性移民中，有四分之一正在逃避强迫婚姻。城市中的女性生育的孩子相对较少，即便是在医疗和卫生条件都极不稳定的贫民窟。因此，城市的生育率低于农村，而且有更多的孩子活下来。20世纪50年代，必须生育5个或6个孩子才能替补父母双方，20年后下降到3.9个，到2000年为2.8个，到2008年为2.6个（在发达国家接近2.1个）。

花些时间在机场观察，可以让一个人获得观察世界的全新视角。地图上一条条飞行线路星罗棋布，好似一张蛛网，将各大中心城市相互联结。机场是不同城市之间相互联系的有力例证。你是否也曾站在出发时刻显示屏前思索："今天，我这是要去哪里？"

凌晨4点站在迪拜国际机场3号航站楼，这是本书写作期间我所进行的旅行中感觉最神奇的时刻之一。我站在一个书报亭的前方，报亭里摆放着世界各地发行的各大报刊。周围是熙熙攘攘的人群，行色匆匆。这是一个没有时间概念的地方。如此多人的生物钟在不同的时区运转，以至于离黎明还有一个小时似乎并不重要。站在这个位置，只要阅读各大报刊的头条新闻，我就能了解从开普敦到洛杉矶每个城市都在发生什么。我可以支付任何一种货币购买报纸。当然，因为这里是迪拜，我愿意接受找回的零钱是迪拉姆。

我还可以买到各种语言版本的最新畅销书，在陈列着波尔多酒王——柏图斯的特许商店买到最优质的法国葡萄酒。此外，这里还有各种奢侈品牌商店，从电子产品到香水，应有尽有。超级名模光艳照人的海报下方，国际高端品牌的时装挂在金属栏杆上，等着被打包送到未知的地方。虽然周边黄沙漫漫，但这里摆放的昂贵高尔夫球杆旁边，海报上建筑物附近的果岭翠绿得不可思议。

这座航站楼于2011年完工，为一个长条形空间，酷似机翼。宽大的弧形天花板下方，是世界第三大建筑。我迷迷瞪瞪地走过熟悉的咖啡连锁店和快餐店时，周围的人都在叽叽咕咕地说着不同的

图 51　迪拜机场 3 号航站楼

语言，我不禁想到，成千上万的人只是此刻聚在这里，然后分别去往世界的各个角落，再也不会见面。

　　机场是一座即时的城市，不断地超速运转着。我穿过航站楼，等着转机回家，却有些晕头转向。我无法确定自己是否把这个地方搞明白了，因为它与我们通常在城市中遇到的其他公共空间有很大的不同。它就像所有城市的集合体，却没有自己真正的身份。它缺乏历史感，缺乏民族性，也缺乏个性，不过是一种消费场所，不会在记忆中留下任何印象。然而，一座机场只有与其他机场互通互连，才能体现出存在的意义。就规模而言，迪拜机场是一座特大城市。它是全球第四大空中枢纽，仅在 2011 年就接待了 5000 多万名旅客。但是它同时提醒我们，机场本身处于永不停息的动态中，是一处超级互联的场所，它所拥有的无比威力使之能够实现规模效应。

如果特大城市已令人生畏，那么相互联系的大都市圈（mega-region，由众多城市组成的大型网络）将是对城市未来的更大挑战。在未来的几十年里，我们不仅将看到人口超过1000万的城市的升级，还会看到相互连接的大都市圈的发展，能够创造出巨大的经济动力，颠覆我们对城市的普遍认知。它还可能会改变我们对城市基础设施以及大都市如何运作的思路。我们将不再仅仅根据内部实力来评判一座城市，而要像看待迪拜机场那样，考量城市连通四域、贯通八方的能力。

2007年，理查德·佛罗里达及其马丁繁荣研究所（Martin Prosperity Institute）的团队决定在夜间察看全球地图，不仅是为了找出世界上超大城市的位置，而且是要了解它们如何与其他主要的城市联系。将这一数据与GDP、人口等其他统计数据进行比较，佛罗里达团队推算出世界上共有40个大都市圈。此外，他们还计算出，大都市圈是全球增长最快的地区，总人口达到15亿，占全球总人口的23%。它们也是生产力最高的地区，占世界总产出的66%，占全球创新产业总产出的86%。事实上，大都市圈也体现了杰弗里·韦斯特关于城市新陈代谢实验的结果，即规模带来超线性收益。[9]

这40个大都市圈中有不少其实早已得到确认。1961年，法国地理学家让·戈特曼（Jean Gottmann）首次命名了华盛顿、纽约以及波士顿之间的关系，提出"城市带"（megapolis）一词，用以表示一个城市变得如此之大，正在不断向外延伸以至无序扩张。戈特曼用这个词，警告的意味更多。换言之，大城市的过度发展已超出可控范围。如今，根据"美国2050"组织的考察，美国有11个大都市圈*：亚利桑那阳光走廊大都市圈（包括凤凰城和图森）；卡

---

* 其实还包括加拿大的部分地区。——译注

斯卡迪亚（Cascadia）大都市圈（从西雅图延伸到温哥华）；佛罗里达太阳带大都市圈（从迈阿密到杰克逊维尔）；芬兹山脉（Front Range）大都市圈（沿南落基山脉从丹佛延伸到怀俄明）；五大湖大都市圈（包括芝加哥、多伦多、底特律，一直到布法罗）；墨西哥湾沿岸大都市圈；北部走廊大都市圈（从纽约到波士顿）；加利福尼亚湾区大都市圈；皮埃蒙特大西洋大都市圈（从亚特兰大到卡罗来纳）；南加州大都市圈（从圣地亚哥到拉斯维加斯）；得州三角地带大都市圈（包括达拉斯、休斯敦、沃思堡）。

值得注意的是，在大多数情况下，新兴的大都市圈并非由州界来定义，有的甚至还不受国界的限制。也就是说，被纳入一个大都市圈，对一个地方经济繁荣的影响要大于其所属政府的政策。以欧洲的情况来看，这种说法或许言之有理。欧洲的决策者们已经达成共识，通过两个大都市圈来强化相互之间的经济联盟。一个是"蓝香蕉"大都市圈，从英国的利物浦开始，串联着伦敦、布鲁塞尔、巴黎、法兰克福、慕尼黑、苏黎世，最终以意大利北部的米兰收尾。一个是阳光地带的"金香蕉"大都市圈，沿着地中海从西班牙北部一路延伸到意大利北部。不过，大都市圈的命名与各自经济的强弱并无必然联系。

丹麦建筑师比亚克·英厄尔斯是当代最令人兴奋的城市设计思想家之一，关于大都市圈最富创新的构想，也许可以在他的绘图桌上找到。在短暂的职业生涯中，他已经开始让人们以不同的方式看待自己所居住的城市空间。他的团队因为实践他提出的"享乐主义可持续发展观"（hedonistic sustainability）而获得赞誉。在比亚克·英厄尔斯看来，设计可持续发展的建筑，不是非得从人的手上夺走什么（让人作出牺牲）才能使建筑更加"绿色"，而是鼓励人去享受生活，追求生活的质量。这一理念完美地体现于比亚克·英厄尔斯设计的"8字符"（8House）。"8字符"位于哥本哈根郊区厄尔斯达的南部。整组建筑将居住、购物、商务写字楼等功能巧妙地结合，仿佛一座竖向的村庄，一层一层缓缓向上盘旋。各类功能设施的紧凑性提高了能源使用率，而且所有的细节设计也都充分考虑了碳足迹：你可以脚蹬自行车走遍整组楼群而不必下车。

同样的乐趣也体现于英厄尔斯设计的超级线性公园（Superkilen），一座色彩鲜艳的游乐型公园，占地3.3万平方米，为哥本哈根的儿童提供独特的空间。设计过程中，英厄尔斯意识到拟建地点的周边街区居住着50多个不同的族群。因此，他在公园里汇集了各种不同的标记和颜色，甚至连下水道的井盖都来自世界各地。在某种程度上，半英里长的公园类似于《黄色潜水艇》（*Yellow Submarine*）*，堪称"全球城市多样性的超现实主义集合体，却又事实上反映了当地居民区的真实面貌"[10]。除了这些前卫设计，英厄尔斯还提议在哥本哈根市中心建造一座巨大的垃圾焚烧发电厂，兼作高山滑雪场。同时，每当发电厂向大气中排放的二氧化碳达到200千克时，它就会释放出一个烟圈。

在2010年的威尼斯双年展上，英厄尔斯发起了一个提案，建议丹麦的首都哥本哈根与瑞典南部城市马尔默（Malmö）携手合作。目前，这两座城市由厄勒海峡大桥（Oresund Bridge）连接。这是一条四车道的高速公路，横跨近8公里的海峡，通往海上的人工岛柏柏荷姆（Peberholm）后，变成4公里长的海底隧道抵达对岸。厄勒海峡大桥由乔治·罗特恩（George Rotne）设计，于2000年开放。在此基础上，英厄尔斯还提议在哥本哈根靠近厄勒海峡的

---

* 1968年发行的一部动画奇幻电影，深受青少年欢迎。——译注

地带建造环形城市（Loop City），从而在哥本哈根与马尔默之间形成一条跨界的城市带。对哥本哈根来说，这样的环形城市就相当于一个减压阀，有助于应对人口的增长、工业走廊的拓展、流动性的增加以及气候的变化等问题。这一设计还包括一些创新建筑，例如生活桥，即在桥墩的主体中建造住宅和办公室。[11] 此新型大都市圈不仅跨越了行政边界，还有水域。英厄尔斯的这一愿景生动地表明，未来城市的发展及其范围已经超出我们当前对城市的种种定义与假设。

但是，未来的大都市圈需要规划。它们不会自动地出现。连接不同的中心城市，需要建造智能化基础设施，其设计必须大胆和事先考虑周全，比如英厄尔斯提出的生活桥，其建造成本无疑也是十分高昂。此类项目还会加剧政治分歧，政党可以通过提出计划或反对计划捞取政治资本。因此，即便一些特定的项目（如建造一座新机场、更多新的道路或一座工业园区）能得到商业利益团体的支持，也很可能遭到当地抗议者或异议人士的反对。

近年来在英国，政府的开发项目总是遭到邻避极端活动分子的百般阻挠。不过，英国当前争辩最激烈的，是在交通基础设施中增加高速铁路的提议，也就是高铁二号（HS2）建设项目。它将连接英格兰的第二大城市伯明翰与首都伦敦，将旅行时间缩短至40分钟。这将对两座城市产生巨大影响。根据预测，在未来的20年里，伦敦的人口将增长130万，以服务业为主的行业将新增73万个工作岗位。可是这些人到时候住到哪里？有了与伯明翰相连的高速铁路，一部分行业的劳动人口可以分散居住到中部地区。伯明翰自身经济的发展也可以应对人口增长的压力。否则，伦敦的高速发展，将让伯明翰难以匹敌。

如此议题已远远超出大都市圈拥护者与邻避极端活动分子之间

的辩论。对高铁二号建造的拥护者来说，这显而易见是一项合理的投资，此类基础设施项目堪比20世纪30年代罗斯福新政所推广的措施。生态活动团体"地球之友"支持这个计划，因为它将减少碳排放。但是，高铁二号的造价为330亿英镑，而且要等到2026年才能彻底竣工。抗议者指出，这将摧毁铁路线沿途的田野与村庄，也几乎没有可被证实的经济价值。这场辩论凸显了特大城市以及大都市圈崛起的另一个后果。在一些政治人物和规划者的眼里，城市的经济实力已经变得比国家其他地区的住房和生计更为重要。大都市圈是创造力和生产力的超级充电区。然而，它们付出的代价是需要建造昂贵的基础设施，需要照顾其他因为大都市圈的发展而利益受损或者根本得不到利益的人士。

由此引出另外一个问题：城市还需要国家吗？越来越多的迹象表明，城市正变得越来越独立于周边的环境，伦敦、巴黎和东京彼此之间的共同点，比它们与英国、法国或日本的共同点更多。当有人问我来自哪里时，我更有可能回答"伦敦"而不是"英国"。难不成我们就此变成了市民而不再是爱国者？

我所居住的城市已经成为一个世界城市：它参与全球市场，也吸收来自全球各地的人。如今，伦敦超过40%的人出生于非英国白人的族群。在这里，你能听到300多种语言。我每天都会体验到这样的多元文化。1923年，大英帝国为展示所取得的成就，决定在伦敦附近的温布利举办"大英帝国博览会"。如今，它是欧洲最多元化的社区。如果说伦敦曾经是世界之都，那么今天，它已经将整个世界纳入自己的城中。

我所在的街区有一个强大的爱尔兰社群。他们于19世纪搬到这里，在当地的铁路上工作。我所在这条街的尽头是一座天主教教堂，每到星期天，教堂总是座无虚席。教堂对面是一座清真寺，它越来越受欢迎，以至于当地的市政理事会开始担忧附近的停车问题。此外，这里还有一座印度文化中心。几条街之外的阿富汗社区也在不断发展壮大，沿街的好多家店铺都是阿富汗人在经营。每天早上，在附近一家建筑商的现场招工站，一群群东欧工人风雨无阻地聚在这里，希望能在伦敦繁忙的建筑工地上找些活儿干。显然，庞大的全球化市场与错综复杂的本地市场已然交织在一起。

我们生活在一个高度流动的时代，这一点在我们这条街上显而易见。一个人不再仅仅由出生地来限制，为了找到一份工作，常常需要出行，有时甚至是长途旅行。在过去，这需要带上行李乘坐马车从外省赶往首都。如今，这可能是一次跨越海洋和国界的长途飞行。因此，特大城市、大都市圈以及世界城市的崛起，不是发生在"遥远的那边"，而是就在你的身边。但是，世界城市与迄今为止我们所经历的城市是完全不同的：它促使社会的容忍度和融合度达到新的水准。一座世界城市不再只是一个融合各种文化的熔炉，它还是一处催发全新事物的试验场。

在过去几十年里，洛杉矶已经被重塑为一座拉丁裔城市。在2010年的人口普查中，该市47.7%的人口是拉丁裔或西班牙裔，而非西班牙裔白人占27%，黑人占8.7%，亚裔占13.7%。然而，正如著名的城市社会学家萨斯基亚·萨森（Saskia Sassen）所言，城市模糊了拉丁裔或西班牙裔这一族群内部的巨大差异：洛杉矶常常被戏称为墨西哥第二大城市*，这里的萨尔瓦多裔人口甚至比圣萨尔瓦多**的城市总人口还多。不同的族群正在相互交融，如有14%

---

* 洛杉矶曾经先后隶属于西班牙和墨西哥。——译注
** 萨尔瓦多的首都和第一大城市。——译注

的墨西哥裔与其他的族裔通婚（而在纽约和迈阿密，这一比例增加到50%）。因此，洛杉矶的拉丁裔社区正在变成一个城中城。与此同时，洛杉矶也变得越来越拉丁化，重新定义了南加利福尼亚人的意义。

在《神奇的都市主义》一书中，迈克·戴维斯（Mike Davis）探讨了拉丁裔社区如何改变洛杉矶的城市地理。虽然城市周边的山谷、海滩以及山丘依旧是"盎格鲁人占多数"的社区，但拉丁美洲移民已经在大都会的中心地带打造自己的飞地，集中于老的中央制造区。此外，拉丁裔社区主要发展某些特定的行业，诸如服务、餐饮、轻工制造、房屋建造等。这些社区面貌也发生了变化：商店和街道有别于他处，从窗户传出的音乐、人行道上小贩们叫卖的快餐也都有所不同。在索斯盖特的郊区，你甚至会看到房屋被涂成了不同的颜色。除了这些，拉丁裔社区还鼓励替代性城市空间（alternative urban spaces），一些小广场已被重新纳入城市规划。正如戴维斯所观察到的那样：

> 整个拉丁美洲现在是一台发电机，使北美城市黑暗的上空重新亮起了灯光。尽管规划和建筑学派就美国城市的"再城市化"有很多抽象的讨论，但很少有人意识到，拉丁裔和亚裔移民正在以史无前例的规模这样做了。[12]

再来看看濒临地中海的法国港口城市马赛。由于北非以及马格里布（非洲西北部地区）大量移民的涌入，马赛是欧洲第一个穆斯林社区占多数的城市。很久以来，人们一直开玩笑说马赛其实是著名的巴黎—达喀尔汽车拉力赛的第一个非洲站。然而，漫步在这座城市，除了迷人的异域风情，还有很多事物也值得欣赏。

2012年夏天，沿着老港口漫步，很容易就能感受到马赛人正从不同的层面寻找新的身份。彼时的马赛已经获得2013年欧洲文化之城的称号，有关庆典的各项筹备工作正在加速进行中。那些曾经脏乱出了名却又不乏诱人之处的历史街区，已经被改造为欧洲最大的步行区。让市民引以为傲的历史建筑正在被修整和清洁。显然，马赛抛却其间数十年的历史，正在从一个繁荣的港口转型为一个遗产地。

但是，如果从市中心走到仅仅一街之隔的圣母山广场（Place Notre Dame du Mont），你很快就会发现完全不同的空间。山坡下是一排大大小小的摩洛哥商铺，出售成堆的橄榄和色彩鲜艳的香料。沿着这条街往前走一段路，是一家布料店，店里满是出产于中非的彩色布料，一直堆到屋顶。黄昏将至，一家主打佛得角特色食品的小咖啡馆外面正在准备烧烤。

显然，身处市中心不可能看清城市的全貌。相反，新马赛的发展仍然体现在城市的边缘地带、城市的郊区。尽管如此，即使在市中心，人们也会有这样的印象：一个新的城市正从旧结构中成长起来，新来者正在适应和利用传统的社会空间，寻求一种适应欧洲人行事方式的模式。在城市的这些角落，马赛既不是法国的，也不是非洲的，而是介乎于两者之间。

正是这种充满活力的文化交融点亮了大都市的天赋。随着人口流动的日益增多，城市实现了全球互联。随着全球互联网络的增强，城市开始形成自己的特性。城市理论家萨斯基亚·萨森在提出"全球城市"（the global city）这个概念时，想要表达的正是此意。全球化统一了都市体验：生活在城市内的人比生活在城市外的人拥有更多的共同点。城市生活有其规范和行为守则。它好比一本护照，允许一个人从一座城市迁到另一座城市，从东方迁到西方，而不必改变什么。对萨森而言，全球城市是全球化经济的副产品：我们的公民意识取决于我们在全球市场中的地位，它会影响我们的行为、希望或者恐惧。世界上的一些大城市，像伦敦、纽约和东京，早已成为"一个跨国市场"。[13]

因此，全球城市网络也会带来一连串后果。大都市不仅是文化的混合体，更是市场的载体。下面以佛罗里达州的法拍房与全球各大银行的信用违约互换（credit default swap）激增之间的关系为例。信用违约互换是一种复杂的金融工具，主要用以对冲次级抵押贷款市场。举例来说，一个家庭申请一笔贷款来购买自己的房屋，以成为社区的一部分。然而，每个家庭的还款承诺和付款时间表，与其他的家庭、企业以及机构所做出的类似承诺捆绑到一起，被打包出售。据称这样的做法是较为安全的投资方式，可以平衡高风险的赌注。然而到2008年，当成千上万的家庭突然发现自己无法履行还款协议时，一场金融海啸席卷全球。参与这一交易网络的，无一幸免。

然而，全球网络是高度依存的，即便没有国际银行危机所引爆的灾难，下面的这个实例也向我们展示了一座城市的活动如何影响到另一座城市。20世纪60年代，因在英国西北部布拉德福德老牌工厂生产的商品过于昂贵，许多工厂随即迁到了孟加拉的吉大港。此后，伦敦和纽约许多知名的高街零售商所销售的内衣和棉织品都生产于吉大港。然而，自2010年以来，孟加拉工厂的制衣工们为争取提高最低工薪展开了持久战。

2010年初，孟加拉政府将每月的最低工资从25美元提高到45美元。但工人们抗议说，工厂的老板并没有执行这项政策。于是这些工厂下线的一众商家，包括沃尔玛、乐购、H&M、Zara、家乐福、盖普、麦卓（Metro）、杰西·潘尼（JCPenney）、马克斯·斯潘塞（Marks & Spencer）、科尔士（Kohl's）、李维·斯特劳斯（Levi Strauss）以及汤米·希尔菲格（Tommy Hilfiger）等全部受到影响。如今，这些公司中的大多数都跑到中国或者其他地方寻求成本更低、劳资纠纷更少的新工厂。服装业每年可以给孟加拉带来100亿美元的产值，该国政府下定决心要保持本国劳动人口的竞争力。这导致了持续的暴力冲突、罢工和恶性纠纷，因为工人们决意要捍卫自己的权利，哪怕这样做会损害他们自己与其他市场的竞争力。[14]

如今，世界被划分为"发达国家"和"发展中国家"的时代已经结束。2008年信贷危机对全球城市的影响，让我们对全球经济有了一个非常清醒的认识。就世界主要城市而言，纽约、东京、伦敦的城市增长率（分别为0.35%、0.6%、0.8%）几乎持平。于是"发达"很容易被误认为是停滞。在其他一些地区，如我们所见，比如在底特律这样的"锈带"城市以及剧变后的东欧国家，一些城市实际上正在衰落。相比之下，巴基斯坦的卡拉奇（4.9%）、安哥拉的罗安达（4.7%）以及北京（4.5%）等城市的发展速度，让我们看到世界上的某些地区正在以惊人的速度实现城市化。

在可以预见的未来，某些城市将继续保持自己的经济优势，比如我的家乡伦敦以及纽约。而在其余地区，城市格局将经历大洗牌。全球性房地产咨询公司莱坊（Knight Frank）和花旗银行联合编制的2012年《财富报告》指出，当前乃至未来十几年里世界前十大城市的排名显示，世界级城市正在快速向东方转移：

2012年	2022年
伦敦	伦敦
纽约	纽约
香港	北京

巴黎	上海
新加坡	新加坡
迈阿密	香港
日内瓦	巴黎
上海	圣保罗
北京	日内瓦
柏林	柏林[15]

伦敦的幸运之处在于，能够为自己提供的奢侈品开出最优惠的价格。作为金融和法律之都，伦敦吸引了世界上各大重要机构和高资产人士，让他们能够享受宽松的财政政策、法规以及精良的金融服务。但富人来到伦敦，并不只是因为优惠的非本国居民税收政策，还因为这座城市的优质文化、时尚和宜居。它是富人想要参观、投资和消费的地方。因此，伦敦不仅得益于经济上能够从世界金融市场中获得更多的份额（从1998年的2%增加到2008年的3.7%），还得益于它所大力推广的开放和好客的文化。

然而伦敦的领先地位不是铁打的。根据一组顶尖的土地管理公司共同撰写的2012年《奥纳查普曼报告》，伦敦需要在未来的十年保持足够的竞争力。该报告警告说，伦敦需要吸引新的产业以加强它在全球的领导地位。报告还列举了其他的一些问题，例如城市教育水平的低下让本土的知识经济难以启动，高昂的房产价格以及雄心勃勃的公共住房政策的失败，铁路以及机场等基础设施的老化，伦敦自身与英国整体之间政治需求的鸿沟越来越大，以及伦敦未能树立自己在可持续发展方面的领导地位。[16]

尤为紧迫的是，伦敦将要面对的不仅是历史上的老对手如阿姆斯特丹、巴黎或纽约等城市，还有一批势头强劲的新兴经济体，特别是快速转型的中国城市。据估计，2012年初，中国大陆的城市人口已达到 6.91 亿，几乎是 20 世纪 80 年代中期（3.89 亿）的两倍。换言之，在过去的 30 年里，世界上每 25 个人当中就有一个搬到了中国的城市。这一情况还在继续。到 2030 年，中国的城镇化率将达到 70%，而 1990 年时城镇化率只有 26%。如此庞大的人口分布在 800 多座城市，预计每年将有 1500 万至 2000 万的新移民定居城市。在住房方面，中国政府每年得提供相当于一个大芝加哥的房屋总量才能应对。

早在欧洲建造第一批城门之前，中国人就已经在建造令人印象深刻的城市了。有证据表明，中国第一批城市出现在商代，大约追溯至公元前 1600 年，在半坡等地。自那时起，"城墙"的"城"便与城市的"城"意义相通。中国早期城市的构建还具有高度的象征意义。公元前 1136 年，周公主持营建成周*，其设计遵循错综复杂的宇宙学规则。地上建筑的均衡对称，反映的是天上的秩序。成周的布局影响了随后各个朝代的都城规划。

根据大约 2500 年之后马可·波罗对北京的描述，可以看出，中国城市的建造一以贯之地遵循严整的规划。除了遵循"天理"，各朝各代的都城还要结合八卦（《易经》）、风水（地学）等思想，以体现人间尊卑有序的等级制度。这套规则一直延续到 19 世纪欧洲商人的到来。彼时，国际贸易的经济需求迫使中国的一些城市不得不吸收外国的建筑思想。

19 世纪 40 年代第一次鸦片战争之后，外国列强逐渐在上海建立了租界，这座港口城市成为多元文化的汇聚地。外籍人士带来他们自己的生活方式和习俗，对上海的港口建设和城市结构都产生了

---

* 成周是西周王朝的都城，位于今天的洛阳。据《尚书·召诰》记载，它始建于周成王五年，大约在公元前 1039—前 1037 年。——译注

一定的影响。外滩，这条黄浦江边宽阔的滨水大道，成为展示欧洲精美建筑的最佳窗口。1849 年，上海法租界设立，以各式商店和独特的法式建筑而闻名，从殖民地的种植园风格到装饰艺术风格，异彩纷呈，排列在种满英式梧桐*的林荫大道两侧。

新中国成立后，上海仍然是一座贸易发达的城市，也是激进思想的摇篮。1949 年至 20 世纪 70 年代后期，上海向中央财政净贡献 3500 亿元人民币，其中的 99% 被重新分配给内陆其他较小的城市。1980 年之后，上海进入一飞冲天的超级发展新时代。同一年，中国设置了四个经济特区，将深圳、珠海、汕头、厦门划为对外开放的城市。四年后，中国进一步设立 14 个"沿海开放城市"，上海位列其中。

20 世纪 70 年代到 21 世纪的前十年之间，中国的城市经济发生了质的变化。曾经有 70% 的人口在国营企事业单位工作，后来减少到 25%。相比之下，私营企业呈爆炸式增长，其就业人数从原来占劳动力的 4.7% 上升到 20.8%。外资也开始纷纷涌入。据估计，自 1992 年以来，每年的外资达 100 亿美元。上海经济本身也以每年 15% 的涨幅突飞猛进。2011 年，上海地区生产总值达到 1.92 兆（万亿）元人民币。巨大的成功也带来巨大的住房需求。自 2000 年到 2010 年，上海的总人口增长了 13%，达到 2300 万，其中 900 万为外来常住人口，受户籍限制没有上海户口。

城市化的进程也促进了中国的创新能力。北京、上海以及香港形成的新型大都市圈，拥有中国总人口的 25%，却创造了中国 68% 的经济产出。人们通常把这种增长完全归功于制造业。但事

---

* 又称"英式悬铃木"，在中国被称为"法国梧桐"，就是因为它是由法国人首次引入上海法租界的。——译注

实上，中国文化创意产业的增长速度超过了年度 GDP 的增长速度。2007 年，北京、上海和深圳的 GDP 分别增长了 12.3%、13.3% 和 15.0%，但其创意产业分别增长了 19.4%、22.8% 和 25.9%。创意产业的蓬勃兴起，部分原因在于政府的努力推动。当下，中国各大城市都在积极建设"文化创意集群区"。

这形成了良性循环，创意鼓励更多的创新，充满活力的艺术场所变得越来越受欢迎，同时也是一个表现活跃的市场。1996 年至 2001 年，这些城市的专利注册数量（审核大都市创意程度的指标之一）增加了 400%。2008 年，北京注册了与微软总部所在地西雅图同样多的专利数量。上海的创造力可与多伦多相媲美。与 17 世纪的阿姆斯特丹一样，中国的新兴工业力量正在掀起一场真正的文化变革。一些观察家，比如理查德·佛罗里达，评论中国要出现自己的史蒂夫·乔布斯或者比尔·盖茨，可能还得花上 20 多年。但 20 年并不是多么遥不可及。种子已经播下，静待开花结果。

上海向我们展示了未来城市发展的复杂图景。作为中国城市化飞速发展的一个实例，上海让我们看到中国政府如何通过城市来实现经济的转型。其实除了发展迅猛的上海、北京和武汉等以外，中国还有很多较少为西方人关注的城市也在不断增长中。1970 年，中国只有 200 座城市，如今已有 700 多座。其中人口超过 100 万的城市有 160 多座。同等规模的城市，美国只有 9 座，英国只有 4 座。巨大的人口增量会影响城市的发展模式吗？

自 20 世纪 80 年代以来，上海的发展不仅跨越了其原有城区的边界，而且城区中很多地段都已更新改造或拆除重建。20 世纪 90 年代，上海见证了百万市民的大动迁。1992 年至 2004 年间，上海的拆迁面积达到 9.25 亿平方英尺（8600 万平方米）。有人说，当时世界上一半的起重机，都跑到了上海浦东。如今，浦东已成为上海的新城市中心。

浦东位于黄浦江以东，起初是大片的农田、渔村和淤泥海滩。自20世纪80年代起，上海市政府决定以浦东为破冰探路的"龙头"，将浦东打造为现代化新区。最终，农田滩涂变身为现代化新城，包括金桥出口加工区、外高桥保税区、陆家嘴金融贸易区和通向长江的深水港，将上海生产的商品运送到世界各地。

在这些区划中，陆家嘴将被打造为国际金融中心核心区，一个服务资本运转的"黄金地带"。既然市场向外国投资者开放，上海市政府决定将规划设计向全世界招标，邀请外国设计师来参与。一开始，浦东开发办咨询了由约瑟夫·贝尔蒙特（Joseph Belmont）领导的法国规划师团队，他在20世纪80年代法国总统密特朗推出的"巴黎计划"（Grands Projets）中有过突出贡献。但上海市政府并不想将这一带的设计交由一家公司负责。他们希望在获得国际关注并吸引专业人才的同时，保持对全盘规划的主导权。

贝尔蒙特随即提交了一份应邀参加咨询的八位巨星级建筑师的名单：伦佐·皮亚诺（Renzo Piano）、让·努维尔（Jean Nouvel）、诺曼·福斯特（Norman Foster）、筱原一男（Kazua Shinohara）、理查德·罗杰斯（Richard Rogers）、伊东丰雄（Toyo Ito）、多米尼克·佩罗（Dominique Perrault）、马西米利亚诺·福克萨斯（Massimiliano Fuksas）。其中，后四位于1992年5月坐飞机来到上海实地考察。当时，现场的拆迁工作已经准备就绪，就等着建筑师提交规划方案。但是，上海市政府没有单纯采纳任何一个方案，而是博采众家之长并加以综合，选择了东方和西方、历史和未来、浦东和浦西相结合的深化方案。

陆家嘴不只是一个城市新区，更是各种标志性建筑林立的都市丛林。其中的先驱当推东方明珠。这座广播电视塔坐落于黄浦江畔、陆家嘴嘴尖,由华东建筑设计院设计,形态类似美国动画片《飞出个未来》(Futurama)中的埃菲尔铁塔。东方明珠高达1535英尺(468米),1993年建成后,成为当时上海市天际线"第一高度"。自那时起,陆家嘴成为都市建设的试验田,不仅有高耸入云的摩天大楼,还有规划的基础设施。面对城市飞速增长的机动车数量,基础设施不断面对新的挑战。上海的地铁系统目前每天可运载140万人,计划扩展升级后载运量增加五倍。上海还拥有世界上最快的列车系统——磁浮列车,将市中心与不断扩大的周边地区连为一体。

与迪拜类似,浦东新区同样提供了从零建起一座世界级城市的例证。这里没有任何自发的或计划外的项目。以世纪大道为例,该大道西起东方明珠电视塔,东至世纪公园,全长大约5公里,希望"比香榭丽舍大道宽一米"[17]。一开始,香港建筑师何弢警告说,规划者应该谨慎行事,不要误以为现代都市就纯粹是各类高层建筑的集合。结果是,这条城市主干道给人的印象,不是令人惊艳的熙熙攘攘的市中心,而是得克萨斯州高速公路与巴黎利沃里大道(Parisian rue de Rivoli)商业时尚的混杂体。

随着上海房地产价格的飞速上涨,房地产市场与商业市场齐头并进,蓬勃发展。自20世纪90年代起,为了给办公大楼的建造腾出空间,许多居民搬离市中心的传统老屋,然后被安置于新建的公寓大楼。他们现在不再居住于独立的低层房屋,而是住进了层层相叠的公寓高楼。如此一来,近50%的总人口生活在仅占城市土地面积5%的空间里。然而,随着人口的持续增长,即使都住进摩天大楼也不足以应对不断增长的住房需求。1980年,上海高于8层的建筑物有121座。到2005年,已增加到10045座。这种垂直居住的新方式也影响了人们的互动方式,因为需要有新的公共空间来取代街头生活。

自1999年以来,上海以每年增加2000万平方米的惊人速度发展壮大,城区也在各个方向往外扩展。2006年推出的"一城九镇"计划,便是郊区众多的开发项目之一,目的是在上海的郊区建造起一座全新的城市以及九座新镇。一城九镇的总人口为540万。各自将通过快速轨道直通市中心。此外,在未来的十年内,上海市还计划在周边建设60座新城镇,每个新城镇的人口为5万。

制定"一城九镇"计划时,决策者希望在这些城镇设计中体现出上海作为国际大都会的新地位。于是,九座小镇的规划分别交由九位外国设计师负责。接受委托的建筑师需要将自己本国的都市风格引入项目。比如,泰晤士小镇(位于距市中心40公里的松江新城附近)就被建造成一座拥有英国都铎王朝时代风格的小镇,有鹅卵石铺成的街道和红色的电话亭。承担设计的阿特金斯设计公司(Atkins Design)声称,这一片街区"集500年历史的英国建筑于一个为期五年的建筑项目之中"[18]。德国风情的安亭新镇延续了迪士尼主题。安亭镇毗邻上海国际汽车城,那里坐落着上海大众汽车工厂以及一级方程式赛车场,设计者是阿尔伯特·斯佩尔(Albert Speer)。瑞典风情小镇罗店靠近沃尔沃工厂。为了体现独特的北欧风格,这里甚至采用了哥本哈根的标志性美人鱼雕像。其他小镇则分别以西班牙、荷兰、意大利以及美国风格为主题。

从建筑体系、庞大的基础设施以及人口规模等层面来看,上海已然是一座特大城市。但是,它是否已经拥有足够的复杂性,从而能够引领一种新的城市生活方式?中国人常用"素质"一词以表述新型市民所应具有的良好品质。问题是,在大都市的蓬勃发展中,我们到底需要怎样的"素质"?对其如何定义?

自19世纪曼彻斯特以及芝加哥之类的工业城市呈指数级增长

图 52　从空中俯瞰泰晤士小镇

以来,西方城市就再也没有经历过如此这般飞速的巨变了。在伦敦郊区的街道上,我感到自己正生活在这个历史性时刻的垂暮余晖里。尽管也在不断建造新房屋并不时改进相关的基础设施,伦敦以及纽约都不太可能像从前那般扩张变化。不过某些时候,我们的社区依然需要花一些时间适应周边的变化。

　　站在我家窗口观察马路对面的房屋,它们似乎与上海的泰晤士小镇没什么两样。全都建造得整齐利落,都沿用了都铎时代建筑的历史风格,只不过所采用的建筑材料出产于20世纪之后。伦敦人开发这些房屋的初衷是为了吸引新兴的中产阶级。那些人向往宽敞的住房和宁静的家居生活,同时又希望能够坐上通勤列车很快抵达办公室。这些房屋的外部设计象征着英格兰历史上第一个黄金时代,那是伊丽莎白一世、莎士比亚以及弗朗西斯·德雷克爵士的时代。之所以如此设计,是希望在动荡不安、急剧变化的世界面前,重振国家的雄风。与之相对照，上海并没有通过挖掘自身历史来弘扬其深厚传统的连续性、文化的悠久和伟大。相反，它向世界取经，让那些世界的东西既现代化又本土化。

但街道芭蕾却无法直接引入。像我这条街上的房屋，尽管建筑形式多有雷同，却住着来自世界各地的人。随着不同人家的搬进搬出，一些居民逝去，新的住户到来，大家逐渐形成一种聚集而居的生活方式和行为准则，包括弱联系、睦邻之情以及一定程度的信任感。某栋房屋来了建筑工人，房子外面搭起了脚手架，我们都会注意到。如果邮递员来了而有的人家里无人，大家会互相帮着代收包裹。我的孩子会跑到邻居家与其他的孩子一起玩耍。2012年6月，一些邻居组织了一场周年庆祝晚会。居民们堵住街道的两端，在大路的正中央摆上一张长桌子，上面摆满茶点。正是大家为彼此所做的这些小事，让这座城市充满活力。与蓬勃发展的特大城市和大都市圈一样，新开发的社区（包括上海的"一城九镇"）必须找到自己的街道芭蕾舞步，既与时代的节奏合拍，也体现地方的独特魅力。同样，我们必须聆听那些自家门外表演中不断变化的步伐，并随之做出相应的调整。

这便是人们所说的家与遍布全球的种种变迁之间的核心关联。如此变迁也正在改变着我们的城市。家里与家外并非两个互不相干、遥不可及的世界。反之，两者之间既紧密相连又错综复杂。如今，远方发生的事情会影响到我们自家的街道。城市的运作方式也让我们成为更大网络的一部分。因此，我们应该让自己成为积极参与的公民，而不是溜之大吉。

结　语
哈德逊街之后

　　顺着高线公园往下走,我在主干道边的阴凉处找到一条长椅。倒是可以坐上一会儿,看着游客来来往往。这也算是城市的小乐趣吧:观察其他人;看出行的家庭,孩子们跑在前头,大人们边走边闲谈;情侣们亲密地交谈着,旁若无人;有人在欣赏花草,顺便检验一下自己的都市园艺知识。眼前的行人时断时续,遇上某个暂时无人的时刻,不妨想象自己正在独自享受美景。此情此景,人们难以想象城市竟也会有艰辛和险境。

　　走下高线公园,在甘斯沃尔特街南端的出口,我回到城区的地面,重返闹市。没走多远,我就到了切尔西。我是来哈德逊街555号朝圣的,简·雅各布斯曾经住在这里并写出了《美国大城市的死与生》。我不清楚自己究竟在期待些什么,但我自认不虚此行。

　　哈德逊街比我想象的要宽阔,那个下午虽然车流很少,但看得出这是一条繁忙的街道。白马酒吧还在那儿,破旧得恰到好处,是对特殊的波希米亚之夜的致敬。对比简·雅各布斯独自坐在酒吧的那些照片,酒吧本身看上去变化不多。酒吧外面的人行道上摆了些桌子和座位,坐满了人。大家边聊边喝,享受着夏夜。街道的另一头是个咖啡馆,墙上开了洞,里面是墨西哥小吃摊。整条街道破破烂烂:一长排商店的前方撑着五颜六色的遮阳伞,街道路灯的灯柱上拴着自行车,一家商店的门外摆着两张花园长椅,欢迎邻居在那里享受阴凉,宠物狗商店的窗外也放有一套桌椅。自助洗衣店挨着寿司店,附近还有一家房地产公司。

555号本身并不显眼,没有伦敦常见的那种纪念此前住户的牌匾或标志。它面街的大窗户上印着"玻璃宝贝"(Glassybaby)的广告词:"鲜花会枯萎,巧克力会融化,玻璃宝贝永远都在。"窗台满满当当摆着一大排"玻璃宝贝"公司手工吹制的玻璃杯烛台。房门更不起眼,有些儿偏斜,门框上方是显示门牌号的三个黄铜数字。这正是我想象中简·雅各布斯居住的地方,是她讴歌普通、日常而又独具特质的街区生活的灵感源泉。这样的住所再次提醒我们,即便最伟大的城市也是由这样平凡的地方打造的。我们应该通

图53 哈德逊街555号

过这些地方，来衡量一座城市是否成功。同理，城市之所以对人有益，在于街道生活。

2004年，简·雅各布斯写了自己的最后一本书《集体失忆的黑暗年代》(*Dark Ages Ahead*)。此时她已离开纽约，搬到多伦多。她之所以离开美国，是不希望自己的两个儿子应征入伍参加越南战争。在加拿大，她继续为自己对于城市生活的信念而奔走，并且作为核心人物参与了叫停修建斯潘丹娜高速公路（Spadina Expressway）的抗议活动，为多伦多圣劳伦斯街区的改造而斗争。她还参与了有关魁北克主权议题的激烈论战，认为城市应该越来越多地与国家分开。

然而，她的这部封笔之作对未来却充满了出人意料的悲观态度，呼吁人类趁着为时未晚自我拯救。在书中，简·雅各布斯预言构成城市的社区终将土崩瓦解。然而她认为，问题的根源不一定出自城市本身，也可能是新自由主义市场对于社会最小单元家庭的冲击，或者是学生只追求文凭而不是学习对于学术的瓦解，又或者是经济成为主要的"科学"导致思想沦落为创造财富的工具，也或者是大公司的接管。最终，她归咎于目光的短浅，过于追求短期利益。说起来这些因素并非源于城市，但造成的最显著后果却是都市结构的瓦解以及都市基础设施的失败。由于规划者、研究人员以及政界人士都没有觉察到城市的衰败迹象，城市本身正在变成一个危险的地方。

以1995年芝加哥热浪事件为例，简·雅各布斯对自己的预测给出了最清晰的解释。尽管气象学家和媒体事先发出了恶劣天气即将来临的警告，但在一周多的时间里，还是有730多人死于中暑、脱水和肾衰竭。在如此酷热的天气下，医院无法应对这一局面。一位拥有冷藏运输车队的老板试图提供帮助，拿出冷藏货车存放死者的尸体，但他很快就发现，自己的那些冷藏货车一下子就装满了穷人、弱者和老人的尸体，再也无法承接更多。之后的尸检报告显示了一个可怕的事实：大多数死者都是老人，他们没有水喝，或被困在没有空调的公寓里，被邻居遗弃。

为了应对这场危机，美国疾病控制与预防中心的一个小组对芝加哥进行了调查，想找出造成如此多人死亡的原因，也希望如果灾难在另一个时间、地点发生，他们能及时预防。结果不出所料，死者在生前都没有得到救助，也没有找到庇护所。可是，正如简·雅各布斯指出的，这份报告将悲剧的发生归咎为死者自身，认为死者要么是未能及时离开公寓，要么是未能确保公寓里有足够的水并且空调能正常工作。而简·雅各布斯讲述了另一个事例，她通过埃里克·克林伯格（Eric Klinenberg）的故事告诉大家，其实悲剧是有可能避免的。克林伯格有关热浪危机的研究完全独立于官方科学家之外，其调查重点也不是针对个人的过失，而是集中于重灾区。比方说，在北劳恩代尔街区（North Lawndale），每10万人中有40人死亡，而在南劳恩代尔街区，每10万人中却只有4人死亡。为什么差异如此之大？

克林伯格的研究考察了两个社区之间的差异，发现的事实表明：热浪悲剧是街区的失败而不是个人的过失。北劳恩代尔是一个正在衰落的社区，没有商店，没有集会场所，没有公园，老年人无处可去。结果是，在困难时期，没有一个正常运转的社区来照顾最弱势的群体。北劳恩代尔街区的衰落是各种因素长期积累的结果，系统地加以分析，大致情况是：这里的许多居民早已流向郊区，但并没有新来的居民填补。当地的商店发现市场需求有所放缓，也已经搬走了。随着人们对街道的关注越来越少，社区意识随之减弱。因此，克林伯格指出，此次事件中，应该责怪的不是个人，而是整个社区。为什么要听任这个社区衰败和消亡？有谁关注过这一现象？又有谁寻求过解决问题的方案？

扪心自问，其实在每一座城市，在离自家不远之处，我们都能看到类似的街区。它们不是贫民窟，却在为了生存而挣扎。在这些街区，犯罪率比过去更高。街道越来越破旧，商店正在倒闭，图书馆空空荡荡。然而我们总是等到社区爆发了骚乱，或者陷入灾难之后才采取行动。但是，到那时岂不是为时已晚？简·雅各布斯所预言的黑暗年代是否已经过去？

我不这样认为。

有些人天生悲观。然而，当你眼看着2012年11月飓风"桑迪"给纽约所带来的恶劣影响，大概会觉得悲观论者情有可原。当时，我正在对本书的稿件作最后的润色，超级风暴赫然降临。它加深了许多人对城市和未来固有的消极情绪。巨大的自然灾害重创了纽约的五个行政区，其后果也令人不安，因为它总在提醒着你，一座城市是如何地不堪一击。

水位不断地升高，海水汹涌漫灌到下曼哈顿地区。这一事实证明，甚至连华尔街都不能逃脱自然界的魔咒。随着多日的停电，一种奇怪的念头旋即出现：这样的大灾难在未来也许会更为常见，而且可能会发生于世界上的任何地方。

糟透的天气，恐怖的一夜。由此牵扯出的各种事件却凸显了纽约光鲜外表背后的方方面面。除了大面积停电，城市的基础设施也发生了故障。大水淹没了地铁系统，到处是淤泥和垃圾。斯塔滕岛的图像显示，洪水泛滥之际，整片的街区被夷为平地，汽车被上升的海水托起，又被抛下，犹如浮石。与此同时，在皇后区的微风点（Breezy point），一台发电机爆炸，引发的大火蔓延了好几条街，烧毁了一百多栋房屋。此外还有关于人的故事：医院备用的发电机出现故障、狂风大作的紧急时刻,曼哈顿纽约大学朗根医疗中心的病人不得不集体撤离;在斯塔滕岛上,一名年轻的警察为了抢救家人而溺水身亡;在南海滩,黑人妇女格林纳达·摩尔(Glenada Moore)被困于越野车中,她怀里的两个孩子被洪水卷走。而当她向附近的居民求救时,无人向她敞开大门。

倘若这就是城市的未来,黑暗的日子还会远吗?也许吧。但正是基于这个原因,大把的城市思想家认识到城市韧性的重大意义。所谓韧性,就是从困境中快速复原的能力。即便是迈克尔·布隆伯格这样的市长,他也不可能一边看着飓风"桑迪"造成的惨状,一边告诉大家一切皆好,如此严重的破坏保证将不再发生。我们必须接受,城市的未来规划不可能将飓风"桑迪"之类的事件排除在外,天灾人祸总是会发生的。因此,要想真正衡量一座城市是否健康和公正,必须要看看它在大灾大难之后如何重构自身。

随着联邦紧急事务管理局、纽约交通运输工程师联合会之类的政府机构以及一些小型企业做好了重新开放的准备,"占领桑迪"(Occupy Sandy)草根运动的积极分子们也在竭尽全力,让纽约恢复生机。问题是,这座城市将如何恢复?它会重新站起来并且从这次可怕的事件中吸取教训吗?它有可能变得更好吗?飓风"桑迪"会改变我们对于气候变化的思考模式吗?这是对城市韧性的真正考验,用经济学家纳西姆·尼古拉斯·塔勒布(Nassim Nicholas Taleb)的话说,就是"不脆弱"。有了这项特质,城市才能经受住大灾大难并且重新建立起自己的体系,最重要的是,有了它,在面对不确定的未来时,城市才不会失去任何自由。

向往美好城市常常被当作乌托邦式的梦想。长久以来,许多规划者、政治家以及建筑师,幻想着建造这样一座炫目的海市蜃楼。托马斯·莫尔(Thomas Moore)的《乌托邦》就开了一个巧妙的玩笑，说的是一处并不存在的好地方，却也隐含了对理想化大都市的憧憬。理想化的大都市有多种形式：它分别在柏拉图的理想国、卡尔·马克思的共产主义和亨利·列斐伏尔的城市权利中找到政治支点，它们都以不同的方式寻求从构成城市的人类权力结构中构建出最完美的社会。帕特里克·格德斯、勒·柯布西耶以及埃比尼泽·霍华德等规划师则希望通过打造城市形象发现人间天堂。在经济学家眼里，城市是理想的贸易市场：对一些人来说，这意味着完全不受限制的自由贸易；对另一些人而言，贸易需要受制于法律和法规。与此同时，像斯科特·伯纳姆这样的思想家则认为，只要我们做对了，城市是一处有能力激发和培育信任的地方。正如我们所看到的，历史上有许多城市是为了改变我们的行为而建造的，譬如为了镇压革命、让人更加理性、鼓励人与人亲吻等，而这往往会产生意想不到的效果。即便在今天，我们仍然可以找到一些建筑师、规划师和政治家，他们坚信自己的设计方案可以将城市打造成一个让我们更环保、更健康、更智能（甚至更幸福）的场所。

几个世纪以来，人类聚居的方式已经发生变化，这对我们彼此间的互动和行为都产生了巨大的影响。漫步纽约，沿着哈德逊街向南走，人们很难忘记曼哈顿是一座 19 世纪的城市。早在 1811 年建造之初，它就以网格进行规划。仰望天际线，人们仍然可以看到砖砌大楼顶部的一座座水塔。这些建筑都建于以利沙·奥蒂斯的技术革新（即安全电梯）之后。因为使用安全电梯，建筑师们才有能力建造出第一批高度超过五层的建筑。我们在其他地方也能见到类似的创造和工程创新，譬如约瑟夫·巴泽尔杰特爵士的伦敦（下水道工程）、奥斯曼男爵的巴黎（大改造）、1872 年大火之后的波士顿（重建）、1906 年地震之后的旧金山（从废墟中崛起），等等。这些城市的建造都得益于工程师的梦想。今天，我们和那些维多利亚时代的大师一样,有权利重新思考这座城市。然而,我们绝不能重蹈他们的覆辙。

维多利亚时代的人认为城市可以通过建筑与基础设施(铁路、安全电梯和下水道等)进行重建。如今,我们看待城市的方式已经截然不同:城市是错综复杂的、相互交织的场所,它的建造应该以人为本。此外,与历史上的大都市不同,今日城市这道难题,再也不能单靠理性以及有序化来解决。相反,我们必须要明白城市错综复杂的本性,要顺着它非比寻常的节奏,不可逆而行之。但是,承认我们生活在混乱的边缘,不应该阻止我们梦想一个更美好的城市。通过更多地了解城市,我们有能力让它变得更为美好。我们必须相信,大都市能够激发出人最美好的一面。信任、开放的个体拧成一股绳所产生的能量,大于我们每一个人的单打独斗。

离开哈德逊街时,我心存感激。简·雅各布斯教会了我,人是最重要的,我们要关注人与人之间如何互动、融合和联络。再就是,街道是一把必不可少的标尺,用它可以衡量一座城市是否拥有活力。正如简·雅各布斯所告诫的,如果理解了街道,我们便有了希望,可以按一种惠及众生的方式重建城市。

最后,我来到位于切尔西街区中心的华盛顿广场。在这里,简·雅各布斯发起了她的第一场战斗,反对罗伯特·摩西将城市彻底地简化为汽车至上。在这座广场上,我感受到世界是一家。几位爵士乐手拨弄着手中的乐器,倾情演奏。情侣们躺在草地上,旁若无人。一群年轻的学生在向路人派送冰镇水。另外一拨人,他们在拱门附近搭起了帐篷,向任何有意签约的路人展示花旗银行的共享单车计划。一些上班族,可能是附近大学楼的工作人员,正在静静地享用午餐。对面的长凳上,有几个人正躺着睡觉,谁也没去惊扰他们。还有一些人,看上去来自世界各地,这进一步提醒我们,这是一座世界城市。

在这样的地方，我们可以尽情梦想理想的城市，既不会丧失洞察力，也不至于陷入乌托邦式幻想。立足本土思考城市，让改变成为可能，让每个人都可以有所作为。如我们在东村之所见，在这样的层面，我们可以发起建设当地社区花园的活动。同样，在这样的范围，我们看到了振兴底特律街区最成功的尝试。也正是因为街区层面的大有可为，科林·比万站出来作为美国绿党的代表，在布鲁克林发起了竞选活动。在这样的基石之上，我们可以完成伟大的事业，正如"更美好街区"运动所证明的：正当的信息得以迅速传播，网络在整合，街区汇集为城市，街头的群众与市政厅的官员们能够直接对话。

然而，城市也有可能成为乌托邦的对立面。不承认这一点照样会误入歧途。历史已经告诉我们，向往理想的大都市有时会带来可怕的困难。城市是经济增长的引擎，是创新的非凡源泉，但同样的运行机制也会引发严重的不平等和贫困。纵观历史，城市盛衰无定。只需看看乌鲁克的废墟或者达拉维令人绝望的困境，你就能明白厄运、宿命或治理不善都可能导致城市受到破坏。为此，我们务必要小心谨慎，不要轻易就想出简单的答案。要解决贫民窟的问题，不能简单地把它推向市场，而应该深入社区内部寻求解决方案。

当我们在一个地方生活和行动时，我们不能变得目光短浅、心胸狭窄：在街区之外，世界正以惊人的速度发生变化。最重要的是，我们必须承认，"西方"世界并不是21世纪城市的唯一路线图。现如今，规划者、政治家和城市思想家们不再单从欧美寻求解决当地问题的答案。正如我们在松岛和马斯达尔看到的那样，基于最新技术的创新并不是始于欧美。新加坡和上海将成为未来的商业中心引领世界。在南美，像智利的圣地亚哥、巴西的库里蒂巴和里约热内卢、哥伦比亚的波哥大和麦德林等城市，正在开发管理城市的最新政治模式。与此同时，北京、孟买、内罗毕、达卡、伊斯兰堡以及亚洲和非洲的许多其他城市，正面临着有史以来最大规模的人口迁移。这种巨大的人口流动引发了医疗保健、住房、可持续发展、平等机遇等问题，也使得世界权力中心开始发生转移。到本世纪末，这样的转变可能会颠覆性地改变我们对城市的认知。

然而，尽管有对这种变化的焦虑，为了实现新城市的梦想，我们能够而且必须解决三大关键问题：可持续性、信任和不平等。然而，令人惊讶的是，这三个因素息息相关：没有信任和更多的平等，就无法拥有绿色城市；没有信任，就没有平等；没有信任，就根本没有城市。建立信任是一个过程，始于最简单的手势，始于邻里关系的日常。如果我们能够从这些地方开始，就有可能实现其他更大的目标。

这就是我想要生活的城市。这是一个值得期待的未来。

注　释

前　言

1. Hallo, W., 'Antediluvian Cities', *Journal of Cuneiform Studies*, Volume 23, no. 3, 1971, p. 57.
2. Rousseau, J.-J., www.memo.fr/en/dossier
3. Rae, D., *Urbanism and its End*, Yale University Press, 2003, p.225.

第一章

1. Jacobs, J., *The Economy of Cities*, Pelican, 1972, p. 42.
2. Polo, M., *The Travels of Marco Polo*, www.gutenberg.org, Book 2, Chapter 11
3. Jacobs, J., *The Death and Life of Great American Cities*, Modern Library, 1993, pp. 66–70.
4. Batty, M., *Complexity in City Systems: Understanding, Evolution and Design*, UCL Working Paper 117, March 2007, p. 2.
5. Weaver, W., 'Science and Complexity', *American Scientist* 36, 1948.
6. Ibid.
7. Jacobs, J., 1993, p. 50.
8. Koolhaas, R. et al, *Mutations*, ACTAR, 2000, p. 11.
9. Granovetter, M., 'The Strength of Weak Ties: A Network Theory Revisited', *Sociological Theory*, Volume 1, 1983, p. 2.
10. Lehrer, J., 'A Physicist Solves the City', *New York Times*, 17 December 2010.
11. Ibid.
12. Bettencourt, L. and West, G., 'A Unified Theory of Urban Living', *Nature*, 21 October 2010.
13. Lehrer, J., 17 December 2010.

第二章

1. www.bbc.co.uk/news/uk-10321233
2. Preston, C., *The Bee*, Reaktion Books, 2006, p. 55.
3. Shakespeare, *Henry V*, Act 1 Scene 2, pp. 188–92.
4. Preston, C., 2006, p. 57.
5. Hollis, L., *The Phoenix: The Men Who Made Modern London*, Weidenfeld & Nicolson, 2007, p. 339.
6. Jacobs, J., 1993, p. 40.
7. Seeley, T. D., *Beehive Democracy*, Princeton University Press, 2010, p. 5.
8. Hobbes, T., *Leviathan*, Kindle Edition, Chapter 13, paragraph 9.
9. Ai Weiwei, 'The City: Beijing', *Newsweek*, 28 August 2011.
10. Hack, K., Margolin, J.-L. et al, *Singapore from Temasek to the 21st Century: Reinventing the Global City*, NUS Press, 2010, p. 337.
11. Wood, A. T., *Asian Democracy in World History*, Routledge, 2004, p. 82.
12. Clark, G. and Moonen, T., 'The Business of Cities: City Indexes in 2011', www.thebusinessofcities.com, pp. 12–3.
13. Hack, K., Margolin, J.-L. et al, 2010, p. 325.
14. 'Singapore Faces Life without Lee', *New York Times*, 15 May 2011.
15. Ibid.
16. www.ida.gov.sg/Aboutus/20100611163838.aspx
17. Hack, K., Margolin, J.-L. et al, 2010, p. 375.
18. Ifill, G., *The Breakthrough: Politics and Race in the Age of Obama*, Doubleday, 2009, p. 143.
19. www.nytimes.com/2012/04/14/nyregion/mayor-cory-booker-says-he-felt-terror-in-fire-rescue.html?ref=corybooker
20. www.big.dk/projects/tat/
21. Dailey, K., 'Cory Booker's Snowspiration', *Newsweek*, 27 January 2011.
22. Coleman, E., *From Public Management to Open Governance: A New Future or the More Things Change the More They Stay the Same*, dissertation, University of Warwick, April 2011, p. 37.
23. Ibid., p. 36.
24. Ibid., p. 38.

第三章

1. Squires, N., 'Scientists Investigate Stendhal Syndrome', *Daily Telegraph*, 28 July

2010, www.telegraph.co.uk/news/worldnews/europe/italy/7914746/Scientists-investigate-Stendhal-Syndrome-fainting-caused-by-great-art.html
2. Barney, S. A. et al, *The Etymologies of Isidore of Seville*, CUP, 2006, Book XV.
3. Mairet, P., *Pioneer of Sociology: The Life and Letters of Patrick Geddes*, Lund Humphries, 1957, p. 184.
4. Ibid., p. 185.
5. Hollis, L., *The Stones of London: A History in Twelve Buildings*, Weidenfeld & Nicolson, 2011, p. 310.
6. Le Corbusier, *Essential Le Corbusier: L'Esprit Nouveau Articles*, Architectural Press, 1998, p. 8.
7. Ibid., p. 45.
8. Hall, P., *Cities of Tomorrow*, Blackwell, 2002, p. 222.
9. Le Corbusier, 1998, p. xxv.
10. Ibid., p. 227.
11. Jencks, C., *Le Corbusier and the Tragic View of Architecture*, Allen Lane, 1973, p. 74.
12. Flint, A., *Wrestling with Moses: How Jane Jacobs Took on New York's Master Builder and Transformed the American City*, Random House, 2011, p. 37.
13. Ibid., p. 43.
14. Rybczynski, W., *Makeshift Metropolis: Ideas About Cities*, Scribner, 2011, p. 55.
15. Flint, A., 2011, p. 87.
16. Ibid., p. 145.
17. Rybczynski, W., 2011, p. 59.
18. Jacobs, J., 1993, p. 5.
19. Whyte, W., *City: Rediscovering the Centre,* Doublday, 1988, p. 3.
20. Ibid., p. 7.
21. Ibid., p. 57.
22. Ibid., p. 9.
23. Tellinga, J., from talk, 12 November 2010, International New Town Conference, www.newtowninstitute.org
24. Gehl, J. and Koch, J., *Life Between Buildings: Using Public Space*, Island Press, 2011, p. 29.
25. Gehl, J. and Gemzoe, L., *New City Spaces*, Danish Architectural Press, 2003, p. 54.
26. Ibid., p. 58.
27. 'The Origin of the Power of Ten', www.pps.org/reference/poweroften
28. *Tactical Urbanism*, Volume 1, pp. 1–2.

第四章

1. www.wired.co.uk/news/archive/2010-11/04/david-cameron-silicon-roundabout
2. travel.nytimes.com/2007/09/23/travel/23bilbao.html
3. www.guggenheimbilbao.es/uploads/area_prensa/notas/en/PR_Results_2010.PDF
4. www.nytimes.com/2007/02/01/arts/design/01isla.html
5. Bettencourt, L., Lobo, J. et al, *Growth Innovation, Scaling and the Pace of Life in Cities*, PNAS, 16 April 2007, p. 7, 303.
6. Schama, S., *The Embarrassment of Riches*, HarperCollins, 2004, p. 347
7. Ibid., p. 303.
8. UN, *Creative Economy*, UN, 2010, p. 38.
9. Florida, R., *Who's Your City?*, Basic Books, 2008, p. 99.
10. Moretti, E., *The New Geography of Jobs*, Houghton Mifflin, 2012, Introduction.
11. Florida, R., 2008, p. 3.
12. Ibid., p. 71.
13. www.londonlovesbusiness.com/comment/the-debate-is-tech-city-working
14. www.theatlanticcities.com/neighborhoods/2011/12/stuck-or-content/770
15. Sassen, S., *Urban Age Project*, LSE, 2011, p. 56.
16. www.techhub.com/about.html
17. www.guardian.co.uk/business/2011/nov/27/tech-city-digital-startups-shoreditch
18. Nathan, M., 2012, pp. 109–10.

第五章

1. Novak, M. and Highfield, R., *Super Cooperators: Beyond the Survival of the Fittest*, Canongate, 2011, introduction.
2. www.economist.com/node/21541709
3. Jaffe, E., 21 March 2012, www.theatlanticcities.com/jobs-and-economy/2012/03/why-people-cities-walk-fast/1550
4. Jacobs, J., 1993, pp. 77–8.
5. Griffith, P., Norman, W., O'Sullivan, C. and Ali, R., *Charm Offensive: Cultivating Civility in 21st-Century Britain*, Young Foundation, 2011, p. 25.
6. Ibid.
7. Lindsay, G., 'Demolishing Density in Detroit', *Fast Company*, 5 March 2010.

8. www.cardiff.ac.uk/socsi/undergraduate/introsoc/simmel.html
9. Smith, D., *The Chicago School: A Liberal Critique of Capitalism*, Macmillan Education, 1988, p. 123.
10. Sorkin, M., *Twenty Minutes in Manhattan*, Reaktion Books, 2009, p. 89.
11. CEQR Technical Manual, March 2010.
12. Wilson, J. Q. and Kelling, G. L., 'Broken Windows', *Atlantic Monthly*, 1982, from www.manhattan-institute.org
13. Bratton, W. and Tumin, Z., *Collaborate or Perish: Reaching Across Boundaries in a Networked World*, Crown Business, 2012, Chapter 1.
14. Nagy, A. R. and Podolny, J., 'William Bratton and the NYPD', Yale School of Management, Yale Case 07-015, 12 February 2008, p. 14.
15. www.economist.com/node/12630201
16. Putnam, R., *Bowling Alone: The Collapse and Revival of American Community*, Simon & Schuster, 2001, p. 115.
17. Ibid., p. 19.
18. Minton, A., *Ground Control: Fear and Happiness in the 21st-Century City*, Penguin, 2009, p. 21.
19. Griffiths, R., *The Great Sharing Economy*, Cooperatives UK, Penguin, 2012, p. 1.
20. Ibid., pp. 4–11.
21. www.shareable.net/blog/policies-for-a-shareable-city
22. www.shareable.net/blog/policies-for-a-shareable-city-11-urban-agriculture
23. www.theuglyindian.com

第六章

1. www.tampabay.com/news/humaninterest/article1221799
2. Ibid.
3. Ibid.
4. www.guardian.co.uk/world/2012/mar/23/obama-trayvon-martin-tragedy
5. Jacobs, J., 1993, p. 73.
6. Fukuyama, F., *Trust: The Social Virtues and the Creation of Prosperity*, Penguin, 1996, p. 7.
7. Putnam, R., 2001, p. 137.
8. Uslaner, E., *The Moral Foundations of Trust*, CUP, 2002, p. 33.
9. www.ipsos-mori.com/researchpublications/researcharchive/15/Trust-in-Professions.aspx
10. www.gallup.com/poll/122915/trust-state-government-sinks-new-low.aspx

11. www.gallup.com/poll/149906/Supreme-Court-Approval-Rating-Dips.aspx
12. www.gallup.com/poll/122897/Americans-Trust-Legislative-Branch-Record-Low.aspx
13. news.bbc.co.uk/1/hi/uk/8159141.stm
14. Norris, C., McCahill, M. and Wood, D., *The Growth of CCTV: A Global Perspective*, Surveillance and Society, www.surveillance-and-society.org/cctv.htm
15. NYCLU, Fall 2006, p. 2.
16. Graham, S., *Cities Under Siege: The New Military Urbanism*, Verso, 2011, p. xv
17. Graham, S., 'Olympics 2012 security: welcome to lockdown London', www.guardian.co.uk/sport/2012/mar/12/london-olympics-security-lockdown-london
18. news.bbc.co.uk/1/hi/england/leicestershire/4294693.stm
19. www.guardian.co.uk/education/2006/jun/20/highereducationprofile.academicexperts
20. Graham, S., 2011, p. 263.
21. arstechnica.com/gadgets/news/2011/08/53-of-mobile-users-happy-to-hand-over-location-data-for-coupons.ars
22. www.theinternetofthings.eu/content/new-years-contest-panopticon-metaphor-internet-things---why-not-if-it-were-opposite
23. Goodyear, S., 'Do Gated Communities Threaten Society?', 11 April 2012, www.theatlanticcities.com/neighborhoods/2012/04/do-gated-communities-threaten-society/1737
24. Wilkinson, R. and Pickett, K., *The Spirit Level: Why Equality is Better for Everyone*, Penguin, 2010, p. 62.
25. Dorling, D., *So You Think You Know About Britain*, 2011, p. 73.
26. Milanovic, B., *The Haves and the Have-Nots*, Basic Books, 2012, p. 72.
27. www.nytimes.com/interactive/2011/10/30/nyregion/where-the-one-percent-fit-in-the-hierarchy-of-income.html?ref=incomeinequality
28. UN-Habitat, *State of the World Cities 2011–12*, UN-Habitat, 2011, p. 74.
29. Ferrari Ballas, M., 'Transportation Barriers of the Women of Pudahuel', Santiago Planning Forum, 13/14, 2009, p. 124.
30. Berg, N., 'Why China's Urbanisation Isn't Creating a Middle Class', 29 February 2012, www.theatlanticcities.com/jobs-and-economy/2012/02/why-chinas-urbanization-isnt-creating-middle-class/1357
31. Lefebvre, H. (ed. Elden, S. and Kofman, E.), *Key Works*, Continuum, 2003, p. 7.
32. Harvey, D., introduction to Lefebvre, H., 1991, p. 158.

33. Lefebvre, H., trans. Nicholson-Smith, D., *The Production of Space*, Blackwell, 1991, p. 494
34. pmarcuse.wordpress.com/2012/03/25/blog-10-the-changes-in-occupy-and-the-right-to-the-city
35. Harvey's lecture can be found at www.youtube.com/watch?v=DkKXt6lTTD4
36. Mullins, C., *Festival on the River: The Story of the Southbank*, Penguin, 2010, p. 48.
37. Burnham, S., *Trust Design*, Part Four, 'Public Trust' Supplement to Volume 30, 2011, p. 7, ww.w.premsela.org
38. scottburnham.com/projects

第七章

1. www.bbc.co.uk/news/world-south-asia-11854177
2. Roy, A., 'Capitalism: A Ghost Story', *Outlook India*, 26 March 2012, www.outlookindia.com/article.aspx?280234
3. Kasarda, J. and Lindsay, G., *Aerotropolis: The Way We'll Live Next*, Penguin, 2011, p. 6.
4. Hollis, L., 2011, pp. 268–9.
5. Riis, J., 1889, Chapter 6, www.bartleby.com/208
6. UN-Habitat, *The Challenge of the Slums*, UN-Habitat, 2003, p. 10.
7. Perlman, J., *Favela: Decades of Living on the Edge in Rio de Janeiro*, OUP, 2010, p. 321.
8. Harber, A., *Diepsloot*, Jonathan Ball, 2012, p. 12.
9. Ibid., p. 62.
10. Neuwirth, R., *Stealth of Nations*, Pantheon Books, 2011, p. 18.
11. Ibid., p. 19.
12. Saunders, D., *Arrival City*, Vintage, 2011, Preface.
13. Arputham, J., *Developing New Approaches for People-centred Development*, Environment and Urbanisation, 2008, p. 320.
14. Ibid., pp. 332–3.
15. Ibid.
16. Ibid.
17. articles.latimes.com/2008/sep/08/
18. Echanove, M. and Srivastava, R., *The Slum Outside*, URBZ.net, 20 April 2011, p. 1.
19. de Soto, H., *The Mystery of Capital: Why Capitalism Triumphs in the West and Fails Everywhere Else*, Bantam Press, 2000, pp. 301–2.

20. Burra, S., *Community-based, Built and Managed Toilet Blocks in Indian Cities*, Environment and Urbanisation, 2003, p. 20.
21. Mehta, S., *The Urban Age*, LSE, 2011, p. 107.
22. Neuwirth, R., *Shadow Cities*, Routledge, 2004, pp. 133–4.
23. www.iisd.org/50comm/commdb/desc/d16.htm
24. Brand, S., *Whole Earth Discipline: An Ecopragmatist Manifesto*, Atlantic Books, 2010, p. 26.
25. www.forbes.com/2010/06/15/forbes-india-jockin-arputham-poverty-alleviation-opinions-ideas-10-arputham_2.html
26. www.domusweb.it/en/architecture/urbz-crowdsourcing-the-city
27. www.airoots.org
28. www.airoots.org/2009/09/the-tool-house-expanded

第八章

1. Engels, F., *The Condition of the Working Class in England*, www.marxists.org/archive/marx/works/1845/condition-working-class/ch04.htm
2. Jordan Smith, D., 'Cellphones, Social Inequality and Contemporary Culture in Nigeria', *Canadian Journal of African Studies*, no. 3, 2006, p. 500.
3. Aker, J. and Mbiti, B., 'Mobile Phones and Economic Development in Africa', Centre for Global Development Paper 211, June 2010, p. 2.
4. Ibid., p. 3.
5. Florida, R., 7 December 2011, www.theatlanticcities.com/technology/2011/12/how-twitter-proves-place-matters/663
6. www.guardian.co.uk/uk/2011/dec/07/bbm-rioters-communication-method-choice
7. www.democracynow.org/2011/2/8/asmaa_mahfouz_the_youtube_video_that
8. Nunns, A. and Idle, D., *Tweets from Tahrir*, OR Books, 2011, p. 208.
9. Ibid., p. 210.
10. Ibid.
11. UN Commission on Human Rights, *Report from OHCHR Fact-finding Mission to Kenya, 6–28 February 2008*, 19 March 2008, p. 16.
12. vimeo.com/9182869
13. david.tryse.net/googleearth/
14. www.youtube.com/watch?v=6eIPM6D-LOg&feature=player_embedded#
15. Ratti, C., 'Smart, Smarter, Smartest Cities', MIT TV, 19 April 2011, techtv.mit.edu/collections/senseable/videos/12257-smart-smarter-smartest-cities

16. Townsend, A., 'Blended Reality: What Would Jane Jacobs Think of Facebook', 12 June 2007, www.planetizen.com/node/28807
17. Southerton, D. G., *Chemulpo to Songdo IBD: Korea's International Gateway*, 2009, p. 103.
18. Post, N., 'Liveable Cities Get Smarter', *Engineering News Record*, 12 December 2011, p. 34.
19. Arthur, C., *The Thinking City*, BBC Focus, January 2012, p. 56.
20. Townsend, A., Maguire, R. et al, *A Planet of Civic Laboratories*, Institute for the Future, 2011.
21. IBM Institute for Business Value, *How Smart is Your City?*, 2009, p. 3.
22. Ibid., p. 12.
23. Ibid., p. 13.
24. Ratti, C., 'Raising the Cloud', raisethecloud.org/#project

第九章

1. Hammer, J., 'The World's Worst Traffic Jam', *Atlantic*, July/August 2012, www.theatlantic.com/magazine/archive/2012/07/world-8217-s-worst-traffic-jam/9006/#.T_wqIdE_-qE.email
2. www.tsp.gatech.edu/sweden/compute/cpu.htm
3. Adamatzky, A. et al, 'Are motorways rational from slime mould's point of view?' *ArXiv*, 13 March 2012, p. 1.
4. Peter, P. F., *Time, Innovation and Mobilities*, Routledge, 2006, p. 154.
5. Mayor, J. and Coleman, B., *The Social and Emotional Benefits of Good Street Design*, Brighton and Hove City Council/Civitras, August 2011, p. 27.
6. www.chinasignpost.com/2011/01/dying-for-a-spot-chinas-car-ownership-growth-is-driving-a-national-parking-space-shortage
7. Owen, D., *Green Metropolis*, Riverhead, 2010, p. 48.
8. Transport for London, *Travel in London: Key Trends and Developments*, report no. 1, TfL, 2009, pp. 2–3.
9. Walker, J., *Human Transit: How Clearer Thinking about Public Transit can Enrich our Communities*, Island Press, 2011, Introduction.
10. McKibben, B., *Hope, Human and Wild*, Milkweed Editions, 2007, p. 64.
11. Rhinehart, N., 'Public Spaces in Bogotá: An Introduction', *University of Miami Inter-America Law Review*, Winter 2009, p. 200.
12. Ibid., p. 201.
13. www.pps.org/articles/epenalosa-2
14. www.planetizen.com/node/17468

15. Rhinehart, N., 2009, p. 203.
16. Cain, A., 'Applicability of Bogotá's Transmilenio BRT System to the United States', National Bus Rapid Transit Institute, May 2006, pp. 41–2.
17. www.pps.org/articles/epenalosa-2
18. Thompson, C., 'Why New Yorkers Last Longer', 13 August 2007, nymag.com/news/features/35815/index1.html
19. www.walkonomics.com/blog/2011/04/getting-our-obese-cities-walking-again
20. Florida, R., 'America's Most Walkable Cities', 10 December 2010, www.theatlantic.com/business/archive/2010/12/americas-most-walkable-cities/67988/
21. www.telegraph.co.uk/news/worldnews/europe/france/7590210/Expressway-roads-along-Seine-to-be-closed-after-40-years.html
22. www.preservenet.com/freeways/FreewaysPompidou.html
23. www.guardian.co.uk/world/2012/aug/02/paris-seine-riverside-expressway-pedestrian

第十章

1. Corner, J., 'Lifescape – Fresh Kills Parkland', www.nyc.gov/freshkills park
2. Lehrer, J., 2010.
3. Glaeser, E. and Kahn, M., *The Greenness of Cities*, National Bureau of Economic Research, August 2008, p. 30.
4. Florida, R., 'Why Young Americans…', 10 April 2012, www.theatlanticcities.com/commute/2012/04/why-young-americans-are-driving-so-much-less-than-their-parents/1712
5. Kahn, M., 2010, Chapter 1.
6. Vidal, J., 'Masdar City – a Glimpse of the Future in the Desert', 26 April 2011, www.guardian.co.uk/environment/2011/apr/26/masdar-city-desert-future
7. Moore, M., 'Chinese move to the eco-city of the future', 18 March 2012, www.telegraph.co.uk/news/worldnews/asia/china/9151487/Chinese-move-to-their-eco-city-of-the-future.html
8. Williams, A. and Donald, A., *The Lure of the City: From Slums to Suburbs*, Pluto Press, 2011, p. 137.
9. www.nyc.gov/html/planyc2030/html/about/about.shtml
10. www.nyc.gov/html/dot/html/bicyclists/bikestats.shtml#crashdata

11. transalt.org/about
12. www.nytimes.com/2011/11/16/realestate/commercial/for-those-who-pedal-to-work-a-room-to-store-their-bikes.html
13. 'Greener, Greater New York', April 2011, p. 3.
14. Williams, A. and Donald, A., 2011, p. 141.
15. Beavan, C., *No Impact Man*, Piatkus, 2011, p. 183.
16. Ibid., p. 190.

第十一章

1. Jackson, A., *London's Metroland*, Capital Transport Publishing, 2006, p. 59.
2. www.citypopulation.de/world/Agglomerations.html
3. Williams, A. and Donald, A., 2011, p. 59.
4. Ehrlich, P., *Population Bomb*, Ballentine Books, 1968, p. 1.
5. Pearce, F., *Peoplequake: Mass Migration, Ageing Nations and the Coming Population Crash*, Eden Project Books, 2010, Introduction.
6. Williams, A. and Donald, A., 2011, p. 63.
7. Ibid., p. 39.
8. UNFPA Youth Supplement, 2007, p. 7.
9. Florida, R., Gulden, T. and Mellender, C., *The Rise of the Mega-Region*, Martin Prosperity Institute, October 2007, p. 2.
10. superflex.net/tools/superkilen
11. vimeo.com/14679640
12. Davis, M., *Magical Urbanism: Latinos Reinvent the US City*, Verso, 2001, p. 67.
13. Sassen, S., 2001, p. 333.
14. www.thedailystar.net/newDesign/news-details.php?nid=238966
15. Wealth Report, KnightFrank/Citiprivatebank.com, 2012, p. 17.
16. Clark, G. and Moonen, T., *The Honor Chapman Report: London 1991–2012: The Building of a World City*, April 2012, pp. 28–36.
17. Arkarasprasertkul, N., *Politicisation and the Rhetoric of Shanghai Urbanism*, www.scholar.harvard.edu/non/publications, 2008, p. 44.
18. Campanella, T., *The Concrete Dragon: China's Urban Revolution and What it Means For the World*, Princeton Architectural Press, 2008, Introduction.

参考书目

The Stockholm Environment Programme, Stockholm City Council, 2008
The Stockholm Environment Programme 2012–2015, Stockholm City Council, 2012
PlaNYC, City of New York, 2007
PlaNYC, *A Greener, Greater, New York*, City of New York, April 2011
Inventory of New York City Greenhouse Gas Emissions, City of New York, September 2011
'Singapore Faces Life without Lee', *New York Times*, 15 May 2011

Adamatzky, A. et al, 'Are motorways rational from slime mould's point of view?', *ArXiv*, 13 March 2012, Vol 1
Ai, W., 'The City: Beijing', *Newsweek*, 28 August 2011
Aker, J. and Mbiti, I., 'Mobile Phones and Economic Development in Africa', Centre for Global Development Paper 211, June 2010
Alexiou, K., Johnson, J. and Zamenpoulos, T., *Embracing Complexity in Design*, Routledge, 2010
Amin, A. and Graham, S., *The Ordinary City*, Transactions of the Institute of British Geographers, 1997
Appleyard, D., *Liveable Streets: Protected Neighbourhoods*, Annals of American Academy of Political and Social Science, September 1980
Appleyard, D., *Liveable Streets*, Routledge, 2012
Arkarasprasertkul, N., *Politicisation and the Rhetoric of Shanghai Urbanism*, www.scholar.harvard.edu/non/publications, 2008
Arputham, J., *Developing New Approaches for People-centred Development*, Environment and Urbanisation, 2008

Arthur, C., *The Thinking City*, BBC Focus, January 2012

Barney, S. A. et al, *The Etymologies of Isidore of Seville*, CUP, 2006

Barros, J. and Sobeiera, F., *City of Slums: Self Organisation Across Scales*, CASA Working Paper 55, June 2002

Batty, M., *Cities and Complexity: Understanding Cities with Cellular Automata, Agent-based Models and Fractals*, MIT Press, 2005

Batty, M., *Complexity in City Systems: Understanding, Evolution and Design*, UCL Working Paper 117, March 2007

Beavan, C., *No Impact Man*, Piatkus, 2011

Bergdoll, B. and Martin, R., *Foreclosed: Rehousing the American Dream*, MoMA, 2012

Bettencourt, L. and West, G., 'A Unified Theory of Urban Living', *Nature*, 21 October 2010

Bettencourt, L., Lobo, J. et al, *Growth Innovation, Scaling and the Pace of Life in Cities*, PNAS, 16 April 2007

Bound, K. and Thornton, I., *Our Frugal Future*, NESTA, July 2012

Brand, S., *Whole Earth Discipline: An Ecopragmatist Manifesto*, Atlantic Books, 2010

Bratton, W. and Tumin, Z., *Collaborate or Perish: Reaching Across Boundaries in a Networked World*, Crown Business, 2012

Brugman, J., *Welcome to the Urban Revolution: How cities are changing the world*, Bloomsbury Press, 2010

Bucher, U. and Finka, M., *The Electronic City*, BWV, 2008

Burdett, R. and Rode, P., *Cities: Towards a Green Economy*, UNEP, 2011

Burnham, S., *Trust Design*, Part Four, 'Public Trust' supplement to Volume 30, 2011, www.premsela.org

Burra, S., *Towards a Pro-poor Framework for Slum Upgrading in Mumbai, India*, Environment and Urbanisation, 2005

Burra, S., *Community-based, Built and Managed Toilet Blocks in Indian Cities*, Environment and Urbanisation, 2003

Burrell, J., *Livelihoods and the Mobile Phone in Rural Uganda*, Grameen Foundation, USA, January 2008

Burrows, E. G. and Wallace, M., *Gotham: A History of New York City to 1898*, OUP, 1999

Cacioppo, J. and Patrick, W., *Loneliness: Human Nature and the Need for Social Connection*, W. W. Norton, 2009

Cain, A., 'Applicability of Bogotá's Transmilenio BRT System to the United States', National Bus Rapid Transit Institute, May 2006

Calabrese, F., Smordeda, Z., Blondel, V. and Ratti, C., 'Interplay Between

Telecommunications and Face-to-Face Interactions: A Study Using Mobile Phone Data', *PLoS ONE*, July 2011

Campanella, T., *The Concrete Dragon: China's Urban Revolution and What it Means for the World*, Princeton Architectural Press, 2008

Canetti, E., *Crowds and Power*, Penguin, 1992

Chang, L. T., *Factory Girls*, Picador, 2010

Clark, G. and Moonen, T., 'The Business of Cities: City Indexes in 2011', www.thebusinessofcities.com

Clark, G. and Moonen, T., *The Honor Chapman Report: London 1991–2012: The Building of a World City*, April 2012

Coleman, E., *From Public Management to Open Governance: A New Future or the More Things Change the More They Stay the Same*, dissertation, University of Warwick, April 2011

Dailey, K., 'Cory Booker's Snowspiration', 27 January 2011

Dalton, R. J., 'The Social Transformation of Trust in Government', *International Review of Sociology*, January 2005

Daly, I., 'Data Cycle', *Wired UK*, April 2011

Davis, M., *Ecology of Fear: Los Angeles and the Imagination of Disaster*, Picador, 1999

Davis, M., *Magical Urbanism: Latinos Reinvent the US City*, Verso, 2001

Davis, M., *Planet of Slums*, Verso, 2007

De Hartog, H., *Shanghai New Towns: Searching for Community and Identity in a Sprawling Metropolis*, 010 Publishers, 2010

Desai, V., 'Dharavi, the Biggest Slum in Asia', *Habitat International*, Volume 12, no. 2, 1988

de Soto, H., *The Mystery of Capital: Why Capitalism Triumphs in the West and Fails Everywhere Else*, Bantam Press, 2000

Dittrich, C., *Bangalore: Globalisation and Fragmentation in India's High Tech Capital*, ASIEN, April 2007

Dorigo, M. and Gambardella, L. M., *Ant Colonies for the Travelling Salesman Problem*, Biosystems, 1997

Dorling, D., *Injustice*, Polity Press, 2009

Dorling, D., *So You Think You Know About Britain*, Constable, 2011

Dorling, D., *The No-Nonsense Guide to Inequality*, New Internationalist, 2012

Downs, L. B., *Diego Rivera: the Detroit Industry Murals*, Detroit Institute of Arts/ W.W. Norton, 1999

Echanove, M. and Srivastava, R., *The Slum Outside*, URBZ.net, 20 April 2011

Echanove, M. and Srivastava, R., 'The Village Inside', from Goldsmith, S. and Elizabeth, L., *The Urban Wisdon of Jane Jacobs*, Routledge, 2012

Echanove, M. and Srivastava, R., 'The High Rise and the Slum: Speculative Urban Development in Mumbai', from Weber, R. and Crane, R., *The Oxford Handbook of Urban Planning*, OUP, 2012

Echeverry, J.-C., Ibanez, A.-M., Moya, A. and Hillon, L.-C., 'The Economics of Transmilenio: a Mass-Transit System for Bogotá', *Economia*, Spring 2005

Ehrenhalt, A., *The Great Inversion and the Future of the American City*, Knopf, 2012

Ehrlich, P., *Population Bomb*, Ballentine Books, 1968

Engels, F., *The Condition of the Working Class in England*, 1845, www.marxists.org/archive/marx/works/1845/condition-working-class/ch04.htm

Evans, K. F., *Maintaining Community in the Information Age: The Importance of Trust, Place and Situated Knowledge*, Palgrave Macmillan, 2004

Fainstein, S., *The Just City*, Cornell University Press, 2010

Ferrari Ballas, M., 'Transportation Barriers of the Women of Pudahuel', Santiago Planning Forum, 13/14, 2009

Fischer, C., *To Dwell Among Friends: Personal Networks in Town and Country*, University of Chicago Press, 1982

Flint, A., *Wrestling with Moses: How Jane Jacobs Took on New York's Master Builder and Transformed the American City*, Random House, 2011

Florida, R., *The Rise of the Creative Classes*, Random House, 2002

Florida, R., *Cities and the Creative Class*, Routledge, 2004

Florida, R., *Who's Your City?*, Basic Books, 2008

Florida, R. and Scott Jackson, M., 'Sonic City: The Evolving Economic Geography of the Music Industry', *Journal of Planning, Education and Research*, 2009

Florida, R., Gulden, T. and Mellender, C., *The Rise of the Mega-Region*, Martin Prosperity Institute, October 2007

Franklin, J., *Politics, Trust and Networks: Social Capital in Critical Perspective*, London South Bank University, 2004

Fukuyama, F., *Trust: The Social Virtues and the Creation of Prosperity*, Penguin, 1996

Gandhi, S., 'Housing Mumbai's Poor', *Economic & Political Weekly*, 22 September 2007

Gehl, J. and Koch, J., *Life Between Buildings: Using Public Space*, Island Press, 2011

Gehl, J. and Gemzoe, L., *New City Spaces*, Danish Architectural Press, 2003

Gillespie, A., *Whose Black Politics? Cases in Post-Racial Black Leadership*, Routledge, 2010

Gittleman, M. et al, *Community Garden Survey*, NYC, 2009/10, www.greenthumbnyc.org

GLA (ed. Lorna Spence), *A Profile of Londoners by Country of Birth*, GLA, February 2008

GLA Transport Committee, *The Future of Road Congestion in London*, GLA, June, 2011

Glaeser, E., Resseger, M. and Tobio, K., *Urban Inequality*, Taubman Centre for State and Local Government, 2008–10

Glaeser, E., *The Triumph of the City: How Our Greatest Invention Makes Us Richer, Smarter, Greener, Healthier and Happier*, Macmillan, 2011

Glaeser, E. and Kahn, M., *The Greenness of Cities*, National Bureau of Economic Research, August 2008

Goldsmith, S. and Elizabeth, L., *What We See: Advancing the Observations of Jane Jacobs*, New Village Press, 2010

Goodman, J., Laube, M. and Schwenk, J., 'Curitiba's Bus System is Model for Rapid Transit', *Race, Poverty & the Environment*, Winter 2005–6

Graham, S., *Cities Under Siege: The New Military Urbanism*, Verso, 2011

Graham, S., 'Olympics 2012 security: welcome to lockdown London', *Guardian*, 12 March 2012

Graham, S. and Marvin, S., *Splintering Urbanism: Networked Structures and Technological Mobilities*, Routledge, 2001

Granovetter, M., 'The Strength of Weak Ties: A Network Theory Revisited', *Sociological Theory*, Volume 1, 1983

Green, J., 'Digital Urban Renewal', *Ovum*, April 2011

Grice, K. and Drakakis-Smith, D., 'The Role of the State in Shaping Development: Two Decades of Growth in Singapore', *Transaction of the Institute of British Geographers*, Volume 10, no. 3, 1985

Griffith, P., Norman, W., O'Sullivan, C. and Ali, R., *Charm Offensive: Cultivating Civility in 21st-Century Britain*, Young Foundation, 2011

Griffiths, R., *The Great Sharing Economy*, Cooperatives UK, 2012

Hack, K., Margolin, J.-L. et al, *Singapore from Temasek to the 21st Century: Reinventing the Global City*, NUS Press, 2010

Hall, P., *Cities of Tomorrow*, Blackwell, 2002

Hallo, W., 'Antediluvian Cities', *Journal of Cuneiform Studies*, Volume 23, no. 3, 1971

Harber, A., *Diepsloot*, Jonathan Ball, 2012

Harvey, D., *Rebel Cities: From the Right to the City to the Urban Revolution*, Verso, 2012

Hauptmann, D. and Neidich, W., *Cognitive Architecture*, 010 Publishers, 2010

Haynes, J., *Thanks for Coming!*, Faber & Faber, 1984

Helliwell, J. F. and Barrington-Leigh, C. P., 'How Much is Social Capital Worth?', working paper 16025, National Bureau of Economic Research, 2010

Hobbes, T., *Leviathan*, 1651, Kindle edition

Hollis, L., *The Phoenix: The Men Who Made Modern London*, Weidenfeld & Nicolson, 2008

Hollis, L., *The Stones of London: A History in Twelve Buildings*, Weidenfeld & Nicolson, 2011

Hollis, M., *Trust Within Reason*, CUP, 1998

Hoskins, G., *Trust: Money, Markets and Society*, Seagull Books, 2011

IBM Institute for Business Value, *How Smart is Your City?*, 2009

IBM Institute for Business Value, *A Vision of Smarter Cities*, 2009

Ifill, G., *The Breakthrough: Politics and Race in the Age of Obama*, Doubleday, 2009

Isidore of Seville (ed. Barney, S., Lewis W. J., Beach, A. and Berghord, O.), *The Etymologies of Isidore of Seville*, CUP, 2006

Jacobs, J., *The Death and Life of Great American Cities*, Modern Library, 1993

Jacobs, J., *The Economy of Cities*, Pelican, 1972

Jacobs, J., *Dark Ages Ahead*, Vintage, 2006

Jackson, A., *London's Metroland*, Capital Transport Publishing, 2006

Jaffe, A. B., 'Technological Opportunity and Spillovers of R & D', *American Economic Review*, December 1986

Jencks, C., *Le Corbusier and the Tragic View of Architecture*, Allen Lane, 1973

Jencks, C., *The Architecture of the Jumping Universe*, Academy Editions, 1995

Johnson, N., *Two's Company, Three's Complexity*, OneWorld, 2007

Johnson, S., *Emergence: The Connected Lives of Ants, Brains, Cities and Software*, Penguin, 2002

Johnson, S., *Where Good Ideas Come From: The Natural History of Innovation*, Penguin, 2010

Jordan Smith, D., 'Cell Phones, Social Inequality and Contemporary Culture in Nigeria', *Canadian Journal of African Studies*, no. 3, 2006

Kasarda, J. and Lindsay, G., *Aerotropolis: The Way We'll Live Next*, Penguin, 2011

Kingsley, P., 'Tech City: The Magic Roundabout', www.guardian.co.uk/business/2011/nov/27/tech-city-digital-startups-shoreditch

Knowles, R., 'The Solar Envelope: Its Meaning for Energy and Buildings', *Energy and Buildings*, 35, 2003

Kohn, M., *Trust: Self-Interest and the Common Good*, OUP, 2008

Kolbert, E., 'Green Like Me', *New Yorker*, 31 August 2009

Kolesnikov-Jessop, S., 'Singapore Exports Its Government Expertise in Urban Planning', *New York Times*, 27 April 2010

Komninos, N., *Intelligent Cities and Globalisation of Innovation Network*, Routledge, 2008

Koolhaas, R. et al, *Mutations*, ACTAR, 2000

Krane, J., *Dubai: The Story of the World's Fastest City*, Atlantic Books, 2010

Krugman, P., *The Self-Organising Economy*, Blackwell, 1996

Kuhn, M., *Climatopolis*, Basic Books, 2010

Lammer, S. and Hebling, D., 'Self Control of Traffic Lights and Vehicle Flow in Urban Road Networks', *Journal of Statistical Mechanics*, 2008

Landry, C., *Creativity and the City: Thinking Through the Steps*, 2005, www.charleslandry.com

Landry, C., *Lineage of the Creative City*, 2006, www.charleslandry.com

Landry, C., *The Creative City*, Earthscan, 2000

Landry, C., *The Art of City Making*, Earthscan, 2006

Le Corbusier, *Essential Le Corbusier: L'Esprit Nouveau Articles*, Architectural Press, 1998

Lefebvre, H. (ed. Elden, S. and Kofman, E.), *Key Works*, Continuum, 2003

Lefebvre, H., trans. Nicholson-Smith, D., *The Production of Space*, Blackwell, 1991

Lehrer, J., 'A Physicist Solves the City', *New York Times*, 17 December 2010

Lehrer, J., *Imagine: How Creativity Works*, Canongate, 2012

Lindsay, G., 'Demolishing Density in Detroit', *Fast Company*, 5 March 2010

Lindsay G., *Instant Cities*, www.greglindsay.org

Lydon, M., Bartman, D., Woudstra, R. and Khawarzad, A., *Tactical Urbanism*, Volume 1, Next Generation of New Urbanists, 2011

Lydon, M., Bartman, D., Woudstra, R. and Khawarzad, A., *Tactical Urbanism*, Volume 2, Next Generation of New Urbanists, 2012

McKibben, B., *Hope, Human and Wild*, Milkweed Editions, 2007

McKinsey Reports, *East London: World Class Centre for Digital Enterprise*, McKinsey, March 2011

Mairet, P., *Pioneer of Sociology: The Life and Letters of Patrick Geddes*, Lund Humphries, 1957

Mak, G., trans. Blom, P., *Amsterdam*, Harvill, 1999

Mandeville, B., *The Fable of the Bees*, 1715, oll.libertyfund.org

Marshall, G. and Batty, M., 'Geddes's Grand Theory: Life, Evolution, Social Union, and "The Grand Transition"', UCL Working Papers Series, 162, September 2010

Martin, R., Meisterlin, L. and Kenoff, A., *The Buell Hypothesis*, buellcenter.org/buell-hypothesis.php

Mayinger, F., *Mobility and Traffic in the 21st Century*, Springer, 2001

Mayor, J. and Coleman, B., *The Social and Emotional Benefits of Good Street Design*, Brighton and Hove City Council/Civitas, August 2011

Mehta, S., *The Urban Age*, LSE, 2011

Middleton, N., Gunnell, D. et al, 'Urban-Rural Differences in Suicide Rates in Young Adults: England and Wales: 1981–1998', *Social Science and Medicine*, 57, 2003

Milanovic, B., *The Haves and the Have-Nots*, Basic Books, 2012

Miller, P., *Smart Swarm*, Collins, 2012

Minton, A., *Ground Control: Fear and Happiness in the 21st-Century City*, Penguin, 2009

Misztal, B., *Trust in Modern Society*, Polity Press, 1996

Modorov, E., *The Net Delusion: How Not to Liberate the World*, Penguin, 2011

Moretti, E., *The New Geography of Jobs*, Houghton Mifflin, 2012

Morris, I., *Why the West Rules for Now: the Patterns of History and What They Reveal about the Future*, Profile Books, 2010

Mullins, C., *Festival on the River: The Story of the Southbank*, Penguin, 2010

Nagy, A. R. and Podolny, J., 'William Bratton and the NYPD', Yale School of Management, Yale Case 07–015, 12 February 2008

Nathan, M., Vandore, E. and Whitehead, R., *A Tale of Tech City: The Future of Inner East London's Digital Economy*, The Centre for London, July 2012

Neuwirth, R., *Shadow Cities*, Routledge, 2004

Neuwirth, R., *Stealth of Nations*, Pantheon Books, 2011

New York Civil Liberties Union, *Who's Watching? Video Camera Surveillance in New York City and the Need for Public Oversight*, New York Civil Liberties Union, Fall 2006

New York, *Dept of Design and Construction Active Design Guidelines*, NYC, 2010

Norris, C., McCahill, M. and Wood, D., *The Growth of CCTV: A Global Perspective*, Surveillance and Society, www.surveillance-and-society.org/cctv.htm

Novak, M. and Highfield, R., *SuperCooperators: Beyond the Survival of the Fittest*, Canongate, 2011

Nunns, A. and Idle, N., *Tweets from Tahrir*, OR Books, 2011

Oldenburg, C., *The Great Good Place*, Da Capo, 1999

O'Neill, O., *A Question of Trust*, CUP, 2002

Ostrom, E., *Governing the Commons: The Evolution of Institutions for Collective Action*, CUP 1990

Owen, D., *Green Metropolis*, Riverhead, 2010

Owen, D., 'The Efficiency Dilemma', *New Yorker*, 20 December 2010

Patel, S. and Arputham, J., 'An Offer of Partnership or a Promise of Conflict in Dharavi, Mumbai', *Environment and Urbanisation*, 2007

Patel, S. and Arputham, J., 'Plans for Dharavi', *Environment and Urbanisation*, 2008

Patel, S., Burra, S. and D'Cruz, C., 'Slum/Shack Dwellers International (SDI) – Foundations to Treetops', *Environment and Urbanisation*, 2001

Patel, S., Arputham, J., Burra, S. and Savchuk, K., 'Getting the Information Base for Dharavi's Redevelopment', *Environment and Urbanisation*, 2009

Patel, S. and Mitlin, D., 'Gender Issues and Slum/Shack Dweller Foundation', IIED, Gender and Urban Federations, 2007

Pearce, F., *Peoplequake: Mass Migration, Ageing Nations and the Coming Population Crash*, Eden Project Books, 2010

Pereira, F., Vaccari, A., Glardin, F., Chiu, C. and Ratti, C., 'Crowd Sensing in the Web: Analysing the Citizen Experience in the Urban Space', senseable.mit.edu/papers/publications.html

Perlman, J., *Favela: Decades of Living on the Edge in Rio de Janeiro*, OUP, 2012

Peter, P. F., *Time, Innovation and Mobilities*, Routledge, 2006

Polo, M., *The Travels of Marco Polo*, www.gutenberg.org

Posshehl, G. L., 'Revolution in the Urban Revolution: The Emergence of Indus Urbanisation', *Annual Review of Anthropology*, Volume 19, 1990

Post, N., 'Liveable Cities Get Smarter', *Engineering News Record*, 12 December 2011

Preston, C., *The Bee*, Reaktion Books, 2006

Pricewaterhouse Coopers, *Cities of Opportunity*, http://www.pwc.com/us/en/cities-of-opportunity/index.jhtml

Project for Public Spaces, *How to Turn a Place Around: A Handbook for Creating Successful Public Spaces*, Project for Public Spaces, 2000

Putnam, R., *Bowling Alone: The Collapse and Revival of American Community*, Simon & Schuster, 2001

Rae, D., *Urbanism and its End*, Yale University Press, 2003

Ramirez, J. A., *The Beehive Metaphor: From Gaudi to Le Corbusier*, Reaktion Books, 2000

Rasmussen, S., *London: the Unique City*, MIT Press, 1988

Ratti, C. and Townsend, A., 'The Social Nexus', *American Scientist*, September 2011

Rees, M., *Warren Weaver: A Biographical Memoir*, National Academy of Science, 1987

Reid, S. and Shore, F., *Valuing Urban Realm*, TfL, September 2008

Resch, B., Britter, R. and Ratti, C., *Live Urbanism: Towards Senseable Cities and Beyond*, senseable.mit.edu/papers/publications.html

Rhinehart, N., 'Public Spaces in Bogotá: An Introduction', *University of Miami Inter-America Law Review*, Winter 2009

Riis, J., *The Making of an American*, Macmillan Company, 1902

Riis, J., *How the Other Half Live*, www.authentichistory.com

Rogers, R. and Power, A., *Cities for a Small Country*, Faber & Faber, 2000

Roisin, H., 'The End of Men', *Atlantic*, July 2010
Roy, A., 'Capitalism: A Ghost Story', *Outlook India*, 26 March 2012
RTTC-NY, *People Without Homes and Homes Without People: A Count of Vacant Condos in Select NYC Neighborhoods*, 2010
Rybczynski, W., *Makeshift Metropolis: Ideas About Cities*, Scribner, 2010
Saini, A., *Geek Nation*, Hodder & Stoughton, 2010
Sassen, S., *The Global City*, Princeton University Press, second edition 2001
Sassen, S., 'Cityness in the Urban Age', *Urban Age Bulletin*, Autumn 2005
Sassen, S., *Cities in a World Economy*, Pine Forge Press, 2005
Satterthwaite, D., 'From Professionally Driven to People-Driven Property Reduction', *Environment & Urbanisation*, Volume 13, no. 2, October 2001
Saunders, D., *Arrival City*, Vintage, 2011
Schama, S., *The Embarrassment of Riches*, HarperCollins, 2004
Scocca, T., *Beijing Welcomes You: Unveiling the Capital City of the Future*, Riverhead, 2011
Seeley, T. D., *Beehive Democracy*, Princeton University Press, 2010
Senior, J., 'Alone Together', *New York Magazine*, 23 November 2008
Sennett, R., *The Conscience of the Eye: The Design and Social Life of Cities*, W. W. Norton, 2002
Sennett, R., *The Fall of Public Man*, Faber & Faber, 2003
Sennett, R., *Togetherness*, Allen Lane, 2012
Shoup, D., *The High Price of Free Parking*, Planners Press, 2011
Sloan Wilson, D., *The Neighborhood Project: Using Evolution to Improve My City One Block at a Time*, Little, Brown, 2011
Smith, D., *The Chicago School: A Liberal Critique of Capitalism*, Macmillan Education, 1988
Smith, K., Brown, B. B. et al, 'Walkability and Body Mass Index: Density, Design and New Diversity Measures', *American Journal of Preventative Medicine*, 35 (3), 2008
Sorkin, M., *Twenty Minutes in Manhattan*, Reaktion Books, 2009
Sorkin, M., *All Over the Map*, Verso, 2011
Southerton, D. G., *Chemulpo to Songdo IBD: Korea's International Gateway*, 978-0-615-29978-5, 2009
Squires, N., 'Scientists Investigate Stendhal Syndrome', *Daily Telegraph*, 28 July 2010
Stremlau, J., 'Dateline Bangalore: Third World Technopolis', *Foreign Policy*, Spring 1996
Sudjic, D., *The Edifice Complex*, Penguin, 2005
Townsend, A., Maguire, R. et al, *A Planet of Civic Laboratories*, Institute for the Future, 2011
Transport for London, *Travel in London: Key Trends and Developments*, report no. 1, TfL, 2009

UN Commission on Human Rights, *Report from OHCHR Fact-finding Mission to Kenya, 6–28 February 2008*, 19 March 2008

UN, *Creative Economy*, UN, December 2010

UN-Habitat, *The Challenge of the Slums*, UN-Habitat, 2003

UN-Habitat, *State of the World Cities 2011–12*, UN-Habitat, 2011

UNPFA, *State of the World Population 2007*, UNPFA, 2007

Urban Age Project, LSE, Deutsche Bank's Alfred Herrhausen Society, *The Endless City*, Phaidon, 2011

Urban Age Project, LSE, Deutsche Bank's Alfred Herrhausen Society, *Living in the Endless City*, Phaidon, 2011

Uslander, E., *The Moral Foundations of Trust*, CUP, 2002

Vanderbilt, T., *Traffic: Why We Drive the Way We Do (and What It Says About Us)*, Allen Lane, 2008

Waldron, R., *Home Ownership in the Dublin City Region: The Bubble and Its Aftermath*, docs.google.com/viewer?a=v&q=cache:3GR-6hrbkOYJ

Walker, J., *Human Transit: How Clearer Thinking about Public Transit Can Enrich Our Communities*, Island Press, 2011

Walljasper, J., *All That We Share: A Field Guide to the Commons*, The New Press, 2010

Weber, R. and Craine, R., *The Oxford Handbook of Urban Planning*, OUP, 2012

Weaver, W., 'Science and Complexity', *American Scientist* 36, 1948

Welter, V. M., *Biopolis: Patrick Geddes and the City of Life*, MIT Press, 2002

Whyte, W. H., *City: Rediscovering the Centre*, Doubleday, 1988

Whyte, W. H. (ed. Goldberger, P.), *The Essential William H. Whyte*, Fordham University Press, 2000

Wilkinson, R. and Pickett, K., *The Spirit Level: Why Equality is Better for Everyone*, Penguin, 2010

Williams, A. and Donald, A., *The Lure of the City: From Slums to Suburbs*, Pluto Press, 2011

Wilson, J. Q. and Kelling, G. L., 'Broken Windows', *Atlantic Monthly*, 1982, from www.manhattan-institute.org

Wirth, L., 'Urbanism as a Way of Life', *American Journal of Sociology*, 1938

Wood, A. T., *Asian Democracy in World History*, Routledge, 2004

Yuan, J., Zheng, Y., Xie, X. and Sun, G., 'T-Drive: Enhancing Driving Directions with Taxi Drivers' Intelligence', SIGSPATIAL, 2010

Zukin, S., *Loft Living: Culture and Capital in Urban Change*, Rutgers University Press, 1989

Zukin, S., *The Naked City*, OUP, 2010

致　谢

本书的出版要感谢很多人。它让我和不同地方的许多人建立了联系，与其说是一次写作练习，不如说是一次冒险。首先，我要感谢凯瑟琳·布伦德尔基金会慷慨地支持我去书中提到的一些城市旅行和考察。我还要感谢弗兰·通金斯（Fran Tonkiss）、迈克·巴蒂（Mike Batty）、杰里米·布莱克（Jeremy Black）、迈克尔·索金（Michael Sorkin）、URBZ的创始人拉胡尔和马蒂亚斯、伊丽莎白·瓦利（Elizabeth Varley）、思科特·波恩海姆（Scott Burnham）、埃米尔·科尔曼（Emer Coleman）、瑞克·伯德特（Rick Burdett）、帕特里克·威尔士（Parick Walsh）、克莱尔·康维尔（Claire Conville）、杰克·博赞基特（Jake Bosanquet）、史密斯和亚历克·克里斯托菲（Smith and Alex Chiristofi）、海伦·加农斯（Helen Garnons）、威廉姆斯和埃里卡·哈尔内斯（Williams and Erica Jarnes）、乔治·吉布森（George Gibson）和杰奎琳·约翰逊（Jacqueline Johnson）等人，恕不一一。

我将本书献给路易斯和西娅多拉，城市总有一天是你们的，你们一定要将它看作一个值得冒险的地方，而不是一个危险的地方。